lonely planet

Portugués

para el viajero

geoPlaneta
Av. Diagonal 662-664. 08034 Barcelona
viajeros@lonelyplanet.es
www.geoplaneta.com - www.lonelyplanet.es

Lonely Planet Global Limited
Lonely Planet Global Limited, Digital Depot, The Digital Hub, Dublín, D08 TCV4,Irlanda
Contacta con Lonely Planet en: lonelyplanet.com/contact
www.lonelyplanet.com

Portugués para el viajero
4ª edición en español – enero del 2026
Traducción de *Portuguese Phrasebook & Dictionary*, 5ª edición – junio del 2023
1ª edición en español - marzo del 2007

Editorial Planeta, S.A.
Con la autorización para la edición en español de Lonely Planet Global Ltd A.B.N. 36 005 607 983, Lonely Planet Global Limited, Digital Depot, The Digital Hub, Dublín D08 TCV4, Irlanda

ISBN: 978-84-08-31264-2
Depósito legal: B. 17.607-2025
Asesoramiento lingüístico: Karla Andrade

Agradecimientos
James Hardy, Campbell McKenzie, Martine Power, Angela Tinson, Juan Winata

Impresión y encuadernación: Gráficas Estella
Printed in Spain – Impreso en España

CÓMO USAR ESTE LIBRO

Atención a los siguientes iconos:

Frase corta
Atajos para decir lo mismo con menos palabras

Preguntas y respuestas
Se plantean preguntas y, a continuación, las posibles respuestas

Se buscará
Frases habituales en señales, menús, etc.

Se oirá
Frases con las que se pueden dirigir al viajero

SOBRE EL IDIOMA **Sobre el idioma**
Una mirada a los entresijos de la lengua

SOBRE LA CULTURA **Sobre la cultura**
Una mirada a la cultura local

Cómo leer las frases:

- Las palabras y frases en color son transcripciones fonéticas para que la pronunciación sea lo más precisa posible.
- Las listas de expresiones de los recuadros en color ofrecen opciones para completar la frase inmediatamente anterior.

Abreviaturas para escoger las palabras o frases correctas en cada caso:

f	femenino	lit	literal	sg	singular
for	formal	m	masculino		
inf	informal	pl	plural		

SOBRE ESTE LIBRO

Sumario

PÁGINA **6**

Sobre el portugués

Nociones para familiarizarse con la gramática y la pronunciación del portugués.

PÁGINA **27**

Frases para el viaje

Una frase para cada situación: comprar billetes, reservar hoteles y mucho más.

INTRODUCCIÓN

Portugués

português pur·tu·gesh

¿Quién habla portugués?

¿Para qué?

Si es verdad que el lenguaje es la puerta de entrada al alma de una nación, el viajero estará más cerca de comprender la *saudade* –ese anhelo melancólico, el famoso *blues* portugués– y su expresión musical más famosa, el *fado*.

Sonidos característicos

La 'rr' gutural (parecida a la del francés) y vocales nasales (pronunciadas como si uno intentara decirlas con la nariz tapada).

El portugués en el mundo

La expansión del portugués empezó en la época de *Os*

200 MILLONES tienen el portugués como primera lengua

40 MILLONES tienen el portugués como segunda lengua

Descobrimentos, durante los ss. XV y XVI, cuando Portugal era una potencia colonial con influencia económica, cultural y política. Las dimensiones de aquel imperio son hoy evidentes por la cantidad de países en los que se habla portugués o sus derivados criollos.

El portugués en Portugal

El Instituto Camões (www.instituto-camoes.pt, en portugués), que lleva el nombre del gran poeta nacional Luís de Camões, fue creado en 1992 para promover la lengua y cultura portuguesas por todo el mundo. El principal premio literario en lengua portuguesa también lleva el nombre del poeta.

Falsos amigos

¡Atención! Muchas palabras portuguesas son parecidas a palabras españolas, pero tienen significados diferentes; por ejemplo, *salsa* *sal*·sa significa "perejil" y no "salsa" (que en portugués es *molho* *mo*·llu).

Familia lingüística

El portugués, como el español, pertenece a la familia de lenguas románicas, nacidas del latín coloquial que hablaban los romanos durante los 500 años que ocuparon el actual Portugal.

Tratamiento formal

El portugués tiene pronombre personal informal y formal para la 2ª persona del singular: *tu* *tu* y *você* vo·*se*, respectivamente, aunque, en la práctica, para el tratamiento formal se prefieren fórmulas como *o senhor/a senhora* u se·*ñor*/a se·*ño*·ra.

Préstamos al español

Son muchos. Entre ellos: *bandeja, mermelada, caramelo, mejillón, catre, buzo...*

5 frases que hay que aprender

1 ¿Cuándo es gratis la entrada?

Quando é grátis a entrada?

kua^n·du e *gra*·tish a e^n·*tra*·da

Es buena idea visitar los puntos de interés los días en que la entrada es gratuita (a menudo, los domingos por la mañana).

2 ¿Me puede servir media ración, por favor?

Podia servir-me meia-dose, por favor?

pu·*di*·a ser·*vir*·me *mei*·a·*do*·ze pur fa·vor

Como las raciones suelen ser generosas, a veces vale la pena pedir media, sobre todo con un presupuesto ajustado.

3 ¿Puede servirme este plato sin carne?

Este prato pode vir sem carne?

esh·te *pra*·tu *po*·de vir se^n *kar*·ne

A los vegetarianos no se les cuida mucho en Portugal, y a menudo tendrán que ser creativos al pedir sus platos.

4 ¿Dónde se puede escuchar 'fado vadio'?

Onde é que há fado vadio?

o^n·de e ke a *fa*·du va·*di*·u

Para vivir una experiencia auténtica, es buena idea buscar sitios donde los lugareños se turnen para cantar el *blues* portugués.

5 ¿Dónde hay una exposición de arte?

Onde é que há alguma esposição de arte?

o^n·de e ke a alg·*gu*·ma shpu·zi·*sau^n* de *ar*·te

En las principales ciudades siempre hay interesantes eventos culturales, incluidas exposiciones gratuitas de arte moderno.

10 expresiones muy portuguesas

¡Genial!	**Óptimo!**	*o*·ti·mu
¡Fantástico!	**Fantástico!**	fa^n·*tash*·ti·ku
Por supuesto.	**É claro.**	e *kla*·ru
Quizás.	**Talvez.**	tal·*vesh*
¡De ninguna manera!	**De maneira nenhuma!**	de ma·*nei*·ra ni·*ñu*·ma
Estoy bromeando.	**Estou a brincar.**	shtou a bri^n·*kar*
No hay problema.	**Não há problema.**	nau^n a pro·*ble*·ma
Está bien.	**Está bem.**	shta be^n
¡Claro que sí!	**Claro que sim!**	*kla*·ru ke si^n
No importa.	**Não faz mal.**	nau^n fajh mal

SOBRE El portugués

Pronunciación

Sonidos vocálicos

Los sonidos vocálicos del portugués son relativamente parecidos a los del español, de modo que no resultarán excesivamente difíciles. No obstante, existen algunas diferencias. La mayoría de las vocales portuguesas tienen también una versión nasalizada que suena de un modo parecido a la combinación '-an' al final de algunas palabras españolas, como *amanhã* a·ma·*ña*^{n} (mañana), por ejemplo. Las letras *n* o *m* al final de una sílaba o la tilde (~) en el portugués escrito indican que la vocal es nasal (véase también **Sonidos consonánticos**).

SÍMBOLO	EQUIVALENTE ESPAÑOL	EJEMPLO PORTUGUÉS	TRANSLITERACIÓN
a	madre	maçã	ma·*sa*^{n}
ai	aire	pai	pai
au	aumento	Austrália	au·*shtra*·lia
e	tren	cedo	*se*·du
ei	aceite	lei	lei
i	fin	fino	*fi*·nu
o	por	sobre	*so*·bre
oi	asteroide	noite	*noi*·te
ou	estadounidense	couve	*kou*·ve
u	ruso	gato	*ga*·tu

Sonidos consonánticos

La mayoría de los sonidos consonánticos en portugués se encuentran también en español.

SÍMBOLO	EQUIVALENTE ESPAÑOL	EJEMPLO PORTUGUÉS	TRANSLITERACIÓN
b	boca	beber	be·*ber*
d	daga	dedo	*de*·du
f	fiesta	faca	*fa*·ka
g	gato	gasolina	ga·zu·*li*·na
j	joroba	relva	*jel*·va
jh	como la *ll* argentina	cerveja	sej·*ve*·jha
k	cuenta	cama	*ka*·ma
l	leche	lixo	*li*·shu
ll	millón	muralhas	mu·*ra*·llash
m	materia	macaco	ma·*ka*·ku
n	no	nada	*na*·da
^{n}	(indica la nasalización de la vocal precedente)	amanhã dente	a·ma·*ña*^{n} *de*^{n}·te
ñ	caña	linha	*li*·ña
p	pena	padre	*pa*·dre
r	marea	hora	*o*·ra
s	saco	criança	kri·*a*^{n}·sa
sh	show	chave	*sha*·ve
t	topo	tacho	*ta*·shu
v	v sonora, un sonido intermedio entre *b* y *f*	vago	*va*·gu
z	sonido parecido al zumbido de un moscardón	camisa	ka·*mi*·za

Algunos sonidos consonánticos pueden cambiar dependiendo del lugar que ocupan en una palabra. Por ejemplo, una *s* al principio de una palabra se pronuncia como la s de 'sabor': *sul* sul (sur). Si aparece al final de una palabra, o al final de una sílaba que va seguida de una consonante, como ocurre en *está* shta (está), se pronuncia sh, pero si se encuentra rodeada por vocales a ambos lados (como en *camisa* ka·*mi*·za), se pronuncia z, como el zumbido de un moscardón. Si el viajero sigue la guía de pronunciación de este libro, no tendrá dificultades para hacerse entender.

Acento

El acento (esto es, el énfasis de una sílaba sobre otra) suele ocurrir en la penúltima sílaba de una palabra, aunque existen excepciones. Si una vocal escrita tiene un acento circunflejo (ˆ) o agudo (´), este anulará la regla general y el acento recaerá sobre esa sílaba.

fino	*fi*·no	fino
português	pur·tu·*gesh*	portugués
cajú	ka·*jhu*	anacardo

Asimismo, si el viajero está leyendo en portugués, le resultará útil conocer estas otras excepciones: si una palabra termina en *i*, *im*, *l*, *r*, *u*, *um* o *z*, o bien en una vocal nasalizada, el acento recaerá casi siempre sobre la última sílaba.

beber	be·*ber*	beber
calor	ka·*lor*	calor
actuação	a·tu·a·*sau^n*	actuación

El viajero no debería preocuparse demasiado por este aspecto al usar las frases de este libro, pues si sigue la guía de pronunciación no tendrá ningún problema.

Por otra parte, tal como ocurre en español, mientras ciertas sílabas están claramente acentuadas, otras prácticamente no se pronuncian. Por ejemplo, a menos que el acento recaiga sobre la última sílaba, la vocal final apenas se pronuncia y puede llegar a desaparecer; así, *antes* se pronunciaría *a*ⁿ·tesh, pero en la práctica suena casi como *a*ⁿ·tsh.

Leer y escribir

La lengua portuguesa se escribe con el alfabeto latino. En la tabla siguiente se indica la pronunciación de cada letra por si el viajero necesita deletrear alguna palabra.

~ ALFABETO PORTUGUÉS ~

A a a	**B b** be	**C c** se	**D d** de
E e e	**F f** e·fe	**G g** je	**H h** a·*gah*
I i i	**J j** *jo*·ta	**K k** *ka*·pa	**L l** e·le
M m e·me	**N n** e·ne	**O o** o	**P p** pe
Q q ke	**R r** e·je	**S s** e·se	**T t** te
U u u	**V v** ve	**W w** *da*·bliu	**X x** shish
Y y *ips*·lon	**Z z** ze		

Los acentos agudo (´) y circunflejo (ˆ) indican cuál es la sílaba que se pronuncia con mayor énfasis, mientras que el grave (`) marca la contracción de la preposición *a* con los artículos *a/as* o bien con el demostrativo *aquele* (o alguno de sus derivados): *a + as nove = às nove* ('a las nueve'). La tilde (~) indica la nasalización de una vocal. También es posible ver la cedilla bajo la letra *c*; la *ç* se pronuncia más como una *s* que como una *z* (*criança* kri·*a*ⁿ·sa).

SOBRE El portugués

Gramática

En este capítulo se explican las principales estructuras gramaticales que el viajero precisa para poder construir sus propias frases. Debajo de cada uno de los encabezamientos -ordenados alfabéticamente- se incluye información sobre las funciones que estas categorías gramaticales desempeñan en la frase. Por ejemplo, los demostrativos se emplean para dar indicaciones, por lo que son necesarios, entre otras situaciones, para decirle al taxista donde está el hotel.

Adjetivos y adverbios

Describir personas/cosas • Describir acciones

Por regla general, los adjetivos suelen ir colocados después del nombre y cambian de forma dependiendo del género y número del sustantivo al que acompañan (véase también **Género** y **Plurales**).

el niño guapo	o menino bonito u me·*ni*·nu bu·*ni*·tu
los niños guapos	os meninos bonitos us me·*ni*·nush bu·*ni*·tush
la niña guapa	a menina bonita a me·*ni*·na bu·*ni*·ta
las niñas guapas	as meninas bonitas as me·*ni*·nash bu·*ni*·tash

Muchos adverbios portugueses se forman, al igual que en castellano, añadiendo la terminación *-mente* me^{n}·te a la forma femenina del adjetivo.

~ ADJETIVO ~			~ ADVERBIO ~	
clara	clara **f**	*kla*·ra	**claramente**	kla·ra·*me*^{n}·te
lenta	le^{n}ta **f**	*len*·ta	**lentamente**	le^{n}·ta·*me*^{n}·te

Artículos

Designar personas/cosas

Las palabras portuguesas *um* u^{n} y *uma* *u*·ma corresponden al artículo indeterminado 'un' y 'una'. Si el nombre al que acompañan es masculino, se usará *um*, y si es femenino se usará *uma*. Los plurales son *uns* *u*^{n}*sh* y *umas* *u*·mash.

	~ MASCULINO ~	
sg	um café u^{n} ka·*fe*	**un café**
pl	uns cafés u^{n}sh ka·*fesh*	**unos cafés**
	~ FEMENINO ~	
sg	uma sandes *u*·ma *sa*^{n}·desh	**un bocadillo**
pl	umas sandes *u*·mash *sa*^{n}·desh	**unos bocadillos**

El artículo determinado tiene cuatro formas y, como en español, estas varían en función del género y número del nombre al que acompañan. Para saber más sobre concordancia, véase también **Género** y **Plurales.**

~ MASCULINO ~

sg	o comboio u ko^{n}·*boi*·u	**el tren**
pl	os comboios ush ko^{n}·*boi*·ush	**los trenes**

~ FEMENINO ~

sg	a mochila a mu·*shi*·la	**la mochila**
pl	as mochilas ash mu·*shi*·lash	**las mochilas**

Demostrativos

Describir personas/cosas • Indicar situación • Señalar cosas • Dar instrucciones

Para hacer referencia o señalar una persona o un objeto, se usan las siguientes palabras antes del nombre, dependiendo de si la persona u objeto al que se hace referencia está cerca o lejos, de si es masculino o femenino, y singular o plural.

	~ SINGULAR ~		~ PLURAL ~	
	m	f	m	f
este (cerca)	este *esh*·te	esta *esh*·ta	estes *esh*·tesh	estas *esh*·tash
aquel (lejos)	aquele a·*ke*·le	aquela a·*ke*·la	aqueles a·*ke*·lesh	aquelas a·*ke*·lash

¿Está libre este sitio? — Este lugar está livre?
esh·te lu·*gar* shta *li*·vre

Los demostrativos también se pueden usar solos, sin acompañar a ningún nombre.

Aquellos son portugueses. — Aqueles são portugueses.
a·*ke*·lesh sau^{n} pur·tu·*ge*·zesh

Género

Nombrar personas/cosas

Todos los nombres portugueses son masculinos (m) o femeninos (f). Esto, como ocurre en español, determina la terminación de los adjetivos que se utilizan para describirlos, así como la forma del artículo que los acompaña.

El género de los nombres es a menudo arbitrario: no hay una razón que justifique que, por ejemplo, *sol* sol (sol) sea masculino y *praia* *prai*·a (playa) femenino. Los diccionarios y las listas de vocabulario de este libro indican el género de las palabras, pero existen algunas pautas generales para intentar adivinar el género de una palabra.

» los nombres que hacen referencia a personas o animales de sexo masculino y los que terminan en *-o*, *-ema* u *-oma* normalmente son masculinos

» los nombres que hacen referencia a personas o animales de sexo femenino y los que terminan en *-a*, *-dade* o *-agem* normalmente son masculinos

Véase también **Artículos** y **Adjetivos y adverbios.**

Haber

Indicar situación • Hacer afirmaciones • Negar • Señalar cosas

Para decir 'hay' en portugués se utiliza la expresión *há* a. Para hacer la frase negativa, se añadirá *não* nau^n (no) antes de *há*.

Hay un sitio libre.	Há um lugar vago. a u^n lu·*gar* *va*·gu
No hay sitios libres.	Não há lugares vagos. nau^n a lu·*ga*·resh *va*·gush

Véase también **Ser/estar.**

Negaciones

Negar

Para construir una frase negativa, solamente hay que añadir la palabra *não* nau^n (no) antes del verbo principal; en el siguiente ejemplo es *vejo* *ve*·jhu (veo).

Veo el mercado.	Vejo o mercado. *ve*·jhu u mer·*ka*·du
No veo el mercado.	Não vejo o mercado. nau^n *ve*·jhu u mer·*ka*·du

En portugués, como en castellano, la negación doble es totalmente correcta:

No veo nada.	Não vejo nada. nau^n *ve*·jhu *na*·da

Véase también **Haber.**

Orden de las palabras

Hacer cosas • Dar instrucciones • Hacer peticiones

Normalmente, el orden de las palabras en una frase es el mismo que en español (sujeto-verbo-predicado).

Querría una habitación.	Eu queria um quarto. e·u ke·*ri*·a u^n *kuar*·tu

Plurales

Nombrar personas/cosas

Los nombres que acaban en vocal forman el plural añadiendo -*s* sh.

SINGULAR		PLURAL	
libro	livro m *li*·vru	**libros**	livros m *li*·vrush
cama	cama f *ka*·ma	**camas**	camas f *ka*·mash

Si el nombre termina en *-s*, *-z* o *-r* y la última sílaba va acentuada, el plural se formará añadiendo *-es* esh.

SINGULAR		PLURAL	
portugués	português pur·tu·*gesh*	**portugueses**	portugueses pur·tu·*ge*·zesh
nariz	nariz na·*rish*	**narices**	narizes na·*ri*·zesh
flor	flor flor	**flores**	flores *flo*·resh

No se debe olvidar que los artículos y los adjetivos que acompañan a un nombre en plural deben ir también en plural.

Véase también **Artículos, Adjetivos y adverbios** y **Género.**

Posesivos

Nombrar personas/cosas • Poseer

Existen varias maneras de indicar la posesión en portugués, por ejemplo, usando el verbo *ter* (véase **Tener**). El modo más fácil es usar la preposición *de* de (de), seguida del nombre de la persona que posee el objeto.

Es la mochila de Carla.	É a mochila da Carla. e a mu·*shi*·la da *kar*·la

También se puede indicar posesión utilizando pronombres. La tabla siguiente indica los pronombres posesivos. Estos se colocan entre el artículo determinado y el nombre al que acompañan, y concuerdan en género y número con el nombre.

Es mi billete.	É o meu bilhete. *e u me·u bi·lle·te*

	SINGULAR m	SINGULAR f	PLURAL m	PLURAL f
mi	meu *me·u*	minha *mi·ña*	meus *me·ush*	minhas *mi·ñash*
tu sg inf	teu *te·u*	tua *tu·a*	teus *te·ush*	tuas *tu·ash*
su sg for	seu *se·u*	sua *su·a*	seus *se·ush*	suas *su·ash*
nuestro/a	nosso *no·su*	nossa *no·sa*	nossos *no·sush*	nossas *no·sash*
vuestro/a pl	vosso *vo·su*	vossa *vo·sa*	vossos *vo·sus*	vossas *vo·sash*

Para los posesivos de tercera persona, la estructura es un poco diferente. El pronombre va después del nombre, y el género y número no concuerdan con el nombre, sino con el poseedor. Por ejemplo *su libro* (de ella) sería *o livro dela* u *li*·vru *de*·la (lit: 'el libro de ella').

su m	dele	*de·le*	**sus** m	deles	*de·lesh*
su f	dela	*de·la*	**sus** f	delas	*de·lash*

Véase también **Artículos** y **Género**.

Preguntas

Hacer preguntas

Para hacer una pregunta, basta con pronunciar una afirmación elevando la entonación inquisitivamente desde el principio de la frase.

¿Habla portugués?	Fala português? *fa·la pur·tu·gesh*

También es posible usar, al principio de la frase, alguno de los pronombres interrogativos que aparecen a continuación, tal como se haría en español.

~ PARTÍCULAS INTERROGATIVAS ~

¿Cómo?	Como?	*ko*·mu
¿Cuánto?	Quanto?	*kuaⁿ*·tu
¿Cuántos? **¿Cuántas?**	Quantos? **m pl** Quantas? **f pl**	*kuaⁿ*·tush *kuaⁿ*·tash
¿Qué?	Quê?	ke
¿Cuál?	Qual?	kual
¿Dónde?	Onde?	*oⁿ*·de
¿Quién?	Quem?	keⁿ
¿Por qué?	Porquê?	pur·*ke*

Preposiciones

Dar instrucciones • Indicar situación • Señalar cosas

Las preposiciones en portugués se pueden colocar antes del nombre, como en *com leite* koⁿ *lei*·te (con leche), o después de los verbos. A continuación se indican algunas preposiciones habituales.

~ PREPOSICIONES ~

entre	entre	*eⁿ*·tre	**sobre**	por cima de	pur *si*·ma de
para	para	*pa*·ra	**bajo**	debaixo de	de·*bai*·shu de
hasta	até	a·*te*	**con**	com	koⁿ

Otras preposiciones tienen una forma estándar, pero cuando van antes de un artículo, se combinan con él. 'En las habitaciones', por ejemplo, es *nos quartos* nush *kuar*·tush: *nos* es la combinación de *em* eⁿ (en) y *os* ush (los).

	FORMA ESTÁNDAR	COMBINADA CON EL ARTÍCULO			
		m sg	f sg	m pl	f pl
por/ para	por *por*	pelo *pe*·lu	pela *pe*·la	pelos *pe*·lush	pelas *pe*·lash
en	em en	no nu	na na	nos nush	nas nash
de	de de	do du	da da	dos dush	das dash
a	*a* a	ao au	à a	aos aush	às ash

Véase también **Artículos** y **Género.**

Pronombres personales

Hacer cosas • Nombrar personas/cosas

En portugués, al igual que en español, los pronombres personales como 'yo', 'tú', etc. se suelen omitir en la frase, pues las terminaciones verbales ya dejan claro cuál es el sujeto, por lo que solamente se utilizan para enfatizarlo. Para la segunda persona, existe una variante formal y otra informal (marcadas con **for** e **inf**). El tratamiento formal, que se combina con el verbo de la tercera persona del singular, se usa con todo aquel con quien no se tiene una cierta intimidad. Conviene recordar que, en Portugal, el uso del tuteo está mucho más restringido que en España.

~ PRONOMBRES USADOS COMO SUJETO ~

yo	eu	e·u	**nosotros/as**	nós	nosh
tú	tu	tu	**vosotros/as**	vocês	vo·*sesh*
usted	você	vo·se	**ustedes**	vós	vosh
él	ele	e·le	**ellos/as**	eles	e·lesh
ella	ela	e·la	**nosotros/as**	elas	e·lash

A continuación se indican los pronombres personales correspondientes al objeto directo.

~ PRONOMBRES USADOS COMO OBJETO DIRECTO ~

me	me	me	**nos**	nos	nush
te	te	te	**os** pl inf	vos	vush
lo/la sg for	o/a	u/a	**los/las** pl for	os/as	ush/ash
lo	o	u	**los**	os	ush
la	a	a	**las**	as	ash

Ser/estar

Describir personas/cosas • Hacer cosas • Indicar situación • Señalar cosas

El portugués tiene, al igual que el español, los verbos *ser* ser y *estar* shtar. Ambos son irregulares, de modo que hay que aprender de memoria sus formas. El uso de los verbos es similar al español.

El verbo *ser* hace referencia a estados que tienen un cierto grado de permanencia y durabilidad. También se usa *ser* para señalar algo; simplemente hay que empezar la frase con *É* e ... (lit: Es ...), como en el ejemplo de abajo. Véase también **Demostrativos** y **Haber.**

Es un bello edificio.	É um edifício lindo. e u^n i·di·*fi*·siu *li*^{n}·do

~ SER – PRESENTE ~

yo	**soy**	eu	sou	e·u	sou
tú	**eres**	tu	és	tu	esh
usted	**es**	você	é	vo·se	e
él/ella	**es**	ele/ela	é	e·le/ e·la	e
nosotros/ as	**somos**	nós	somos	nosh	*so*·mush
vosotros/ as	**sois**	vocês	são	vo·*sesh*	sau^n
ustedes	**son**	vós	sois	vosh	soish
ellos/as	**son**	eles/ elas	são	e·lesh/ e·lash	sau^n

El verbo *estar* generalmente hace referencia a eventos que tienen una naturaleza temporal. También se usa para hablar sobre la situación de cosas que son móviles.

~ ESTAR – PRESENTE ~

yo	**estoy**	eu	estou	e·u	shtou
tú	**estás**	tu	estás	tu	shtash
usted	**está**	você	está	vo·se	shta
él/ella	**está**	ele/ ela	está	e·le/ e·la	shta
nosotros/ as	**estamos**	nós	estamos	nos	*shta*·mush
vosotros/ as	**estáis**	vocês	estão	vo·*sesh*	shtau^n
ustedes	**están**	vós	estais	vosh	shtaish
ellos/as	**están**	eles/ elas	estão	e·lesh/ e·lash	shtau^n

Tener

Poseer

Una sencilla manera de indicar posesión es usar el verbo *ter* ter (tener), que presenta una conjugación irregular.

~ TER – PRESENTE ~

yo	**tengo**	eu	tenho	*e*·u	*ta*·ñu
tú	**tienes**	tu	tens	tu	te^{n}sh
usted	**tiene**	você	tem	vo·*se*	te^n
él/ella	**tiene**	ele/ ela	tem	*e*·le/*e*·la	te^n
nosotros/ as	**tenemos**	nós	temos	nosh	*te*·mush
vosotros/ as	**tenéis**	vocês	têm	vo·*sesh*	*te*^{n}·e^n
ustedes	**tienen**	vós	tendes	vosh	*te*^{n}·desh
ellos/as	**tienen**	eles/ elas	têm	*e*·lesh/ *e*·lash	*te*^{n}·e^n

Verbos

Hacer preguntas • Hacer cosas • Dar instrucciones • Hacer peticiones • Hacer afirmaciones

Como en español, en portugués existen tres tipos de verbos: los que acaban en *-ar* ar (*morar* mor·*ar*, 'vivir'), los que acaban en *-er* er (*comer* ku·*mer*, 'comer') y los que acaban en *-ir* ir (*partir* par·*tir*, 'partir'). Las terminaciones del presente para las distintas personas son muy similares para los tres tipos de verbos.

	~ -AR ~	~ -ER ~	~ -IR ~
yo	-o ·u	-o ·u	-o ·u
tú	-a ·ash	-es ·esh	-es ·esh
usted	-a ·a	-e ·e	-e ·e
él/ella	-a ·a	-e ·e	-e ·e
nosotros	-amos ·*a*·mush	-emos ·*e*·mush	imos ·*i*·mush
vosotros	-ais ·aish	-eis ·eish	-is ·ish
ustedes	-am ·au^n	-em ·e^n	-em ·e^n
ellos/ellas	-am ·au^n	-em ·e^n	-em ·e^n

Como ocurre en la mayoría de las lenguas, el portugués tiene también algunos verbos irregulares. Los más importantes son *ser* ser (ser), *estar* shtar (estar) y *ter* ter (tener). Para más detalles, véase **Ser/estar** y **Tener.**

Lo básico

Hacerse entender

FRASES ÚTILES

¿Habla/s (español)?	Fala espanhol?	*fa*·la sh·*pa*·*ñol*
No comprendo.	Não entendo.	nau^n e^n·*te^n*·du
¿Qué significa ...?	O que quer dizer ...?	u ke ker di·*zer* ...

P ¿Habla (español)?	Fala (espanhol)? *fa*·la (sh·*pa*·*ñol*)
P ¿Hay alguien que hable (español)?	Alguém aqui fala (espanhol)? al·*ge^n* a·*ki* *fa*·la (sh·*pa*·*ñol*)
R Hablo (español).	Falo (espanhol). *fa*·lu (sh·*pa*·*ñol*)
R No hablo (portugués).	Não falo (português). nau^n *fa*·lu (pur·tu·*gesh*)
R Hablo un poco.	Falo um pouco. *fa*·lu u^n *pou*·ku
P ¿Me entiende?	Entende(-me)? e^n·*te^n*·de(·me)
R Sí, entiendo.	Sim, entendo. si^n e^n·*te^n*·du
R No, no entiendo.	Não, não entendo. nau^n nau^n e^n·*te^n*·du
¿Disculpe?	Desculpe? desh·*kul*·pe

SOBRE EL IDIOMA

Falsos amigos

Se puede adivinar el significado de muchas palabras, porque son muy similares en español. Pero, cuidado, las cosas no son siempre lo que parecen:

exquisito	sh·ki·*si*·tu	raro (en sentido negativo, como en 'huele raro')
aborrecer	a·bu·je·*ser*	aburrir
massa	*ma*·sa	pasta (alimenticia)

¿Qué significa...?	O que quer dizer ...? u ke ker di·*zer* ...
¿Cómo se pronuncia esto?	Como é que se pronuncia isto? *ko*·mu e ke se pru·nu^{n}·*si*·a *ish*·tu
¿Cómo se escribe ...?	Como é que se escreve ...? *ko*·mu e ke se *shkre*·ve ...
¿Podría repetir eso, por favor?	Podia repetir isto, por favor? pu·*di*·a je·pe·*tir* *ish*·tu pur fa·*vor*
¿Podría escribir eso, por favor?	Podia escrever isso, por favor? pu·*di*·a shkre·*ver* *i*·su pur fa·*vor*
¿Podría hablar más despacio, por favor?	Podia falar mais devagar, por favor? pu·*di*·a fa·*lar* maish de·va·*gar* pur fa·*vor*

¡Despacio, por favor!	Devagar, por favor!	de·va·*gar* pur fa·*vor*

Números y cantidades

FRASES ÚTILES

¿Cuánto?	Quanto?	*kua*^{n}·tu
un poco	um bocadinho	u^n bu·ka·*di*·ñu
mucho	muito	*mui*^{n}·tu

Números cardinales

0	zero	*ze*·ru
1	um	u^n
2	dois	doish
3	três	tresh
4	quatro	*kua*·tru
5	cinco	*si*^{n}·ku
6	seis	seish
7	sete	*se*·te
8	oito	*oi*·tu
9	nove	*no*·ve
10	dez	desh
11	onze	*o*^{n}·ze
12	doze	*do*·ze
13	treze	*tre*·ze
14	catorze	ka·*tor*·ze
15	quinze	*ki*^{n}·ze
16	dezasseis	de·za·*seish*
17	dezassete	de·za·*se*·te

18	dezoito	de·*zoi*·tu
19	dezanove	de·za·*no*·ve
20	vinte	*vi*^{n}·te
21	vinte e um	*vi*^{n}·te i u^{n}
22	vinte e dois	*vi*^{n}·te i doish
30	trinta	*tri*^{n}·ta
40	quarenta	kua·*re*^{n}·ta
50	cinquenta	si^{n}·*kue*^{n}·ta
60	sessenta	se·*se*^{n}·ta
70	setenta	se·*te*^{n}·ta
80	oitenta	oi·*te*^{n}·ta
90	noventa	no·*ve*^{n}·ta
100	cem	se^{n}
200	duzentos	du·*ze*^{n}·tush
300	trezentos	tre·*ze*^{n}·tush
1000	mil	mil
1 000 000	um milhão	u^{n} mi·*llau*^{n}

Números ordinales

primero/a	primeiro **m** primeira **f**	pri·*mei*·ru pri·*mei*·ra
segundo/a	segundo **m** segunda **f**	se·*gu*^{n}·du se·*gu*^{n}·da
tercero/a	terceiro **m** terceira **f**	ter·*sei*·ru ter·*sei*·ra
cuarto/a	quarto **m** quarta **f**	*kuar*·tu *kuar*·ta
quinto/a	quinto **m** quinta **f**	*ki*^{n}·tu *ki*^{n}·ta

Fracciones y decimales

un cuarto	um quarto	u^{n} *kuar*·tu
un tercio	um terço	u^{n} *ter*·su
la mitad	a metade	a me·*ta*·de
tres cuartos	três quartos	tresh *kuar*·tush

En Portugal los decimales se escriben y se pronuncian como en español. La coma se denomina *vírgula* *vir*·gu·la.

3,14	três vírgula catorze	tresh *vir*·gu·la ka·*tor*·ze

Cantidades

¿Cuánto?	Quanto? *kua*^{n}·tu
¿Cuántos/as?	Quantos? **m pl** *kua*^{n}·tush Quantas? **f pl** *kua*^{n}·tash
Por favor, deme ...	Por favor dê-me ... pur fa·*vor de*·me ...

unos/unas pocos/as	uns poucos **m pl**	u^{n}sh *pou*·kush
	umas poucas **f pl**	*u*·mash *pou*·kash
(solo) un poco	(só) um bocadinho	(so) u^{n} bu·ka·*di*·ñu
mucho	muito	*mui*^{n}·tu
menos	menos	*me*·nush
mucho/as	muitos **m pl**	*mui*^{n}·tush
	muitas **f pl**	*mui*^{n}·tash
más	mais	maish
algunos/as	uns **m pl**	u^{n}sh
	umas **f pl**	*u*·mash

Horas y fechas

FRASES ÚTILES

¿Qué hora es?	Que horas são?	ki o·rash sau^n
¿A qué hora ...?	A que horas ...?	a ke o·rash ...
¿Qué día?	Qual data?	kual *da*·ta

La hora

En portugués, como en español, cuando se habla es habitual usar el reloj de 12 horas, pero cuando se escribe se suele utilizar el reloj de 24 horas.

P **¿Qué hora es?**	Que horas são?	ki o·rash sau^n
R **Es la (una).**	É (uma) hora.	e (*u*·ma) o·ra
R **Son las (diez).**	São (dez) horas.	sau^n (desh) o·rash
R **Las (diez) y cinco.**	(Dez) e cinco.	(desh) i *si*^{n}·ku
R **Las (diez) y cuarto.**	(Dez) e quinze.	(desh) i *ki*^{n}·ze
R **Las (diez) y media.**	(Dez) e meia.	(desh) i *mei*·a
R **Las (once) menos cuarto.**	Quinze para as (onze).	*ki*^{n}·ze *pa*·ra ash (*o*^{n}·ze)
de la mañana	da manhã	da ma·*ña*^{n}
de la tarde	da tarde	da *tar*·de
de la noche	da noite	da *noi*·te

P **¿A qué hora ...?**	A que horas ...?	a ke *o*·rash ...
R **A la (una).**	À (uma).	a (*u*·ma)
R **A las (cinco).**	Às (cinco).	ash (*si*ⁿ·ku)
R **A las (7.57 de la) noche.**	Às (sete e cinquenta e sete da noite).	ash (*se*·te i siⁿ·*kue*ⁿ·ta i *se*·te da *noi*·te)
tarde	tarde **f**	*tar*·de
madrugada	madrugada **f**	ma·dru·*ga*·da
día	dia **m**	*di*·a
noche	noite **f**	*noi*·te
mediodía	meio dia **m**	*mei*·u *di*·a
medianoche	meia noite **f**	*mei*·a *noi*·te
mañana	manhã **f**	ma·*ña*ⁿ
noche	noite **f**	*noi*·te
amanecer	nascer do sol **m**	nash·*ser* du sol
puesta de sol	pôr do sol **m**	por du sol

El calendario

lunes	segunda-feira **f**	se·*gu*ⁿ·da·*fei*·ra
martes	terça-feira **f**	*ter*·sa·*fei*·ra
miércoles	quarta-feira **f**	*kuar*·ta·*fei*·ra
jueves	quinta-feira **f**	*ki*ⁿ·ta·*fei*·ra
viernes	sexta-feira **f**	*seish*·ta·*fei*·ra
sábado	sábado **m**	*sa*·ba·du
domingo	domingo **m**	du·*mi*ⁿ·gu

enero	Janeiro **m**	jha·*nei*·ru
febrero	Fevereiro **m**	fe·*vrei*·ru
marzo	Março **m**	*mar*·su
abril	Abril **m**	a·*bril*
mayo	Maio **m**	*ma*·iu
junio	Junho **m**	*jhu*·ñu
julio	Julho **m**	*jhu*·llu
agosto	Agosto **m**	a·*gosh*·tu
septiembre	Setembro **m**	se·*te^n*·bru
octubre	Outubro **m**	ou·*tu*·bru
noviembre	Novembro **m**	no·*ve^n*·bru
diciembre	Dezembro **m**	de·*ze^n*·bru

¿Qué día?	Qual data?	kual *da*·ta
P **¿Qué día es hoy?**	Qual é a data de hoje?	kual e a *da*·ta de o·jhe
R **Hoy es (18 de octubre).**	Hoje é dia (dezoito de Outubro).	o·jhe e *di*·a (de·*zoi*·tu de ou·*tu*·bru)
primavera	primavera **f**	pri·ma·*ve*·ra
verano	verão **m**	ve·*rau^n*
otoño	outono **m**	ou·*to*·nu
invierno	inverno **m**	i^n·*ver*·nu

Presente

ahora	agora	a·*go*·ra
hoy	hoje	o·jhe
hoy por la noche	hoje à noite	o·jhe a *noi*·te
esta mañana	esta manhã	esh·ta ma·*ña^n*

esta tarde	esta tarde	esh·ta *tar*·de
esta semana	esta semana	esh·ta se·*ma*·na
este mes	este mês	esh·te mesh
este año	este ano	esh·te *a*·nu

Pasado

antes de ayer	anteontem	a^n·ti·o^n·te^n
hace (tres días)	há (três dias)	a (tresh *di*·ash)
desde (mayo)	desde (Maio)	*desh*·de (*ma*·iu)
la noche pasada	a noite passada	a *noi*·te pa·*sa*·da
la semana pasada	a semana passada	a se·*ma*·na pa·*sa*·da
el mes pasado	o mês passado	u mesh pa·*sa*·du
el año pasado	o ano passado	u *a*·nu pa·*sa*·du
ayer por la mañana	ontem de manhã	o^n·te^n de ma·*ña*^{n}
ayer por la tarde	ontem à tarde	o^n·te^n a *tar*·de
ayer por la noche	ontem à noite	o^n·te^n a *noi*·te

Futuro

pasado mañana	depois de amanhã	de·*poish* de a·ma·*ña*^{n}
dentro de (seis días)	daqui à (seis dias)	da·*ki* a (seish *di*·ash)
hasta (junio)	até (Junho)	a·*te* (*jhu*·ñu)

la próxima semana	na próxima semana	na *pro*·si·ma se·*ma*·na
el próximo mes	no próximo mês	nu *pro*·si·mu mesh
el próximo año	no próximo ano	nu *pro*·si·mu *a*·nu
mañana por la mañana	amanhã de manhã	a·ma·*ña*^{n} de ma·*ña*^{n}
mañana por la tarde	amanhã à tarde	a·ma·*ña*^{n} a *tar*·de
mañana por la noche	amanhã à noite	a·ma·*ña*^{n} a *noi*·te

SE BUSCARÁ

Aberto	a·*ber*·tu	Abierto
Casa de banho	*ka*·za de *ba*·ñu	Aseos/WC
Entrada	e^n·*tra*·da	Entrada
Fechado	fe·*sha*·du	Cerrado
Homens	*o*·me^{n}sh	Hombres
Informação	i^n·for·ma·*sau*^{n}	Información
Mulheres	mu·*lle*·resh	Mujeres
Não Fotografar	nau^n fu·tu·gra·*far*	Prohibido hacer fotos
Não Fumar	nau^n fu·*mar*	Prohibido fumar
Proibido	pro·i·*bi*·du	Prohibido
Saída	sa·*i*·da	Salida

SOBRE LA CULTURA Fiestas

Día de Año Nuevo	Dia de Ano Novo	*di*·a de *a*·nu *no*·vu
Carnaval	Carnaval	kar·na·*val*
Viernes Santo	Sexta-feira Santa	*sesh*·ta·*fei*·ra *sa*^{n}·ta
Día de la Libertad (25 de abril)	Dia da Liberdade	*di*·a da li·ber·*da*·de
Día del Trabajador (1 de mayo)	Dia do Trabalhador	*di*·a du tra·ba·lla·*dor*
Corpus Christi	Corpo de Deus	*kor*·pu de *de*·ush
Día de Portugal (10 de junio)	Dia de Portugal	*di*·a de pur·tu·*gal*
Día de la Ascensión de la Virgen (15 de agosto)	Assunção de Nossa Senhora	a·su^n·*sau*^{n} de *no*·sa se·*ño*·ra
Día de la República (5 de octubre)	Implantação da República	i^n·pla^n·ta·*sau*^{n} da je·*pu*·bli·ka
Día de Todos los Santos (1 de noviembre)	Dia de Todos-os-Santos	*di*·a de *to*·dush·ush·*sa*^{n}·tush
Día de la Restauración de la Independencia (1 de diciembre)	Restauração da Independência	resh·tau·ra·*sau*^{n} da i^n·de·pe^n·*de*^{n}·sia
Inmaculada Concepción (8 de diciembre)	Imaculada Conceição	i·ma·ku·*la*·da ko^n·sei·*sau*^{n}
Navidad (25 de diciembre)	Natal	na·*tal*

Para conocer algunos saludos ligados a determinadas festividades, véase recuadro en p. 119.

En práctica

Transporte

FRASES ÚTILES

¿Cuándo sale el próximo autobus?	Quando é que sai o próximo autocarro?	*kua*^{n}·du e ke sai u *pro*·si·mu au·to·*ka*·ju
Un billete a ...	Um bilhete para ...	u^n bi·*lle*·te *pa*·ra ...
Por favor, avíseme cuando lleguemos a ...	Por favor avise-me quando chegarmos a ...	pur fa·*vor* a·*vi*·ze·me *kua*^{n}·du she·*gar*·mush a ...
Lléveme a esta dirección, por favor.	Leve-me para este endereço, por favor.	*le*·ve·me *pa*·ra *esh*·te e^n·de·*re*·su pur fa·*vor*
Querría alquilar un coche.	Queria alugar um carro.	ke·*ri*·a a·lu·*gar* u^n *ka*·ju

Desplazarse

¿Qué ... va a (Lisboa)?	Qual é o ... que vai para (Lisboa)? kual e u ... ke vai pra (lijh·*bo*·a)
¿Es este el ... que va a (Peniche)?	Este é o ... para (Peniche)? *esh*·te e u ... pra (pe·*nish*)

barco	barco	*bar*·ku
autobús	autocarro	au·to·*ka*·ju
tren	comboio	ko^n·*boi*·u
tranvía	eléctrico	e·*le*·tri·ku

¿Cuándo sale el primer (autobús)?	Quando é que sai o primeiro (autocarro)?	*kua^n*·du e ke sai u pri·*mei*·ru (au·to·*ka*·ju)
¿Cuándo sale el último (autobús)?	Quando é que sai o último (autocarro)?	*kua^n*·du e ke sai u *ul*·ti·mu (au·to·*ka*·ju)
¿Cuándo sale el próximo (autobús)?	Quando é que sai o próximo (autocarro)?	*kua^n*·du e ke sai u *pro*·si·mu (au·to·*ka*·ju)
¿Dónde está (la estación)?	Onde é a estação?	*o^n*·de e a shta·*sau^n*
¿Cuánto dura el viaje?	Quanto tempo é que leva a viagem?	*kua^n*·tu *te^n*·pu e ke *le*·va a vi·*a*·jhe^n
¿Es una ruta directa?	É uma rota directa?	e *u*·ma *jo*·ta di·*re*·ta
¿Para en (Amarante)?	Pára em (Amarante)?	*pa*·ra e^n (a·ma·*ra^n*·te)
¿A qué hora llega a (Oporto)?	A que horas chega ao (Porto)?	a ke *o*·rash *she*·ga au (*por*·tu)
¿Cuánto retraso lleva?	Quanto tempo é que vai chegar atrasado?	*kua^n*·tu *te^n*·pu e ke vai she·*gar* a·tra·*za*·du
¿Está libre este asiento?	Este lugar está vago?	*esh*·te lu·*gar* shta *va*·gu

¿Está libre? | Está vago? | shta *va*·gu

Este es mi asiento.	Este é o meu lugar. *esh*·te e u *me*·u lu·*gar*
Por favor, avíseme cuando lleguemos a (Évora).	Por favor avise-me quando chegarmos a (Évora). pur fa·*vor* a·*vi*·ze·me *kua^n*·du she·*gar*·mush a (e·vu·ra)
Querría bajar en (Cascais).	Queria sair em (Cascais). ke·*ri*·a sa·*ir* e^n (kash·*ka*·ish)
¿Cuánto tiempo vamos a estar parados aquí?	Quanto tempo vamos ficar parados aqui? *kua^n*·tu *te^n*·pu *va*·mush fi·*kar* pa·*ra*·dush a·*ki*

Comprar billetes

¿Dónde puedo comprar el billete?	Onde é que eu compro o bilhete? *o^n*·de e ke *e*·u *ko^n*·pru u bi·*lle*·te
¿Dónde está la máquina expendedora de billetes?	Onde está a bilheteira automática? *o^n*·de shta a bi·lle·*tei*·ra au·tu·*ma*·ti·ka
¿Debo hacer una reserva (con mucha antelación)?	Preciso de fazer reserva (muito antecipada)? pre·*si*·zu de fa·*zer* je·*zer*·va (*mui^n*·tu a^n·te·si·*pa*·da)
¿Puedo comprar un billete de última hora?	Posso comprar um bilhete de última hora? *po*·su ko^n·*prar* u^n bi·*lle*·te de *ul*·ti·ma *o*·ra

Comprar un billete

¿Cuándo sale el próximo ...?

Quando é que sai o próximo ...?
kua^n·du e ke sai u *pro*·si·mu ...

barco
barco
bar·ku

autobús
autocarro
au·to·*ka*·ju

tren
comboio
ko^n·*boi*·u

Un billete ..., por favor.

Um bilhete ..., por favor.
u^n bi·*lle*·te ... pur fa·*vor*

de ida
de ida
de *i*·da

de ida y vuelta
de ida e volta
de *i*·da i *vol*·ta

Querría un asiento ...

Queria um lugar ...
ke·*ri*·a u^n lu·*gar* ...

de pasillo
na coxia
na ku·*shi*·a

de ventanilla
à janela
a jha·*ne*·la

¿De qué andén sale?

Em qual plataforma parte?
e^n kual pla·ta·*for*·ma *par*·te

Un billete ... (a Braga).	Um bilhete de ... (para Braga).	u^n bi·*lle*·te de ... (pra *bra*·ga)

de 1ª clase	primeira classe	pri·*mei*·ra *kla*·se
de 2ª clase	segunda classe	se·*gu^n*·da *kla*·se
infantil	criança	kri·*a^n*·sa
de ida	ida	*i*·da
de ida y vuelta	ida e volta	*i*·da i *vol*·ta
de estudiante	estudante	shtu·*da^n*·te

Querría un asiento	Queria um lugar ...	ke·*ri*·a u^n lu·*gar* ...

de pasillo	na coxia	na ku·*shi*·a
de no fumadores	de não fumadores	de nau^n fu·ma·*do*·resh
para fumadores	para fumadores	pra fu·ma·*do*·resh
de ventanilla	à janela	a jha·*ne*·la

¿Tiene ...?	Tem ...?	te^n ...

aire acondicionado	ar condicionado	ar ko^n·di·siu·*na*·du
manta	cobertor	ku·ber·*tor*
bolsa para vomitar	saco para vomitar	*sa*·ku pra vu·mi·*tar*
servicio	casa de banho	*ka*·za de *ba*·ñu

SE OIRÁ

agente de viagens m&f	a·*jhe*^{n}·te de vi·*a*·jhe^{n}sh	agente de viajes
atrasado/atrasada m/f	a·tra·*za*·du/a·tra·*za*·da	atrasado/atrasada
bilheteira f	bi·lle·*tei*·ra	taquilla
cancelado/cancelada m/f	ka^n·se·*la*·du/ka^n·se·*la*·da	cancelado/cancelada
cheio/cheia m/f	*shei*·u/*shei*·a	lleno/llena
horário m	o·*ra*·riu	horario
plataforma f	pla·ta·*for*·ma	andén

Querría cancelar mi billete, por favor.	Queria cancelar o bilhete, por favor. ke·*ri*·a ka^n·se·*lar* u bi·*lle*·te pur fa·*vor*
Querría cambiar mi billete, por favor.	Queria trocar o bilhete, por favor. ke·*ri*·a tru·*kar* u bi·*lle*·te pur fa·*vor*
Querría confirmar mi billete, por favor.	Queria confirmar o bilhete, por favor. ke·*ri*·a ko^n·fir·*mar* u bi·*lle*·te pur fa·*vor*
¿Tienen coche-cama?	Tem carruagem cama? te^n ka·ju·*a*·jhe^n *ka*·ma
¿A qué hora debo facturar?	A que horas devo fazer o check-in? a ke *o*·rash *de*·vu fa·*zer* u *shek*·i^n

Equipaje

¿Dónde puedo encontrar ...?
Onde fica ...?
o^n·de *fi*·ka ...

la recogida de equipajes	o balcão de bagagens	u bal·*kau*^{n} de ba·*ga*·jhe^{n}sh
la oficina de equipajes perdidos	o balcão de perdidos e achados	u bal·*kau*^{n} de per·*di*·dush i a·*sha*·dush
la consigna	o depósito de bagagens	u de·*po*·zi·tu de ba·*ga*·jhe^{n}sh
un carrito	um carrinho	u^n ka·*ji*·ñu

¿Puede darme unas monedas/fichas?
Pode-me dar umas moedas/fichas?
po·de·me dar *u*·mash mo·e·dash/*fi*·shash

Mi equipaje se ha dañado.
A minha bagagem foi danificada.
a *mi*·ña ba·*ga*·jhe^n foi da·ni·fi·*ka*·da

Mi equipaje se ha perdido.
A minha bagagem perdeu-se.
a *mi*·ña ba·*ga*·jhe^n per·*de*·u·se

Me han robado el equipaje.
A minha bagagem foi roubada.
a *mi*·ña ba·*ga*·jhe^n foi jou·*ba*·da

Esto (no) es mío.
Isto (não) é meu.
ish·tu (nau^n) e *me*·u

Autobús, tranvía y metro

¿Esto es una parada de autobús/tranvía?	Isto é uma paragem de autocarro/eléctrico? *ish*·tu e *u*·ma pa·*ra*·jheⁿ de au·to·*ka*·ju/e·*le*·tri·ku
¿Cómo puedo llegar a (la terminal de autobuses)?	Como posso chegar á rodoviária? *ko*·mu *po*·su she·*gar* a ju·du·vi·*a*·ri·a
¿Cuál es la frecuencia de los autobuses/tranvías?	Qual é a frequência dos autocarros/eléctricos? kual e a fre·*kue*ⁿ·sia dush au·to·*ka*·jush/e·*le*·tri·kush
¿Cuál es la próxima parada?	Qual é a próxima paragem? kual e a *pro*·si·ma pa·*ra*·jheⁿ
autobús de la ciudad	autocarro da cidade m au·to·*ka*·ju da si·*da*·de
plataforma de salida	portão de embarque m pur·*tau*ⁿ de eⁿ·*bar*·ke

SE BUSCARÁ

Bilheteira	bi·lle·*tei*·ra	Taquilla
Chegadas	she·*ga*·dash	Llegadas
Depósito de Bagagens	de·*po*·zi·tu de ba·*ga*·jheⁿsh	Facturación de equipajes
Embarque	eⁿ·*bar*·ke	Embarque
Gare de Embarque	*ga*·re de eⁿ·*bar*·ke	Zona de embarque
Passageiros	pa·sa·*jhei*·rush	Pasajeros
Sala de Espera	*sa*·la de *shpe*·ra	Sala de espera

autobús interurbano	autocarro inter-cidades m au·to·*ka*·ju iⁿ·ter·si·*da*·desh
autobús local	autocarro local m au·to·*ka*·ju lu·*kal*
lanzadera (hotel)	carrinha do hotel f ka·*ji*·ña du o·*tel*
horario de salidas y llegadas	horário de partidas e chegadas m o·*ra*·riu de par·*ti*·dash i she·*ga*·dash

Para números de autobús, véase **Números y cantidades** (p. 30).

Tren

¿Qué estación es esta?	Qual estação é este? kual shta·*sau*ⁿ e *esh*·te
¿Cuál es la próxima estación?	Qual é a próxima estação? kual e a *pro*·si·ma shta·*sau*ⁿ
¿Tengo que hacer transbordo?	Preciso de mudar de comboio? pre·*si*·su de mu·*dar* de koⁿ·*boi*·u
¿Cuál es el vagón ...?	Qual é a carruagem ...? kual e a ka·ju·*a*·jheⁿ ...

de 1ª clase	de primeira classe	de pri·*mei*·ra *kla*·se
de 2ª clase	de segunda classe	de se·*gu*ⁿ·da *kla*·se
restaurante	restaurante	jesh·tau·*ra*ⁿ·te
que va a (Faro)	para o (Faro)	pra u (*fa*·ru)

Taxi

Querría un taxi para las (9.00).	Queria chamar um táxi para as (nove da manhã). ke·*ri*·a sha·*mar* u^n *tak*·si pra ash (*no*·ve da ma·*ña^n*)
Querría un taxi para mañana.	Queria chamar um táxi amanhã. ke·*ri*·a sha·*mar* u^n *tak*·si a·ma·*ña^n*
¿Dónde está la parada de taxis?	Onde é a praça de táxis? *o^n*·de e a *pra*·sa de *tak*·sish

¿Está libre este taxi?	Este táxi está livre? esh·te tak·si shta li·vre

¿Está libre?	Está livre?	shta li·vre

¿Cuánto cuesta (ir a Silves)?	Quanto custa (até ao Silves)? kua^{n}·tu kush·ta (a·te au sil·vesh)
¿Cuánto cuesta la bajada de bandera?	Quanto custa a bandeirada base? kua^{n}·tu kush·ta a ba^{n}·dei·ra·da ba·ze
Por favor, lléveme a (esta dirección).	Leve-me para (este endereço), por favor. le·ve·me pa·ra (esh·te e^{n}·de·re·su) pur fa·vor

A ...	Para ...	pa·ra ...

No quiero pagar un precio estipulado.	Eu não quero pagar uma tarifa estipulada. e·u nau^{n} ke·ru pa·gar u·ma ta·ri·fa shti·pu·la·da
Por favor ...	Por favor ... pur fa·vor ...

vuelva a las (10.00)	volte (às dez da manhã)	vol·te (ash desh da ma·ña^{n})
vaya más despacio	vá mais devagar	va maish de·va·gar
pare aquí	pare aqui	pa·re a·ki
espere aquí	espere aqui	shpe·re a·ki

Para otras frases útiles, véase **Direcciones** (p. 58) y **Dinero y bancos** (p. 92).

Automóvil y motocicleta

Querría alquilar un coche ...	Queria alugar um carro ... ke·*ri*·a a·lu·*gar* u^{n} *ka*·ju ...

con tracción a las cuatro ruedas	com tracção às quatro rodas	ko^{n} tra·*sau^{n}* ash *kua*·tru *jo*·dash
con cambio automático	de mudanças automáticas	de mu·*da^{n}*·sash au·tu·ma·*ti*·kash
con cambio manual	de mudanças manuais	de mu·*da^{n}*·sash ma·nu·*aish*

Querría alquilar una moto.	Queria alugar uma mota. ke·*ri*·a a·lu·*gar* *u*·ma *mo*·ta
¿Cuánto cuesta el alquiler por día?	Quanto custa para alugar por dia? *kua^{n}*·tu *kush*·ta *pa*·ra a·lu·*gar* pur *di*·a

SE OIRÁ

carta de condução f	*kar*·ta de ko^{n}·du·*sau^{n}*	**permiso de conducir**
com ar condicionado	ko^{n} ar ko^{n}·di·siu·*na*·du	**con aire acondicionado**
com motorista	ko^{n} mu·tu·*rish*·ta	**gratis**
multa f	*mul*·ta	**multa**
parquímetro m	par·*ki*·me·tru	**parquímetro**
portagem f	por·*ta*·jhe^{n}	**peaje**

¿Cuánto cuesta el alquiler por semana?	Quanto custa para alugar por semana? kua^n·tu kush·ta pa·ra a·lu·gar pur se·ma·na
¿Incluye el seguro/ kilometraje?	Inclui seguro/ kilometragem? i^n·klu·i se·gu·ru/ ki·lo·me·tra·jhe^n
¿Tiene un mapa de carreteras?	Tem um mapa de estradas? te^n u^n ma·pa de shtra·dash
¿Cuál es el límite de velocidad?	Qual é o limite de velocidade? kual e u li·mi·te de ve·lu·si·da·de
¿Es esta la carretera que va a ...?	Esta é a estrada para ...? esh·ta e a shtra·da pa·ra ...

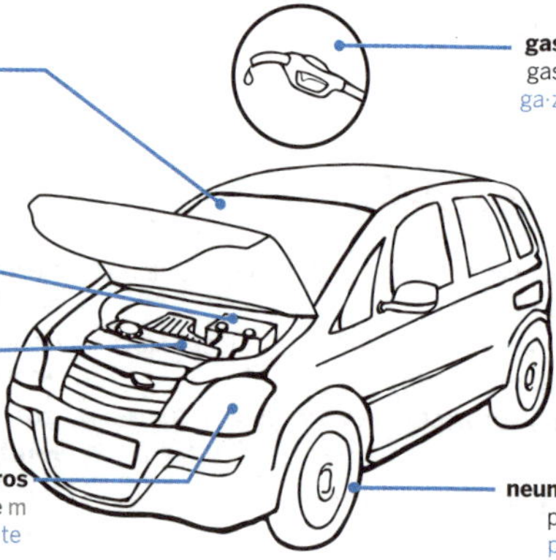

SE BUSCARÁ

diesel m	*di*·zel	diésel
gás m	gash	gas
gasolina f **sem chumbo**	ga·zu·*li*·na se^{n} *shu^{n}*·bu	gasolina sin plomo

¿Dónde hay una gasolinera?	Onde fica um posto de gasolina? o^{n}·de *fi*·ka u^{n} *posh*·tu de ga·zu·*li*·na
Por favor, llene el depósito.	Encha o tanque, por favor. e^{n}·sha u *ta^{n}*·ke pur fa·*vor*
¿(Durante cuánto tiempo) Puedo estacionar aquí?	(Quanto tempo) Posso estacionar aqui? (*kua^{n}*·tu *te^{n}*·pu) *po*·su shta·si·u·*nar* a·*ki*
¿Puede comprobar el aceite?	Pode verificar o óleo? *po*·de ve·ri·fi·*kar* u *o*·le·u
¿Puede comprobar los neumáticos?	Pode verificar os pneus? *po*·de ve·ri·fi·*kar* ush pe·*ne*·ush
¿Puede comprobar el agua?	Pode verificar a água? *po*·de ve·ri·fi·*kar* a *a*·gua
¿Tengo que pagar?	Tenho que pagar? *ta*·ñu ke pa·*gar*
Necesito un mecánico.	Preciso de um mecânico. pre·*si*·zu de u^{n} me·*ka*·ni·ku
He tenido un accidente.	Tive um acidente. *ti*·ve u^{n} a·si·*de^{n}*·te

SE BUSCARÁ

Dar Prioridade	dar pri·u·ri·*da*·de	Ceda el paso
Entrada	e^{n}·*tra*·da	Entrada
Pare	*pa*·re	Stop
Portagem	por·*ta*·jhe^{n}	Peaje
Proibido Entrar	pro·i·*bi*·du e^{n}·*trar*	No pasar
Sair da Autoestrada	sa·*ir* da au·to·*shtra*·da	Salida de la autopista
Sentido Único	se^{n}·*ti*·du *u*·ni·ku	Sentido único

(El coche) se ha averiado (en Setúbal).	O carro avariou-se (em Setúbal). u *ka*·ju a·va·ri·*ou*·se (e^{n} se·*tu*·bal)
Me he quedado sin gasolina.	Estou sem gasolina. shtou se^{n} ga·zu·*li*·na
¿Lo puede arreglar (hoy)?	Pode-se arranjar (hoje)? *po*·de·se a·ja^{n}·*jhar* (*o*·jhe)
¿Cuánto tiempo le va a llevar?	Quanto tempo vai levar? *kua*^{n}·tu *te*^{n}·pu vai le·*var*

Bicicleta

Querría reparar mi bicicleta.	Queria consertar a minha bicicleta. ke·*ri*·a ko^{n}·ser·*tar* a *mi*·ña bi·si·*kle*·ta

Querría comprar una bicicleta.	Queria comprar uma bicicleta. ke·*ri*·a ko^n·*prar* *u*·ma bi·si·*kle*·ta
Querría alquilar una bicicleta.	Queria alugar uma bicicleta. ke·*ri*·a a·lu·*gar* *u*·ma bi·si·*kle*·ta
Querría una bicicleta de montaña.	Queria uma bicicleta de montanha. ke·*ri*·a *u*·ma bi·si·*kle*·ta de mo^n·*ta*·ña
Querría una bicicleta de carreras.	Queria uma bicicleta de corrida. ke·*ri*·a *u*·ma bi·si·*kle*·ta de ku·*ji*·da
Querría una bicicleta de segunda mano.	Queria uma bicicleta em segunda mão. ke·*ri*·a *u*·ma bi·si·*kle*·ta e^n se·*gu*^{n}·da mau^n
¿Cuánto cuesta por día/hora?	Quanto custa por dia/hora? *kua*^{n}·tu *kush*·ta pur *di*·a/*o*·ra
¿Debo usar casco?	Preciso de usar capacete? pre·*si*·su de u·*zar* ka·pa·*se*·te
¿Hay caminos para bicicletas?	Há trilhos para bicicletas? a *tri*·llush *pa*·ra bi·si·*kle*·tash
Tengo un pinchazo.	Tenho um furo no pneu. *ta*·ñu u^n *fu*·ru nu pe·*ne*·u

Cruce de fronteras

FRASES ÚTILES

Estaré aquí ... días.	Vou ficar por ... dias.	vou fi·*kar* pur ... *di*·ash
Me alojo en ...	Estou no ...	shtou nu ...
No tengo nada que declarar.	Não tenho nada a declarar.	nau^{n} *ta*·ñu *na*·da a de·kla·*rar*

Control de pasaportes

Estoy de paso.	Estou em trânsito. shtou e^{n} *tra*^{n}·zi·tu
Estoy por negocios.	Estou em negócios. shtou e^{n} ne·*go*·siush
Estoy de vacaciones.	Estou de férias. shtou de *fe*·ri·ash
Estaré (10) días.	Vou ficar por (dez) dias. vou fi·*kar* pur (desh) *di*·ash
Estaré (tres) semanas.	Vou ficar por (três) semanas. vou fi·*kar* pur (tresh) se·*ma*·nash

SE OIRÁ

família f	fa·*mi*·lla	familia
grupo m	*gru*·pu	grupo
passaporte m	pa·sa·*por*·te	pasaporte
visto m	*vish*·tu	visado

SE BUSCARÁ

Alfândega	al·*fa*^{n}·de·ga	Aduana
Controlo de Passaportes	ko^n·*tro*·lu de pa·sa·*por*·tesh	Control de pasaportes
Imigração	i·mi·gra·*sau*^{n}	Inmigración
Quarentena	kua·re^n·*te*·na	Cuarentena

Estaré (dos) meses.	Vou ficar por (dois) meses. vou fi·*kar* pur (doish) *me*·zesh
Voy a (Elvas).	Vou para (Elvas). vou *pa*·ra (*el*·vash)
Me alojo en ...	Estou no ... shtou nu ...

En la aduana

No tengo nada que declarar.	Não tenho nada a declarar. nau^n *ta*·ñu *na*·da a de·kla·*rar*
Tengo algo que declarar.	Tenho algo a declarar. *ta*·ñu *al*·gu a de·kla·*rar*
Esto (no) es mío.	Isto (não) é meu. *ish*·tu (nau^n) e *me*·u
¿Tiene este formulario en (español)?	Tem este formulário em (espanhol)? te^n *esh*·te fur·mu·*la*·ri·u e^n (sh·pa·*ñol*)
Por favor, ¿me podría facilitar un intérprete de (español)?	Pode-me arranjar um intérprete de (espanhol), por favor? *po*·de·me a·ja^n·*jhar* u^n i^n·*ter*·pre·te de (sh·pa·*ñol*) pur fa·*vor*

Direcciones

FRASES ÚTILES

¿Dónde está ...?	Onde é ...?	o^{n}·de e ...
¿Cuál es la dirección?	Qual é o endereço?	kual e u e^{n}·de·*re*·su
¿A qué distancia está?	A que distância fica?	a ke dish·*ta*^{n}·sia *fi*·ka

P **¿Dónde está (el mercado)?**	Onde é (o mercado)? o^{n}·de e u (mer·*ka*·du)
R **Está ...**	É ... e ...
¿Cuál es la dirección?	Qual é o endereço? kual e u e^{n}·de·*re*·su
¿Qué (calle) es esta?	Que (rua) é isto? ke (*ju*·a) e *ish*·tu
¿A qué distancia está?	A que distância fica? a ke dish·*ta*^{n}·sia *fi*·ka
¿Me lo puede indicar (en el mapa)?	Pode-me mostrar (no mapa)? *po*·de·me mush·*trar* (nu *ma*·pa)
norte	norte *nor*·te
sur	sul sul
este	leste *lesh*·te
oeste	oeste o·*esh*·te

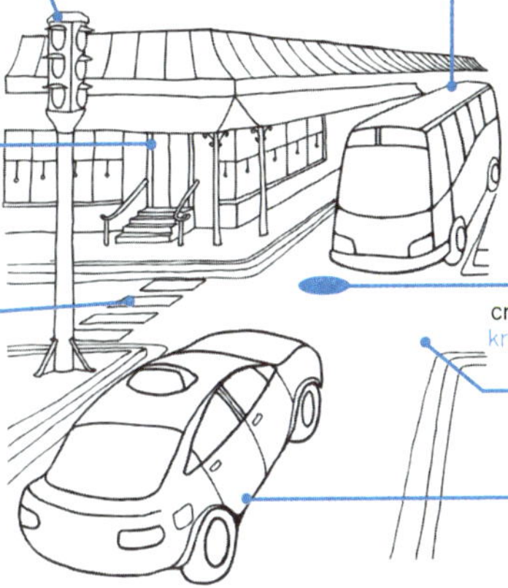

¿Cómo puedo llegar allí?	Como é que eu chego lá? *ko·mu e ke e·u she·gu la*
en autobús	de autocarro *de au·to·ka·ju*
en taxi	de táxi *de tak·si*
en tren	de comboio *de ko^n·boi·u*
en tranvía	de tram *de tra^n*
a pie	a pé *a pe*

SE OIRÁ

ao lado de ...	au *la*·du de ...	al lado de ...
aqui	a·*ki*	aquí
atrás de ...	a·*trash* de ...	detrás de ...
do lado oposto ...	du *la*·du u·*posh*·tu ...	en el lado opuesto a ...
em frente	e^n *fre*^{n}·te	todo recto
em frente de ...	e^n *fre*^{n}·te de ...	enfrente de ...
lá	la	allí
metros	*me*·trush	metros
minutos	mi·*nu*·tush	minutos
perto	*per*·tu	cerca
perto de ...	*per*·tu de ...	cerca de ...
quarteirões	kuar·tei·*roi*^{n}*sh*	manzanas
quilómetros	ki·*lo*·me·trush	quilómetros

Gire ...

Vire ...
vi·re ...

en la esquina	na esquina	na *shki*·na
en los semáforos	nos semáforos	nush se·*ma*·fu·rush
a la izquierda	à esquerda	a *shker*·da
a la derecha	à direita	a di·*rei*·ta

Para información sobre la lectura de direcciones en portugués, véase recuadro en pág. 132.

Alojamiento

FRASES ÚTILES

¿Dónde hay un hotel?	Onde é que há um hotel?	*o*^{n}·de e ke a u^n o·*tel*
¿Tiene una habitación doble?	Tem um quarto de casal?	te^n u^n *kuar*·tu de ka·*zal*
¿Cuánto cuesta por noche?	Quanto custa por noite?	*kua*^{n}·tu *kush*·ta pur *noi*·te
¿Incluye el desayuno?	Inclui o pequeno almoço?	i^n·*klu*·i u pe·*ke*·nu al·*mo*·su
¿A qué hora debo dejar la habitación?	A que horas é a partida?	a ke *o*·rash e a par·*ti*·da

Buscar alojamiento

¿Dónde hay ...? Onde é que há ...? *o*^{n}·de e ke a ...

un *bed and breakfast*	um turismo de habitação	u^n tu·*rijh*·mu de a·bi·ta·*sau*^{n}
una casa de huéspedes	uma casa de hóspedes	*u*·ma *ka*·za de *osh*·pe·desh
un hotel	um hotel	u^n o·*tel*
una posada	uma pousada	*u*·ma pou·*za*·da
un albergue juvenil	uma pousada de juventude	*u*·ma pou·*za*·da de jhu·ve^n·*tu*·de

¿Puede recomendarme algún lugar ...?

Pode recomendar algum lugar ...?
po·de je·ku·me^{n}·*dar* al·*gu*^{n} lu·*gar* ...

barato	barato	ba·*ra*·tu
limpio	limpo	*li*^{n}·pu
cercano	perto daqui	*per*·tu da·*ki*
seguro para viajeras	seguro para viajantes do sexo feminino	se·*gu*·ro *pa*·ra vi·a·*jha*^{n}·tesh du *sek*·su fe·me·*ni*·nu

Quiero algo cerca ...

Eu quero algo perto ...
e·u *ke*·ru *al*·gu *per*·tu ...

de la playa	da praia	da *prai*·a
del centro de la ciudad	do centro da cidade	du *sen*·tru da si·*da*·de
de las tiendas	de lojas	de *lo*·jhash
la estación de tren	da estação do comboio	da shta·*sau*^{n} du ko^{n}·*boi*·u

Reservas y registros

Querría reservar una habitación, por favor.

Eu queria fazer uma reserva, por favor.
e·u ke·*ri*·a fa·*zer* *u*·ma je·*zer*·va pur fa·*vor*

Reservar habitación

¿Tiene una habitación ...?

Tem um quarto ...?
te^n u^n *kuar*·tu ...

doble
de casal
de ka·*zal*

individual
de solteiro
de sol·*tei*·ru

¿Cuánto cuesta por ...?

Quanto custa por ...?
kua^n·tu *kush*·ta pur ...

noche
noite
noi·te

persona
pessoa
pe·*so*·a

¿Incluye el desayuno?

Inclui o pequeno almoço?
i^n·*klu*·i u pe·*ke*·nu al·*mo*·su

¿Puedo verla?

Posso ver?
po·su ver

Me la quedo.

Fico com ele.
fi·ku ko^n e·le

No, gracias.

Não, obrigado/a. **m/f**
nau^n o·bri·*ga*·du/da

¿Tiene una habitación?	Tem vaga?	te^n *va*·ga

Tengo una reserva.	Eu tenho uma reserva. e·u *ta*·ñu *u*·ma je·*zer*·va
Para (tres) noches/ semanas.	Para (três) noites/ semanas. *pa*·ra (tresh) *noi*·tesh/ se·*ma*·nash
Desde (el 2 de julio) hasta (el 6 de julio).	De (dois de julho) até (seis de julho). de (doish de *jhu*·llu) a·*te* (seish de jhu·*llu*)
¿Tiene una habitación doble?	Tem um quarto de casal? te^n u^n *kuar*·tu de ka·*zal*
¿Tiene una habitación individual?	Tem um quarto de solteiro? te^n u^n *kuar*·tu de sol·*tei*·ru
¿Tiene una habitación con dos camas?	Tem um quarto duplo? te^n u^n *kuar*·tu *du*·plu
¿Cuánto cuesta por noche?	Quanto custa por noite? *kua*^{n}·tu *kush*·ta pur *noi*·te
¿Cuánto cuesta por persona?	Quanto custa por pessoa? *kua*^{n}·tu *kush*·ta pur pe·*so*·a

SE OIRÁ

Quantas noites?	*kua*^{n}·tash *noi*·tesh	¿Cuántas noches?
chave f	*sha*·ve	llave
identificação f	i·de^n·ti·fi·ka·*sau*^{n}	identificación
não há vaga	nau^n a *va*·ga	no hay vacantes
recepção f	je·se·*sau*^{n}	recepción

¿Cuánto cuesta por semana?	Quanto custa por semana? *kua*^{n}·tu *kush*·ta pur se·*ma*·na
¿Debo pagar por adelantado?	Tenho que pagar adiantado? *ta*·ñu ke pa·*gar* a·di·a^{n}·*ta*·du
¿Puedo verlo/la?	Posso ver? *po*·su ver
Me lo/la quedo.	Fico com ele. *fi*·ku ko^{n} e·le

Peticiones

¿Incluye el desayuno?	Inclui o pequeno almoço? i^{n}·*klu*·i u pe·*ke*·nu al·*mo*·su
¿Cuándo/Dónde se sirve el desayuno?	Quando/Onde é que servem o pequeno almoço? *kua*^{n}·du/*o*^{n}·de e ke *ser*·ve^{n} u pe·*ke*·nu al·*mo*·su
¿Hay agua caliente todo el día?	Há água quente todo o dia? a *a*·gua *ke*^{n}·te *to*·du u *di*·a
Por favor, despiérteme a (las siete).	Por favor acorde-me às (sete). pur fa·*vor* a·*kor*·de·me ash (*se*·te)
¿Puedo usar la cocina?	Posso usar a cozinha? *po*·su u·*zar* a ku·*zi*·ña
¿Puedo usar la lavandería?	Posso usar a lavandaria? *po*·su u·*zar* a la·va^{n}·da·*ri*·a
¿Puedo usar el teléfono?	Posso usar o telefone? *po*·su u·*zar* u te·le·*fo*·ne

¿Tiene ...?	Tem ...? te^n ...

ascensor	elevador	e·le·va·*dor*
servicio de lavandería	tratamento de roupas	tra·ta·*me^n*·tu de *jou*·pash
tablón de anuncios	quadro de recados	*kua*·dru de je·*ka*·dush
caja fuerte	cofre	*ko*·fre
piscina	piscina	pesh·*si*·na

¿Organizan excursiones?	Organizam passeios aqui? or·ga·*ni*·zau^n pa·*sei*·ush a·*ki*
¿Cambian dinero?	Trocam dinheiro aqui? *tro*·kau^n di·*ñei*·ru a·*ki*
¿Me puede dar mi llave, por favor?	Pode-me dar a minha chave, por favor? *po*·de·me dar a *mi*·ña *sha*·ve pur fa·*vor*
He cerrado y me he dejado las llaves dentro.	Fiquei fechado/ fechada fora do quarto. **m/f** fi·*kei* fe·*sha*·du/fe·*sha*·da *fo*·ra du *kuar*·tu
¿Hay algún mensaje para mí?	Há algum recado para mim? a al·*gu^n* je·*ka*·du *pa*·ra mi^n
¿Puedo dejar un mensaje para alguien?	Posso deixar um recado para alguém? *po*·su dei·*shar* u^n je·*ka*·du *pa*·ra al·*ge^n*

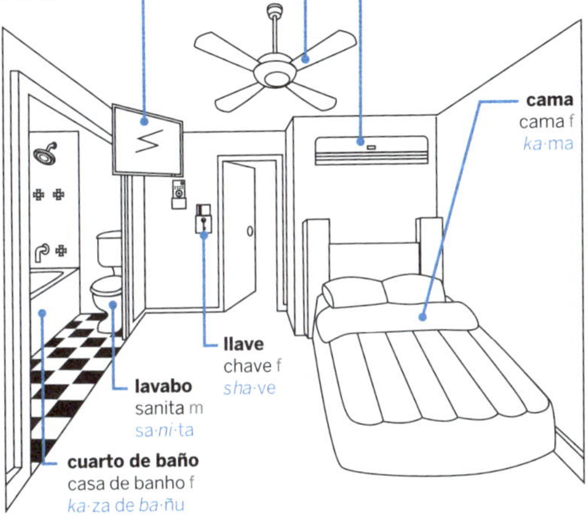

Llaman a la puerta ...

¿Quién es?	Quem é? *keⁿ e*
Un momento.	Um minuto. *uⁿ mi·nu·tu*
Entre.	Pode entrar. *po·de eⁿ·trar*
Venga más tarde, por favor.	Volte mais tarde, por favor. *vol·te maish tar·de pur fa·vor*

Quejas

Es demasiado ... — É demasiado ...
e·de·ma·zi·*a*·du ...

claro	claro	*kla*·ru
frío	frio	*fri*·u
oscuro	escuro	*shku*·ru
ruidoso	barulhento	ba·ru·*lle*^{n}·tu
pequeño	pequeno	pe·*ke*·nu

El aire acondicionado no funciona. — O ar condicionado não funciona.
u ar ko^n·di·siu·*na*·du nau^n fu^n·si·*o*·na

El ventilador no funciona. — A ventoinha não funciona.
a ve^n·tu·*i*·na nau^n fu^n·si·*o*·na

El retrete no funciona. — A sanita não funciona.
a sa·*ni*·ta nau^n fu^n·si·*o*·na

¿Me puede dar otra (manta)? — Pode-me dar mais um (cobertor)?
po·de·me dar maish u^n (ku·ber·*tor*)

Esta (almohada) está sucia. — Esta (almofada) está suja.
esh·ta (al·mu·*fa*·da) shta *su*·jha

No hay agua caliente. — Não há água quente.
nau^n a *a*·gua *ke*^{n}·te

Salida del hotel

¿A qué hora debo dejar la habitación?	A que horas é a partida? *a ke o·rash e a par·ti·da*
¿Puedo dejar la habitación más tarde?	Posso deixar o quarto mais tarde? *po·su dei·shar u kuar·tu maish tar·de*
¿Puede llamarme un taxi (para las 11 en punto)?	Pode-me chamar um taxi (para as onze da manhã)? *po·de·me sha·mar un tak·si (pa·ra ash on·ze da ma·ñan)*
¿Puedo dejar mi equipaje aquí?	Posso deixar as minhas malas aqui? *po·su dei·shar ash mi·ñash ma·lash a·ki*

Me voy ahora.	Vou sair agora. vou sa·*ir* a·*go*·ra
He tenido una estancia muy agradable, gracias.	A estadia foi óptima, obrigado/obrigada. **m/f** a shta·*di*·a foi *o*·ti·ma o·bri·*ga*·du/o·bri·*ga*·da
¿Me puede devolver el depósito, por favor?	Pode-me devolver o depósito, por favor? *po*·de·me de·vol·*ver* u de·*po*·zi·tu pur fa·*vor*
¿Me puede devolver el pasaporte, por favor?	Pode-me devolver o passaporte, por favor? *po*·de·me de·vol·*ver* u pa·sa·*por*·te pur fa·*vor*
¿Me puede devolver los objetos de valor, por favor?	Pode-me devolver os objectos de valor, por favor? *po*·de·me de·vol·*ver* ush o·be·*jhe*·tush de va·*lor* pur fa·*vor*
Volveré dentro de (tres) días.	Vou regressar em (três) dias. vou je·gre·*sar* e^{n} (tresh) *di*·ash
Volveré el (martes).	Vou regressar na (terça-feira). vou je·gre·*sar* na (*ter*·sa *fei*·ra)

'Camping'

¿Puedo acampar aquí?	Posso acampar aqui? *po*·su a·ka^{n}·*par* a·*ki*
¿Con quién tengo que hablar para quedarme aquí?	A quem é que peço para ficar aqui? a ke^{n} e ke *pe*·su *pa*·ra fi·*kar* a·*ki*

¿Puedo aparcar al lado de mi tienda?
Posso estacionar ao lado da minha tenda?
po·su shta·siu·*nar* au *la*·du da *mi*·ña *te*^{n}·da

¿Tiene ...?
Tem ...?
te^n ...

un lugar para acampar	um lugar para acampar	u^n lu·*gar pa*·ra a·ka^n·*par*
electricidad	eletricidade	i·le·tri·si·*da*·de
una lavandería	uma lavandaria	*u*·ma la·va^n·da·*ri*·a
duchas	chuveiro	shu·*vei*·ru
tiendas para alquilar	tendas para alugar	*te*^{n}·dash *pa*·ra a·lu·*gar*

¿Cuánto cuesta por ...?
Quanto custa por ...?
kua^n·tu *kush*·ta pur ...

caravana	caravana	ka·ra·*va*·na
persona	pessoa	pe·*so*·a
tienda	tenda	*te*^{n}·da
vehículo	veículo	ve·*i*·ku·lu

¿El agua es potable?
A água é potável?
a *a*·gua e pu·*ta*·vel

¿Me puede prestar (un mechero)?
Empresta-me (um isqueiro)?
e^n·*presh*·ta·me (u^n ish·*kei*·ru)

Alquilar

¿Tiene ... para alquilar?
Tem ... para alugar?
ten ... *pa*·ra a·lu·*gar*

un apartamento	um apartamento	un a·par·ta·*men*·tu
una cabaña	uma cabana	*u*·ma ka·*ba*·na
una casa	uma casa	*u*·ma *ka*·za
una habitación	um quarto	un *kuar*·tu

He venido por el/la ... que se alquila.
Estou aqui por causa de ... para alugar.
shtou a·*ki* pur *kau*·za de ... *pa*·ra a·lu·*gar*

amueblado/a
mobilado/mobilada **m/f**
mu·bi·*la*·du/mu·bi·*la*·da

sin muebles
sem mobília
sen mu·*bi*·lia

¿Hay depósito?
Há depósito?
a de·*po*·zi·tu

¿Hay otros cargos?
As contas são à parte?
ash *kon*·tash saun a *par*·te

Alojamiento en casas particulares

¿Me puedo quedar en su casa?
Posso ficar na sua casa?
po·su fi·*kar* na *su*·a *ka*·za

¿Puedo ayudar en algo?
Posso ajudar nalguma coisa?
po·su a·jhu·*dar* nal·*gu*·ma *koi*·za

SE BUSCARÁ

Casa de Banho	*ka*·za de *ba*·ñu	Cuarto de baño
Há Vaga	a *va*·ga	Libre
Lavandaria	la·va^{n}·da·*ri*·a	Lavandería
Não Há Vaga	nau^{n} a *va*·ga	Completo

Tengo mi propio colchón.	Tenho o meu próprio colchão. *ta*·ñu o *me*·u *pro*·pri·u kol·*shau*^{n}
Tengo mi propio saco de dormir.	Tenho o meu próprio saco cama. *ta*·ñu o *me*·u *pro*·pri·u *sa*·ku *ka*·ma
¿Puedo ...?	Posso ...? *po*·su ...

traer algo para la comida	trazer alguma coisa para a refeição	tra·*zer* al·*gu*·ma *koi*·za *pa*·ra a je·fei·*sau*^{n}
fregar los platos	lavar a loiça	la·*var* a *loi*·sa
poner/retirar la mesa	por/tirar a mesa	pur/ti·*rar* a *me*·za
sacar la basura	deitar o lixo fora	dei·*tar* u *li*·shu *fo*·ra

Gracias por la hospitalidad.	Obrigado/Obrigada pela hospitalidade. **m/f** o·bri·*ga*·du/o·bri·*ga*·da *pe*·la osh·pi·ta·li·*da*·de

Para felicitar a los anfitriones por la comida, véase **Comer fuera** (p. 180).

De compras

FRASES ÚTILES

Quería comprar ...	Queria comprar ...	ke·*ri*·a ko^n·*prar* ...
¿Puedo mirar?	Posso ver?	*po*·su ver
¿Me lo puedo probar?	Posso experimentar?	*po*·su shpri·me^n·*tar*
¿Cuánto cuesta esto?	Quanto custa isto?	*kua*^{n}·tu *kush*·ta *ish* tu
Es muy caro.	Está muito caro.	shta *mui*^{n}·tu *ka*·ru

Dónde ...

¿Cuál es el horario de las tiendas?	Qual é o horário de abertura das lojas? kual e u o·*ra*·riu de a·ber·*tu*·ra dash *lo*·jhash
¿Dónde hay (un pequeño supermercado)?	Onde fica (um mini-mercado)? *o*^{n}·de *fi*·ka (u^n *mi*·ni·mer·*ka*·du)
¿Dónde puedo comprar (un candado)?	Onde é que posso comprar (um cadeado)? *o*^{n}·de e ke *po*·su ko^n·*prar* (u^n ka·de·*a*·du)

Para más objetos y lugares para comprar, véase el **Diccionario.**

Hacer una compra

Solo estoy mirando.	Estou só a ver. shtou so a ver
Quería comprar (un adaptador).	Queria comprar (um adaptador). ke·*ri*·a ko^n·*prar* (u^n a·da·pe·ta·*dor*)
¿Cuánto cuesta?	Quanto custa isto? *kua^n*·tu *kush*·ta *ish*·tu

¿Cuánto? — Quanto custa? — *kua^n*·tu *kush*·ta

¿Me puede escribir el precio?	Pode escrever o preço? *po*·de shkre·*ver* u *pre*·su
¿Tiene otros?	Tem outros? te^n *ou*·trush
¿Puedo mirar?	Posso ver? *po*·su ver
¿Aceptan tarjetas de crédito?	Aceitam cartão de crédito? a·*sei*·ta^n kar·*tau^n* de *kre*·di·tu
¿Aceptan tarjetas de débito?	Aceitam multi-banco? a·*sei*·ta^n mul·ti·*ba^n*·ku
¿Aceptan cheques de viaje?	Aceitam traveller cheques? a·*sei*·ta^n *tra*·ve·ler *she*·kesh
¿Me puede dar una bolsa, por favor?	Pode-me dar um saco, por favor? *po*·de·me dar u^n *sa*·ku pur fa·*vor*

No necesito bolsa, gracias.	Não preciso de saco, obrigado/obrigada. **m/f**	nau^n pre·*si*·zu de *sa*·ku o·bri·*ga*·du/o·bri·*ga*·da
¿Me puede dar un recibo, por favor?	Pode-me dar um recibo, por favor?	*po*·de·me dar u^n je·*si*·bu pur fa·*vor*
El recibo, por favor.	O recibo, por favor.	u je·*si*·bu pur fa·*vor*
¿Me lo puede envolver?	Pode embrulhar?	*po*·de e^n·bru·*llar*
¿Tiene garantía?	Tem garantia?	te^n ga·ra^n·*ti*·a
Está defectuoso.	Tem defeito.	te^n de·*fei*·tu
Quería ..., por favor.	Queria ..., por favor.	ke·*ri*·a ... pur fa·*vor*

el cambio	o troco	u *tro*·ku
un recibo	um recibo	u^n je·*si*·bu
un reembolso	ser reembolsado/ reembolsada	ser je·e^n·bol·*sa*·du/ je·e^n·bol·*sa*·da
devolver esto	devolver isto	de·vol·*ver* *ish*·tu

Regatear

Es muy caro.	Está muito caro.	shta *mui*^{n}·tu *ka*·ru
¿Puede bajar el precio?	Pode baixar o preço?	*po*·de bai·*shar* u *pre*·su

Hacer una compra

Querría comprar ...

Queria comprar ...

ke·ri·a ko^{n}·*prar* ...

¿Cuánto cuesta?

Quanto custa?

kua^{n}·tu *kush*·ta

o

¿Puede escribirme el precio?

Pode escrever o preço?

po·de shkre·*ver* u *pre*·su

¿Aceptan tarjetas de crédito?

Aceitam cartão de crédito?

a·*sei*·ta^{n} kar·*tau^{n}* de *kre*·di·tu

¿Me podría dar ...?

Pode-me dar um ..., por favor?

po·de·me dar u^{n} ... pur fa·*vor*

un recibo
recibo
je·*si*·bu

una bolsa
saco
sa·ku

SE OIRÁ

Posso ajudar?	*po*·su a·jhu·*dar*	¿Puedo ayudarle?
O que deseja?	u ke de·*ze*·jha	¿Qué querría?
Não, não temos.	nau^n nau^n *te*·mush	No, no tenemos.
Mais alguma coisa?	maish al·*gu*·ma *koi*·za	¿Alguna cosa más?

¿Tiene algo más barato?	Tem algo mais barato? te^n *al*·gu maish ba·*ra*·tu
Le doy (cinco euros).	Dou-lhe (cinco euros). *dou*·lle (*si*^{n}·ku e·*u*·rush)

Libros

¿Hay alguna librería especializada en lengua española?	Há uma livraria de língua espanhola? a *u*·ma li·vra·*ri*·a de *li*^{n}·gua sh·pa·*ño*·la
¿Hay alguna sección de lengua española?	Há uma secção de língua espanhola? a *u*·ma sek·*sau*^{n} de *li*^{n}·gua sh·pa·*ño*·la
¿Tiene algún libro (de Fernando Pessoa)?	Tem algum livro (do Fernando Pessoa)? te^n al·*gu*^{n} *li*·vru (du fer·*na*^{n}·du pe·*so*·a)
¿Me puede recomendar algún libro?	Recomenda-me algum livro? je·ku·*me*^{n}·da·me al·*gu*^{n} *li*·vru

Quería comprar un diccionario.	Queria comprar um dicionário. ke·ri·a ko^{n}·prar u^{n} di·si·u·na·riu
Quería comprar un periódico (en español).	Queria comprar um jornal (em espanhol). ke·ri·a ko^{n}·prar u^{n} jhor·nal (e^{n} sh·pa·ñol)

Ropa

Uso la talla ...	O meu número é ... u me·u nu·me·ru e ...

(40)	(quarenta)	(kua·re^{n}·ta)
pequeña	pequeno	pe·ke·nu
media	médio	me·diu
grande	grande	gra^{n}·de

¿Me lo puedo probar?	Posso experimentar? po·su shpri·me^{n}·tar
No me sirve.	Não serve. nau^{n} ser·ve

Para otros tipos de ropa y colores, véase el **Diccionario**; para tallas, véase **Números y cantidades** (p. 30).

Música y DVD

Quería comprar un CD/DVD.	Queria comprar um CD/DVD. ke·ri·a ko^{n}·prar u^{n} se·de/de·ve·de
Quería comprar un vídeo.	Queria comprar um vídeo. ke·ri·a ko^{n}·prar u^{n} vi·di·u

Estou só a ver.
shtou so a ver
Solo estoy mirando.

Estoy buscando algo (de Amália Rodrigues).	Estou à procura de qualquer coisa (da Amália Rodrigues). shtou a pru·*ku*·ra de kual·*ker koi*·za (da a·*ma*·lia ju·*dri*·gesh)
¿Cuál es su mejor álbum?	Qual é o melhor disco dele/dela? **m/f** kual e u me·*llor dish*·ku *de*·le/*de*·la
¿Para qué región es este DVD?	Qual é a região deste DVD? kual e a je·jhi·*au^n desh*·te de·ve·*de*
¿Para qué sistema es, PAL o NTSC?	Que sistema é este, PAL ou NTSC? ke sish·*te*·ma e *esh*·te pal ou e·ne te e·se se

Vídeo y fotografía

Necesito un cable para recargar esta batería.	Preciso de um cabo para carregar esta pilha. *pre·si·zu de uⁿ ka·bu pa·ra ka·je·gar esh·ta pi·lla*
Necesito un cable para conectar mi cámara a un ordenador.	Preciso de um cabo para ligar a minha máquina a um computador. *pre·si·zu de uⁿ ka·bu pa·ra li·gar a mi·ña ma·ki·na a uⁿ koⁿ·pu·ta·dor*
¿Tiene (un/una) ... para esta cámara?	Tem ... para esta máquina? *teⁿ ... pa·ra esh·ta ma·ki·na*

baterías	pilhas	*pi·llash*
lente (zoom)	lente (zoom)	*leⁿ·te (zum)*
tarjeta de memoria	cartão de memória	*kar·tauⁿ de me·mo·ri·a*
cinta de vídeo	uma cassete de vídeo	*u·ma ka·se·te de vi·di·u*

SOBRE LA CULTURA

Recuerdos portugueses

El artículo más famoso (y agradable) de los que exporta Portugal es el *porto* por·tu (vino de Oporto). Si se desea apoyar la industria portuguesa del corcho (*cortiça* kur·ti·sa), en muchas poblaciones se pueden encontrar productos y artesanía elaborados con este material. Las baldosas pintadas o *azulejos* a·zu·le·jhush son uno de los recuerdos más típicos del país. En caso de buscar algo más útil, cabe la posibilidad de llevarse a casa un cinturón de cuero (*cinto de couro* siⁿ·tu de kou·ru) o un bolso (*saco de couro* sa·ku de kou·ru); no en vano, Portugal es conocido por la alta calidad de sus productos de piel.

Necesito un carrete ... para esta cámara.

Preciso de filme ... para esta máquina.
pre·*si*·zu de *fil*·me ... *pa*·ra esh·ta *ma*·ki·na

de (200) ASA	de (duzentos) ASA	de (du·*ze*ⁿ·tush) *a*·za
en blanco y negro	a preto e branco	a *pre*·tu i *bra*ⁿ·ku
en color	a cores	a *ko*·resh
de diapositivas	de diapositivos	de di·a·po·zi·*ti*·vush

¿Puede ...?

Pode ...?
po·de ...

revelar fotos digitales	revelar fotos digitais	je·ve·*lar* *fo*·tush di·jhi·*taish*
revelar este carrete	revelar este filme	je·ve·*lar* *esh*·te *fil*·me
recargar la batería de mi cámara digital	carregar a pilha da minha máquina fotográfica digital	ka·je·*gar* a *pi*·lla da *mi*·ña *ma*·ki·na fu·tu·*gra*·fi·ka di·jhi·*tal*
transferir las fotos de mi cámara a un CD	transferir as fotografias da minha máquina para um CD	traⁿsh·fe·*rir* ash fu·tu·gra·*fi*·ash da *mi*·ña *ma*·ki·na *pa*·ra uⁿ se·*de*

Necesito fotos para el pasaporte.

Preciso de tirar fotos para o passaporte.
pre·*si*·zu de ti·*rar* *fo*·tush *pa*·ra u pa·sa·*por*·te

SE OIRÁ

pechincha f	pe·*shi*^{n}·sha	ganga
preço especial m	*pre*·su es·pe·si·*al*	precio especial
roubo m	*jou*·bu	robo
saldos m pl	*sal*·dush	rebajas

No me gustan estas fotos.	Não gostei destas fotos. nau^n gosh·*tei desh*·tash *fo*·tush

Reparaciones

¿Pueden reparar ...?	Vocês consertam ...? vo·*sesh* ko^n·*ser*·ta^n ...
¿Cuándo ...?	Quando é que ...? *kua*^{n}·du e ke ...

estará listo mi bolso	o saco está pronto	u *sa*·ku shta *pro*^{n}·tu
estará lista mi cámara	a câmera está pronta	*ka*·me·ra shta *pro*^{n}·ta
estarán listas mis gafas de sol	os óculos (de sol) estão prontos	ush o·ku·lush (de sol) shtau^n *pro*^{n}·tush
estarán listos mis zapatos	os sapatos estão prontos	ush sa·*pa*·tush shtau^n *pro*^{n}·tush

Comunicaciones

FRASES ÚTILES

¿Dónde hay un cibercafé por los alrededores?	Onde fica um café da internet nas redondezas?	o^n·de *fi*·ka u^n ka·*fe* da i^n·ter·*net* nash je·do^n·*de*·zash
Querría revisar mi *e-mail*.	Queria ler o meu email.	ke·*ri*·a ler u *me*·u i·*meil*
Querría enviar un paquete.	Quero enviar uma encomenda.	*ke*·ru e^n·vi·*ar* *u*·ma e^n·ku·*me^n*·da
Quiero hacer una llamada a ...	Quero fazer uma chamada para ...	*ke*·ru fa·*zer* *u*·ma sha·*ma*·da *pa*·ra ...
Querría una tarjeta SIM.	Queria um cartão SIM.	ke·*ri*·a u^n kar·*tau^n* si^n

Internet

¿Dónde hay un cibercafé por los alrededores?	Onde fica um café da internet nas redondezas? o^n·de *fi*·ka u^n ka·*fe* da i^n·ter·*net* nash je·do^n·*de*·zash
¿Tienen acceso a internet?	Você tem acesso à internet? vo·*se* te^n a·*se*·su a i^n·ter·*net*
Tienen conexión inalámbrica a internet?	Você tem conexão sem fio a internet? vo·*se* te^n kon·neik·*sau^n* se^n *fi*·o a i^n·ter·*net*

Querría...	Queria ... ke·*ri*·a ...

grabar un CD	gravar um CD	gra·*var* u^n se·*de*
revisar mi *e-mail*	ler o meu email	ler u *me*·u i·*meil*
descargarme mis fotos	fazer o download das minhas fotos	fa·*zer* u daun·*loud* dash *mi*·ñash *fo*·tush
tener acceso a internet	ter acesso à internet	ter a·*se*·su a i^n·ter·*net*
usar una impresora	usar uma impressora	u·*zar* *u*·ma i^n·pre·*so*·ra
usar un escáner	usar um digitalizador	u·*zar* u^n di·jhi·ta·li·za·*dor*
usar Skype	usar o Skype	u·*zar* u skaip

¿Puedo conectar mi ordenador portátil?	Posso conectar meu computador portátil? *po*·su ko·nek·*tar* *me*·u ko^n·pu·ta·*dor* por·*ta*·til
¿Tienen auriculares (con micrófono)?	Você tem fone de ouvidos (com microfone)? vo·*se* te^n *fo*·ne de u·*vi*·dush (ko^n mi·kro·*fo*·ne)
¿Tienen PCs/Macs?	Tem PCs/Macs? te^n pe·*sesh*/maksh
¿Tienen un lector de *zips*?	Tem um zip drive? te^n u^n zip draiv
¿Cuánto cuesta por hora/página?	Quanto custa por hora/página? *kua^n*·tu *kush*·ta pur *o*·ra/*pa*·jhi·na

¿Puedo conectar mi ... a este ordenador?	Posso ligar a minha ... a este computador?	*po*·su *li*·gar a *mi*·ña ... a *esh*·te koⁿ·pu·ta·*dor*
cámara	máquina	*ma*·ki·na
mp3	mp3	e·me·pe·*tresh*
disco duro portátil	impulsor rígido portátil	iⁿ·pul·*sor* ji·jhi·du por·*ta*·tel
***flash drive* USB**	flash drive USB	flash draiv u·e·se·*be*
¿Cómo hago para entrar?	Como é que eu entro?	*ko*·mu e ke e·u *e*ⁿ·tru
Por favor, cambie la configuración a español.	Mude o programa para espanhol, por favor.	*mu*·de u pru·*gra*·ma *pa*·ra sh·*pa*·*ñol* pur fa·*vor*
Se ha colgado.	Desligou-se.	desh·li·*gou*·se
He acabado.	Acabei.	a·ka·*bei*

Teléfono móvil

¿Cuáles son las tarifas?	Qual é o valor cobrado?	kual e u va·*lor* ku·*bra*·du

SE OIRÁ

(Trinta cêntimos) por (trinta) segundos.

(*tri*ⁿ·ta *se*ⁿ·ti·mush) pur (*tri*ⁿ·ta) se·*gu*ⁿ·dush

(30) céntimos por (30) segundos.

Querría ...	Queria ...	*ke·ri·a ...*
un cargador para mi teléfono móvil	uma pilha para o meu telefone	*u·ma pi·lla pa·ra u me·u te·le·fo·ne*
alquilar un teléfono móvil	alugar um telemóvel	*a·lu·gar u*ⁿ *te·le·mo·vel*
un teléfono móvil de prepago	um telemóvel pré-pago	*u*ⁿ *te·le·mo·vel pre·pa·gu*
una tarjeta SIM para su red	um cartão SIM para a sua rede	*u*ⁿ *kar·tau*ⁿ *si*ⁿ *pa·ra a su·a je·de*

Teléfono

P **¿Cuál es su número de teléfono?**	Qual é o seu número de telefone?	*kual e u se·u nu·me·ru de te·le·fo·ne*
R **El número es ...**	O número é ...	*u nu·me·ru e ...*
¿Dónde está el teléfono público más cercano?	Onde fica o telefone público mais perto?	*o*ⁿ*·de fi·ka o te·le·fo·ne pu·bli·ku maish per·tu*
¿Puedo usar el listín telefónico?	Posso usar a lista telefónica?	*po·su u·zar a lish·ta te·le·fo·ni·ka*
¿Me puede dar algunas monedas/fichas?	Pode-me dar algumas moedas/fichas?	*po·de·me dar al·gu·mash mu·e·dash/fi·shash*

¿Cuál es el prefijo para (España)?	Qual é o indicativo para (a Espanha)? kual e o i^n·di·ka·*ti*·vu *pa*·ra (a sh·*pa*·ña)
Quiero ...	Quero ... *ke*·ru ...

comprar una tarjeta telefónica	comprar um cartão telefónico	ko^n·*prar* u^n kar·*tau^n* te·le·*fo*·ni·ku
llamar (a Barcelona)	telefonar (para Barcelona)	te·le·fu·*nar* (*pa*·ra bar·ce·*lo*·na)
hacer una llamada (local)	fazer uma chamada (local)	fa·*zer u*·ma sha·*ma*·da (lu·*kal*)
llamar a cobro revertido	fazer uma chamada a cobrar	fa·*zer u*·ma sha·*ma*·da a ku·*brar*
hablar durante (tres) minutos	falar por (três) minutos	fa·*lar* pur (tresh) mi·*nu*·tush

¿Cuánto cuesta una llamada de (tres) minutos?	Quanto custa uma ligação de (três) minutos? *kua^n*·tu *kush*·ta *u*·ma li·ga·*sau^n* de (tresh) mi·*nu*·tush
¿Cuánto cuesta cada minuto extra?	Quanto custa cada minuto extra? *kua^n*·tu *kush*·ta *ka*·da mi·*nu*·tu *eish*·tra
Comunica.	Está ocupado. shta o·ku·*pa*·du

SOBRE EL IDIOMA

El lenguaje de los móviles

Intercambiar SMS o flirtear *on-line* en Portugal puede ser difícil, ya que se tiende a eliminar algunas letras cuando se escriben mensajes breves. Así, una frase tan simple como "¿Dónde quieres que nos encontremos?" (*Onde é que te queres encontrar comigo?* o^n·de e ke te *ke*·resh e^n·ko^n·*trar* ku·*mi*·gu) se convierte en un galimatías (para los no iniciados) como *Od é k t keres enctr cmg?*

Se ha cortado.	Desligaram. desh·li·*ga*·rau^n
La conexión es mala.	A ligação está má. a li·ga·*sau*^{n} shta ma
¿Diga?	Está? shta
Soy ...	Daqui fala ... da·*ki* *fa*·la ...
¿Puedo hablar con ...?	Queria falar com ...? ke·*ri*·a fa·*lar* ko^n ...
¿Puedo dejar un recado?	Posso deixar um recado? *po*·su dei·*shar* u^n je·*ka*·du
Por favor, dígale que he llamado.	Por favor diga-lhe que eu telefonei. pur fa·*vor* *di*·ga·lle ke e·u te·le·fu·*nei*
No tengo un número de contacto.	Eu não tenho um número de contacto. e·u nau^n *ta*·ñu u^n *nu*·me·ru de ko^n·*tak*·tu
Mi número es ...	O meu número é ... u *me*·u *nu*·me·ru e ...

SE OIRÁ

Quem fala?	ke^n *fa*·la ¿Con quién hablo?
Com quem quer falar?	ko^n ke^n ker fa·*lar* ¿Con quién quiere hablar?
Só um minuto.	so u^n mi·*nu*·tu Un momento.
Ele/Ela não está.	*e*·le/*e*·la nau^n shta (Él/Ella) No está.
Marcou o número errado.	mar·*kou* u *nu*·me·ru i·*ja*·du Se equivoca de número.

Volveré a llamar más tarde.	Volto a telefonar mais tarde. *vol*·tu a te·le·fu·*nar* maish *tar*·de
¿A qué hora debo llamar?	A que horas devo telefonar? a ke *o*·rash *de*·vu te·le·fu·*nar*

Correos

Quiero comprar una postal/un sello	Quero comprar um postal/selo. ke·*ru* ko^n·*prar* u^n push·*tal*/ se·*lu*
Quiero enviar una carta/ un paquete.	Quero enviar uma carta/encomenda. *ke*·ru e^n·vi·*ar* *u*·ma *kar*·ta/ e^n·ku·*me*^{n}·da
Contiene (recuerdos).	Contém (lembranças). ko^n·*te*^{n} (le^n·*bra*^{n}·sash)

¿Dónde está la lista de correos?	Onde é a secção de posta restante?	*o*^{n}·de e a sek·*sau*^{n} de *posh*·ta jesh·*ta*^{n}·te
¿Hay algún correo para mí?	Há alguma correspondência para mim?	a al·*gu*·ma ku·jesh·po^{n}·*de*^{n}·sia *pa*·ra mi^{n}

SE OIRÁ

código postal m	*ko*·di·gu push·*tal*	código postal
correio azul m	ku·*jei*·u a·*zul*	correo urgente
declaração f **de alfândega**	de·kla·ra·*sau*^{n} de al·*fa*^{n}·de·ga	declaración de aduana
doméstico	du·*mesh*·ti·ku	doméstico
envelope m **(almofadado)**	e^{n}·ve·*lo*·pe (al·mu·fa·*da*·du)	sobre (acolchado)
internacional	i^{n}·ter·na·siu·*nal*	internacional
registada f	je·jhish·*ta*·da	certificado
registado m	je·jhish·*ta*·du	certificada
selo m	*se*·lu	sello
via aérea	*vi*·a a·e·ri·a	vía aérea
via marítima	*vi*·a ma·*ri*·ti·ma	vía marítima
via terrestre	*vi*·a te·*jesh*·tre	vía terrestre

Dinero y bancos

FRASES ÚTILES

¿Cuánto cuesta?	Quanto custa?	*kua*^{n}·tu *kush*·ta
¿Cuál es el tipo de cambio?	Qual é o câmbio do dia?	kual e u *ka*^{n}·biu du *di*·a
¿Dónde hay un cajero automático?	Onde há um caixa automático?	*o*^{n}·de a u^n *kai*·sha au·tu·*ma*·ti·ku
Querría cambiar dinero.	Queria trocar dinheiro.	ke·*ri*·a tru·*kar* di·*ñei*·ru
Querría cambiar este billete.	Queria trocar esta nota.	ke·*ri*·a tru·*kar* *esh*·ta *no*·ta

Pagar la cuenta

¿Tengo que pagar?	Tenho de pagar? *ta*·ñu de pa·*gar*
P **¿Cuánto cuesta?**	Quanto custa? *kua*^{n}·tu *kush*·ta
R **Son (12) euros.**	É (doze) euros. e (*do*·ze) e·*u*·rush
R **Es gratuito.**	É gratuito. e gra·*tui*·tu
¿Puede escribir el precio?	Pode escrever o preço? *po*·de shkre·*ver* u *pre*·su
¿Aceptan tarjetas de crédito?	Aceitam cartão de crédito? a·*sei*·ta^n kar·*tau*^{n} de *kre*·di·tu

¿Aceptan tarjetas de débito?
Aceitam multibanco?
a·*sei*·ta^n mul·ti·*ba^n*·ku

¿Aceptan cheques de viaje?
Aceitam traveller cheques?
a·*sei*·ta^n *tra*·ve·ler *she*·kesh

Querría el cambio, por favor.
Queria o troco, por favor.
ke·*ri*·a u *tro*·ku pur fa·*vor*

Querría un recibo, por favor.
Queria um recibo, por favor.
ke·*ri*·a u^n je·*si*·bu pur fa·*vor*

Querría un reembloso, por favor.
Queria ser reembolsado/reembolsada, por favor. **m/f**
ke·*ri*·a ser ji·e^n·bol·*sa*·du/ji·e^n·bol·*sa*·da pur fa·*vor*

¿Cuánto cuesta por ...?
Quanto é que é por ...?
kua^n·tu e ke e pur ...

día	dia	*di*·a
hora	hora	*o*·ra
noche	noite	*noi*·te
semana	semana	se·*ma*·na

Operaciones bancarias

¿Qué días abre el banco?
Em que dias é que abre o banco?
e^n ke *di*·ash e ke *a*·bre u *ba^n*·ku

¿A qué hora abre el banco?
A que horas é que abre o banco?
a ke *o*·rash e ke *a*·bre u *ba^n*·ku

¿Dónde puedo ...?	Onde é que posso ...? o^n^·de e ke *po*·su ...
Querría ...	Queria ... ke·*ri*·a ...

cambiar un cheque	trocar um cheque	tru·*kar* u^n^ *she*·ke
cambiar un cheque de viaje	trocar traveller cheque	tru·*kar* *tra*·ve·ler shek
cambiar dinero	trocar dinheiro	tru·*kar* di·*ñei*·ru
obtener un anticipo	fazer um levantamento adiantado	fa·*zer* u^n^ le·va^n^·ta·*me*^n^·tu a·di·a^n^·*ta*·du
cambiar este billete	trocar esta nota	tru·*kar* *esh*·ta *no*·ta
retirar dinero	levantar dinheiro	le·va^n^·*tar* di·*ñei*·ru

¿Dónde hay un cajero automático?	Onde há um caixa automático? o^n^·de a u^n^ *kai*·sha au·tu·*ma*·ti·ku
¿Dónde hay una oficina de cambio.	Onde é que há um câmbio? o^n^·de e ke a u^n^ *ka*^n^·biu
¿Qué tasa se aplica?	Qual é a taxa aplicável? kual e a *ta*·sha a·pli·*ka*·vel
¿Cuál es el tipo de cambio?	Qual é o câmbio do dia? kual e u *ka*^n^·biu du *di*·a

SE OIRÁ

identificação f	i·de^n·ti·fi·ka·*sau^n* identificación
Assine aqui.	a·*si*·ne a·*ki* Firme aquí.
Temos um problema.	*te*·mush u^n pro·*ble*·ma Tenemos un problema.
Não tem mais fundos disponíveis.	nau^n te^n maish *fu^n*·dush dish·pu·*ni*·veish No le quedan fondos.
Não podemos fazer isso.	nau^n pu·*de*·mush fa·*zer* *i*·su No podemos hacer eso.

El cajero automático se ha quedado con mi tarjeta.	O caixa automático ficou com o meu cartão. u *kai*·sha au·tu·*ma*·ti·ku fi·*kou* ko^n u *me*·u kar·*tau^n*
He olvidado mi contraseña.	Esqueci-me do código. shke·*si*·me du *ko*·di·gu
¿Puedo usar mi tarjeta de crédito para sacar dinero?	Posso utilizar o cartão de crédito para levantar dinheiro? *po*·su u·ti·li·*zar* u kar·*tau^n* de *kre*·di·tu *pa*·ra le·va^n·*tar* di·*ñei*·ru
¿Ha llegado ya mi dinero?	O meu dinheiro já chegou? u *me*·u di·*ñei*·ru jha she·*gou*
¿Cuánto tardará en llegar?	Quanto tempo vai levar para chegar? *kua^n*·tu *te^n*·pu vai le·*var* *pa*·ra she·*gar*

Negocios

FRASES ÚTILES

Asisto a una conferencia.	Estou a participar numa conferência.	shtou a par·ti·si·*par* *nu*^{n}·ma ko^n·fe·*re*^{n}·sia
Estoy citado con ...	Tenho uma reunião marcada com ...	*ta*·ñu *u*·ma i·u·*niau*^{n} mar·*ka*·da ko^n ...
¿Me puede dar su tarjeta de visita?	Pode-me dar o seu cartão de visita?	*po*·de·me dar u *se*·u kar·*tau*^{n} de vi·*zi*·ta

¿Dónde está el centro financiero?	Onde é o centro de negócios? *o*^{n}·de e u *se*^{n}·tru de ne·*go*·siush
¿Dónde es la conferencia?	Onde é a conferência? *o*^{n}·de e a ko^n·fe·*re*^{n}·sia
¿Dónde es la reunión?	Onde é a reunião? *o*^{n}·de e a ji·u·*niau*^{n}
Asisto a ...	Estou a participar ... shtou a par·ti·si·*par* ...

una conferencia	numa conferência	*nu*^{n}·ma ko^n·fe·*re*^{n}·sia
un curso	num curso	nu^n *kur*·su
una reunión	numa reunião	*nu*·ma ji·u·*niau*^{n}
una feria de muestras	numa feira de comércio	*nu*·ma *fei*·ra de ku·*mer*·siu

Estaré aquí durante (dos) días.	Vou ficar aqui por (dois) dias. vou fi·*kar* a·*ki* pur (doish) *di*·ash
Estaré aquí durante (tres) semanas.	Vou ficar aqui por (três) semanas. vou fi·*kar* a·*ki* pur (tresh) se·*ma*·nash
Estoy con colegas de trabajo.	Estou com colegas de trabalho. shtou ko^n ku·*le*·gash de tra·*ba*·llu
Estoy con otros (dos).	Estou com outros (dois). shtou ko^n *ou*·trush (doish)
Estoy solo.	Estou sozinho/sozinha. m/f shtou so·*zi*·ñu/so·*zi*·ña
Estoy citado con ...	Tenho uma reunião marcada com ... *ta*·ñu *u*·ma ji·u·*niau*^{n} mar·*ka*·da ko^n ...
Necesito ...	Preciso de ... pre·*si*·zu de ...

un ordenador	um computador	u^n ko^n·pu·ta·*dor*
una conexión a internet	ligação à internet	li·ga·*sau*^{n} a i^n·ter·*net*
un intérprete	um intérprete	u^n i^n·*ter*·pre·te
enviar un fax	enviar um fax	e^n·vi·*ar* u^n faks

P **¿Cuál es su ...?**	Qual é o seu ...? kual e u *se*·u ...
R **Este es mi ...**	Aqui está o meu ... a·*ki* shta u *me*·u ...

dirección (de *e-mail*)	endereço (de email)	e^{n}·de·*re*·su (de i·*meil*)
número de móvil	número do telemóvel	*nu*·me·ru du te·le·*mo*·vel
número de busca	número do pager	*nu*·me·ru du *pei*·jher
número de teléfono del trabajo	número de telefone do trabalho	*nu*·me·ru de te·le·*fo*·ne du tra·*ba*·llu

¿Me puede dar su tarjeta de visita?	Pode-me dar o seu cartão de visita? *po*·de·me dar u *se*·u kar·*tau*^{n} de vi·*zi*·ta
Gracias por su atención.	Obrigado/Obrigada pela atenção. **m/f** o·bri·*ga*·du/o·bri·*ga*·da *pe*·la a·te^{n}·*sau*^{n}
¿Vamos a tomar algo?	Vocês gostariam de tomar alguma coisa? vo·*sesh* gosh·ta·*ri*·a^{n} de tu·*mar* al·*gu*·ma *koi*·za
¿Vamos a comer algo?	Vocês gostariam de jantar? vo·*sesh* gosh·ta·*ri*·a^{n} de jha^{n}·*tar*
Invito yo.	Eu pago. *e*·u *pa*·gu

Turismo

FRASES ÚTILES

Querría un guía.	Queria um guia.	ke·*ri*·a u^n *gi*·a
¿Puedo hacer una foto?	Posso tirar uma fotografia?	*po*·su ti·*rar u*·ma fu·tu·gra·*fi*·a
¿Cuándo está abierto el museo?	Quando é que o museu está aberto?	*kua^n*·du e ke u mu·*ze*·u shta a·*ber*·tu
Estoy interesado/a en ...	Eu estou interessado/ interessada em ... **m/f**	e·u shtou i^n·te·re·*sa*·du/ i^n·te·re·*sa*·da e^n ...
¿Cuándo es el próximo circuito?	Quando é a próxima excursão?	*kua^n*·du e a *pro*·si·ma shkur·*sau^n*

Querría ... Queria ... ke·*ri*·a ...

una audioguía	um aparelho de áudio	u^n a·pa·*re*·llu de *au*·di·u
un catálogo	um catálogo	u^n ka·*ta*·lu·gu
un/una guía (persona)	um guia	u^n *gi*·a
un mapa (local)	um mapa (local)	u^n *ma*·pa (lu·*kal*)

Me gustaría ver ...	Eu gostava de ver ... e·u gush·*ta*·va de ver ...
¿Tiene información sobre puntos de interés culturales?	Tem informações sobre locais culturais? te^n i^n·fur·ma·*soi^{n}sh* so·bre lu·*kaish* kul·tu·*raish*
¿Tiene información sobre puntos de interés históricos?	Tem informações sobre locais históricos? te^n i^n·fur·ma·*soi^{n}sh* so·bre lu·*kaish* esh·*to*·ri·kush
¿Tiene información sobre puntos de interés religiosos?	Tem informações sobre locais religiosos? te^n i^n·fur·ma·*soi^{n}sh* so·bre lu·*kaish* je·li·jhi·*o*·zush
¿Qué es aquello?	O que é aquilo? u ke e a·*ki*·lu
¿Puede hacerme/hacernos una foto?	Pode-me/Pode-nos tirar uma fotografia? *po*·de·me/*po*·de·nush ti·*rar* *u*·ma fu·tu·gra·*fi*·a
¿Puedo hacer(le) una foto?	Posso(-lhe) tirar uma fotografia? *po*·su(·lle) ti·*rar* *u*·ma fu·tu·gra·*fi*·a
Le mandaré la fotografía.	Eu envio-lhe a fotografia. e·u e^n·*vi*·o·lle a fu·tu·gra·*fi*·a

Accesos

¿A qué hora abre/cierra?	A que horas abre/fecha? a ke *o*·rash *a*·bre/*fe*·sha
¿Cuál es el precio de la entrada?	Qual é o preço de entrada? kual e u *pre*·su de e^n·*tra*·da

SOBRE LA CULTURA

Artesanía

Existen varias regiones en Portugal que son famosas por su artesanía. Hay distintos tipos de cerámica, como la *porcelana da vista Alegre* pur·se·*la*·na da *vish*·ta a·*le*·gre de Ílhavo, el gallo de Barcelos (*galo de Barcelos* *ga*·lu de bar·*se*·lush) y la cerámica negra de Bisalhães. También son muy apreciados la cestería (*cestaria* ses·ta·*ri*·a), el encaje de bolillos (*renda de bilros* *je*^{n}·da de *bil*·jush) de la región de Peniche y los bordados (*bordados* bur·*da*·dush) del norte de Portugal.

¿Hay descuento para ...?	Tem desconto para ...?	te^{n} desh·*ko*^{n}·tu *pa*·ra ...

niños	crianças	kri·*a*^{n}·sash
grupos	grupos	*gru*·push
tercera edad	terceira idade	ter·*sei*·ra i·*da*·de
estudiantes	estudantes	shtu·*da*^{n}·tesh

Galerías y museos

¿Cuándo está abierto el museo?	Quando é que o museu está aberto? *kua*^{n}·du e ke u mu·*ze*·u shta a·*ber*·tu
P **¿Qué tipo de arte le interesa?**	Qual é o tipo de arte que mais lhe interessa? kual e u *ti*·pu de *ar*·te ke maish lle i^{n}·te·*re*·sa
R **Estoy interesado/a en ...**	Eu estou interessado/ interessada em ... **m/f** e·u shtou i^{n}·te·re·*sa*·du/ i^{n}·te·re·*sa*·da e^{n} ...

SE OIRÁ

arte gráfica f	*ar*·te *gra*·fi·ka	arte gráfico
arte manuelina f	*ar*·te man·uel·*i*·na	arte manuelino
arte moderna f	*ar*·te mu·*der*·na	arte moderno
arte mourisca f	*ar*·te mou·*rish*·ka	arte morisco

P **¿Qué obras hay en el museo?**	Que obras há no museu? ke *o*·brash a nu mu·*ze*·u
R **Es una exposición de ...**	É uma exposição de ... e *u*·ma shpu·zi·*sau*^{n} de ...
¿Qué opina de ...?	O que acha de ...? u ke *a*·sha de ...

Circuitos

¿Me puede recomendar (una excursión)?	Pode recomendar (uma excursão)? *po*·de je·ku·me^n·*dar* (*u*·ma shkur·*sau*^{n})
¿Cuándo es el próximo viaje en barco?	Quando é a próxima viagem de barco? *kua*^{n}·du e a *pro*·si·ma vi·*a*·jhe^n de *bar*·ku
¿Cuándo es la próxima excursión?	Quando é o próximo passeio? *kua*^{n}·du e u *pro*·si·mu pa·*sei*·u
¿Incluye el alojamiento?	Inclui hospedagem? i^n·*klu*·i osh·pe·*da*·jhe^n

¿Incluye la comida?	Inclui comida? i^{n}·*klu*·i ku·*mi*·da
¿Incluye el transporte?	Inclui transporte? i^{n}·*klu*·i tra^{n}sh·*por*·te
¿Cuánto tiempo dura el circuito?	Quanto tempo dura a excursão? *kua*^{n}·tu *te*^{n}·pu *du*·ra a shkur·*sau*^{n}
¿A qué hora debemos estar de vuelta?	A que hora é que devemos estar de volta? a ke *o*·ra e ke de·*ve*·mush shtar de *vol*·ta
He perdido a mi grupo.	Perdi o meu grupo. per·*di* u *me*·u *gru*·pu

Mayores y discapacitados

FRASES ÚTILES

Necesito ayuda.	Preciso de ajuda.	pre·*si*·zu de a·*jhu*·da
¿Hay acceso para sillas de ruedas?	Tem acesso para cadeira de rodas?	te^{n} a·*se*·su *pa*·ra ka·*dei*·ra de *jo*·dash
¿Hay servicios adaptados para discapacitados?	Tem casa de banho para deficientes físicos?	te^{n} *ka*·za de *ba*·ñu *pa*·ra de·fi·si·*e^{n}*·tesh *fi*·zi·kush

Soy discapacitado/a.	Eu tenho uma deficiência física. e·u *ta*·ñu *u*·ma de·fi·si·*e^{n}*·sia *fi*·zi·ka
Necesito ayuda.	Preciso de ajuda. pre·*si*·zu de a·*jhu*·da
¿Hay servicios adaptados para discapacitados?	Tem casa de banho para deficientes físicos? te^{n} *ka*·za de *ba*·ñu *pa*·ra de·fi·si·*e^{n}*·tesh *fi*·zi·kush
¿Hay estacionamiento reservado para discapacitados?	Tem estacionamento para deficientes físicos? te^{n} shta·si·u·na·*me^{n}*·tu *pa*·ra de·fi·si·*e^{n}*·tesh *fi*·zi·kush
¿Hay acceso para sillas de ruedas?	Tem acesso para cadeira de rodas? te^{n} a·*se*·su *pa*·ra ka·*dei*·ra de *jo*·dash

¿Están permitidos los perros lazarillo?	É permitida a entrada de cães-guia? e per·mi·ti·da a e^n·tra·da de kai^{n}sh·gi·a
¿Cuántos escalones hay ahí?	Quantos degraus há ai? kua^n·tush de·graush a a·i
¿Hay ascensor?	Tem elevador? te^n e·le·va·dor
¿Hay asidero en el cuarto de baño?	Tem corrimão na casa de banho? te^n ku·ji·mau^n na ka·za de ba·ñu
¿Puede llamarme un taxi para discapacitados?	Pode-me chamar um táxi para deficientes físicos? po·de·me sha·mar u^n tak·si pa·ra de·fi·si·e^n·tesh fi·zi·kush
¿Puede ayudarme a cruzar la calle?	Pode-me ajudar a atravessar a rua com segurança? po·de·me a·jhu·dar a a·tra·ve·sar a ju·a ko^n se·gu·ra^n·sa
¿Hay algún sitio donde pueda sentarme?	Há algum lugar onde me possa sentar? a al·gu^n lu·gar o^n·de me po·sa se^n·tar
rampa	rampa **f** ja^n·pa
andador	armação para andar **f** ar·ma·sau^n pa·ra a^n·dar
bastón	bengala **f** be^n·ga·la
silla de ruedas	cadeira de rodas **f** ka·dei·ra de jo·dash

Viajar con niños

FRASES ÚTILES

¿Pueden entrar los niños?	É permitida a entrada a crianças?	e per·mi·*ti*·da a e^{n}·*tra*·da a kri·*a*^{n}·sash
¿Hay descuento para niños?	Há desconto para crianças?	a desh·*ko*^{n}·tu *pa*·ra kri·*a*^{n}·sash
¿Hay una sala para cambiar al bebé?	Há uma sala reservada para bebés?	a *u*·ma *sa*·la je·zer·*va*·da *pa*·ra be·*besh*

¿Hay ...? Há ...? a ...

una sala para cambiar al bebé	uma sala reservada para bebés	*u*·ma *sa*·la je·zer·*va*·da *pa*·ra be·*besh*
servicio de canguro	serviço de ama	ser·*vi*·su de *a*·ma
menú infantil	menu para crianças	me·*nu pa*·ra kri·*a*^{n}·sash
guardería	creche	*kre*·she
descuento para niños	desconto para crianças	desh·*ko*^{n}·tu *pa*·ra kri·*a*^{n}·sash
billete familiar	passagem de família	pa·*sa*·jhe^{n} de fa·*mi*·lia

¿Dónde puedo cambiar un pañal?	Onde posso mudar a fralda?	*o*^{n}·de *po*·su mu·*dar* a *fral*·da
Necesito ...	Preciso de ...	pre·*si*·zu de ...

una silla para bebés	um lugar para bebés	u^n lu·*gar* *pa*·ra be·*besh*
una canguro (que hable español)	uma ama (que fale espanhol)	*u*·ma *a*·ma (ke *fa*·le sh·pa·*ñol*)
un asiento elevador	assento de elevação	a·*se*^{n}·tu de i·le·va·*sau*^{n}
una cuna	cama de grades	*ka*·ma de *gra*·desh
una trona	uma cadeira para crianças	*u*·ma ka·*dei*·ra *pa*·ra kri·*a*^{n}·sash
una bolsa de plástico	um saco de plástico	u^n *sa*·ku de *plash*·ti·ku
un orinal	um bacio	u^n ba·*si*·u
un cochecito de niño	um carrinho de bebé	u^n ka·*ji*·ñu de be·*be*

¿Venden ...?	Vendem ...?	*ve*^{n}·de^n ...

toallitas para bebés	toalhinhas de bebé	tua·*lli*·ñash de be·*be*
pañales desechables	fraldas descartáveis	*fral*·dash desh·kar·*ta*·veish
analgésicos infantis	analgésicos infantis	a·nal·*jhe*·zi·kush i^n·*fa*^{n}·tish
pañuelos de papel	lenços de papel	*le*^{n}·sush de pa·*pel*

¿Dónde está ... más cercano/cercana?

Onde está ... mais próximo/próxima? **m/f**
o^{n}·de shta ... maish *pro*·si·mu/*pro*·si·ma

el parque	o parque	u *par*·ke
el parque infantil	o parque infantil	u *par*·ke i^{n}·fa^{n}·*til*
la piscina	a piscina	a pesh·*si*·na
el parque de atracciones	o parque de diversões	u *par*·ke de di·ver·*zoi^{n}*sh
la juguetería	a loja de brinquedos	a *lo*·jha de bri^{n}·*ke*·dush

¿Podría darme papel y lápiz, por favor?

Pode-me dar papel e lápis, por favor?
po·de·me dar pa·*pel* i *la*·pish pur fa·*vor*

¿Pueden entrar los niños?

É permitida a entrada a crianças?
e per·mi·*ti*·da a e^{n}·*tra*·da a kri·*a^{n}*·sash

¿Esto es adecuado para niños de ... años?

Isto é apropriado para crianças de ... anos de idade?
ish·tu e a·pru·pri·*a*·du *pa*·ra kri·*a^{n}*·sash de ... *a*·nush de i·*da*·de

¿Le importa si doy el pecho aquí?

Importa-se que eu amamente aqui?
i^{n}·*por*·ta·se ke *e*·u a·ma·*me^{n}*·te a·*ki*

¿Conoce algún médico/dentista para llevar a los niños?

Conhece algum médico/dentista bom para crianças?
ko·*ñe*·se al·*gu^{n}* *me*·di·ku/de^{n}·*tish*·ta bo^{n} *pa*·ra kri·*a^{n}*·sash

Si algún niño se pone enfermo, véase **Salud** (p. 161).

Relacionarse

Conocer gente

FRASES ÚTILES

Me llamo ...	O meu nome é ...	u *me*·u *no*·me e ...
Soy de ...	Eu sou de ...	e·u sou de ...
Trabajo en ...	Trabalho em ...	tra·*ba*·llu e^n ...
Tengo ... años.	Tenho ... anos.	*ta*·ñu ... *a*·nush
¿Y usted?	E você?	e vo·*se*

Lo básico

Sí.	Sim. si^n
No.	Não. nau^n
Por favor.	Por favor. pur fa·*vor*
(Muchas) Gracias.	(Muito) Obrigado. **m** (*mui*^{n}·tu) o·bri·*ga*·du (Muito) Obrigada. **f** (*mui*^{n}·tu) o·bri·*ga*·da
De nada.	De nada. de *na*·da
Perdone. **(para pedir atención)**	Faz favor! fash fa·*vor*
Disculpe. **(para pedir paso)**	Com licença. ko^n li·*se*^{n}·sa
Lo siento.	Desculpe. desh·*kul*·pe

Saludos y despedidas

Hola.	Olá. o·*la*
Buenos días.	Bom dia. bo^n *di*·a
Buenas tardes.	Boa tarde. *bo*·a *tar*·de
Buenas noches.	Boa noite. *bo*·a *noi*·te
P **¿Cómo está?**	Como está? *ko*·mu shta
R **Bien. ¿Y usted?**	Bem, e você? be^n e vo·*se*
P **¿Cómo se llama?**	Qual é o seu nome? kual e u *se*·u *no*·me
R **Me llamo ...**	O meu nome é ... u *me*·u *no*·me e ...
Me gustaría presentarte a ...	Eu gostava de te apresentar ao/á ... **m/f** e·u gush·*ta*·va de te a·pre·ze^n·*tar* au/a ...

✂ **Este es ...** | Este é ... | *ish*·te e ...

Encantado de conocerlo/a.	Prazer em conhecê-lo/ conhecê-la. **m/f** pra·*zer* e^n ku·ñe·*se*·lo/ ku·ñe·*se*·la
Hasta luego.	Até logo. a·*te lo*·gu
Adiós.	Adeus. a·*de*·ush
Buenas noches.	Boa noite. *bo*·a *noi*·te

Dirigirse a las personas

Señor	Senhor *se·ñor*
Don	Cavalheiro ka·va·*llei*·ru
Señora	Senhora se·*ño*·ra
Señorita	Menina me·*ni*·na
Doña	Senhora Dona se·*ño*·ra *do*·na

Entablar conversación

¡Qué día tan bonito!	Que tempo fantástico/ terrível! ke *te*ⁿ·pu faⁿ·*tash*·ti·ku/ te·*ji*·vel
Esto es (bonito), ¿no?	Isto é (lindo), não acha? *ish*·tu e (*li*ⁿ·du) nauⁿ *a*·sha
¿Cómo se llama esto?	Como se chama isto? *ko*·mu se *sha*·ma *ish*·tu
¿Vive aquí?	Mora aqui? *mo*·ra a·*ki*
¿Adónde va?	Onde vai? *o*ⁿ·de vai
¿Qué está haciendo?	O que é que está a fazer? u ke e ke shta a fa·*zer*
P **¿Le gusta este lugar?**	Gosta daqui? *gush*·ta da·*ki*
R **Me encanta este lugar.**	Eu adoro. e·u a·*do*·ru

P **¿Cuánto tiempo estará aquí?**	Quanto tempo vai cá ficar? *kua^n*·tu *te^n*·pu vai ka fi·*kar*
R **Estaré aquí durante (cuatro) días/semanas.**	Fico cá (quatro) dias/semanas. *fi*·ku ka (*kua*·tru) *di*·ash/se·*ma*·nash
P **¿Está aquí de vacaciones?**	Está aqui de férias? shta a·*ki* de *fe*·ri·ash
R **Estoy aquí de vacaciones.**	Estou aqui de férias. shtou a·*ki* de *fe*·ri·ash
R **Estoy aquí por negocios.**	Estou aqui em negócios. shtou a·*ki* e^n ne·*go*·siush
R **Estoy aquí por estudios.**	Estou aqui a estudar. shtou a·*ki* a shtu·*dar*

GREG ELMS / LONELY PLANET IMAGES ©

Nacionalidades

P **¿De dónde es?**	De onde é? *do*^{n}·de e
R **Soy de ...**	Eu sou ... e·u sou ...

España	de Espanha	de sh·*pa*·ña
México	do México	do *me*·shi·ku
Colombia	da Colômbia	da co·*lo*^{n}·bi·a
Estados Unidos	dos Estados Unidos	dush sh·*ta*·dush u·*ni*·dush

Para conocer el nombre de otros países, véase el **Diccionario**.

Edades

P **¿Cuántos años tiene?**	Quantos anos tem? *kua*^{n}·tush *a*·nush te^n
R **Tengo ... años.**	Tenho ... anos. *ta*·ñu ... *a*·nush
P **¿Cuántos años tiene su hija?**	Quantos anos tem a sua filha? *kua*^{n}·tush *a*·nush te^n a *su*·a *fi*·lla
P **¿Cuántos años tiene su hijo?**	Quantos anos tem o seu filho? *kua*^{n}·tush *a*·nush te^n u *se*·u *fi*·llu
R **Él/Ella tiene ... años.**	Ele/Ela tem ... anos. e·le/e·la te^n ... *a*·nush
Soy más joven de lo que aparento.	Sou mais novo/nova do que pareço. **m/f** sou maish *no*·vu/*no*·va du ke pa·*re*·su

Soy mayor de lo que aparento.	Sou mais velho/velha do que pareço. **m/f** sou maish *ve*·llu/*ve*·lla du ke pa·*re*·su

Para la edad, véase **Números y cantidades** (p. 30).

Trabajos y estudios

P **¿Cuál es su profesión?**	Qual é a sua profissão? kual e a *su*·a pru·fi·*sau^n*
R **Soy profesor/a.**	Sou (professor/professora). **m/f** sou (pru·fe·*sor*/pru·fe·*so*·ra)
R **Trabajo en (salud).**	Trabalho em (saúde). tra·*ba*·llu e^n (sa·*u*·de)
R **Estoy jubilado/a.**	Eu estou reformado/reformada. **m/f** e·u shtou je·for·*ma*·du/je·for·*ma*·da
R **Soy autónomo/a.**	Eu sou empregado/empregada por conta própria. **m/f** e·u sou e^n·pre·*ga*·du/e^n·pre·*ga*·da pur *ko^n*·ta *pro*·pri·a
R **Estoy en paro.**	Eu estou desempregado/desempregada. **m/f** e·u shtou de·ze^n·pre·*ga*·du/de·ze^n·pre·*ga*·da
P **¿Qué es lo que está estudiando?**	O que é que está a estudar? u ke e ke shta a shtu·*dar*
R **Estudio humanidades.**	Estudo humanísticas. *shtu*·du u·ma·*nish*·ti·kash

R **Estudio ciencias.**	Estudo ciências. *shtu*·du si·*e^n*·si·ash
R **Estudio portugués.**	Estudo português. *shtu*·do pur·tu·*gesh*

Para más oficios, véase el **Diccionario.**

Familia

P **¿Tiene ...?**	Tem ...? te^n ...
R **Yo (no) tengo ...**	Eu (não) tenho ... e·u (nau^n) *ta*·ñu ...

un hermano	um irmão	u^n ir·*mau^n*
una hija	uma filha	*u*·ma *fi*·lla
una nieta	neta	*ne*·ta
un nieto	neto	*ne*·tu
marido	marido	ma·*ri*·du
pareja	companheiro **m** companheira **f**	ko^n·pa·*ñei*·ru ko^n·pa·*ñei*·ra
una hermana	uma irmã	*u*·ma ir·*ma^n*
un hijo	um filho	u^n *fi*·llu
esposa	esposa	*shpo*·za

P **¿Está casado/a?**	É casado/casada? **m/f** e ka·*za*·du/ka·*za*·da
R **Estoy casado/a.**	Eu sou casado/ casada. **m/f** e·u sou ka·*za*·du/ka·*za*·da
R **Estoy divorciado/a.**	Eu sou divorciado/ divorciada. **m/f** e·u sou di·vor·si·*a*·du/ di·vor·si·*a*·da

Estoy soltero/a.	Eu sou solteiro/solteira. **m/f** e·u sou sol·*tei*·ru/sol·*tei*·ra
Estoy separado/a.	Eu estou separado/separada. **m/f** e·u se·pa·*ra*·du/se·pa·*ra*·da
Vivo con mi novio.	Vivo com o meu namorado. **m** *vi*·vu ko^{n} u *me*·u na·mu·*ra*·du
Vivo con mi novia.	Vivo com a minha namorada. **f** *vi*·vu ko^{n} a *mi*·ña na·mu·*ra*·da

Hablar con niños

¿Cuándo es tu cumpleaños?	Quando é que fazes anos? *kua*^{n}·du e ke *fa*·zesh *a*·nush
¿Vas a la escuela?	Vais à escola? vaish a *shko*·la
¿Qué curso haces?	Em que ano estás? e^{n} ke *a*·nu shtash
¿Te gusta (el deporte)?	Gostas (de desporto)? *gush*·tash (de desh·*por*·tu)
¿Qué haces al salir de clase?	O que é que fazes depois da escola? o ke e ke *fa*·zesh de·*poish* da *shko*·la
¿Estudias (español)?	Aprendes (espanhol)? a·*pre*^{n}·desh (shpa·*ñol*)

Hablar de niños

¿Cuándo está previsto que nazca el bebé?	Para quando está previsto o nascimento do bebé? *pa*·ra *kua*^{n}·du shta pre·*vish*·tu u nash·si·*me*^{n}·tu du be·*be*
¿Qué nombre le va a poner al bebé?	Que nome vai dar ao bebé? ke *no*·me vai dar au be·*be*
¿Es su primer hijo?	É o seu primeiro filho? e u *se*·u pri·*mei*·ru *fi*·llu
¿Cuántos hijos tiene?	Quantos filhos tem? *kua*^{n}·tush *fi*·llush te^n
¡Qué niño tan guapo!	Que linda criança! ke *li*^{n}·da kri·*a*^{n}·sa
¿Es un niño o una niña?	É menino ou menina? e me·*ni*·nu ou me·*ni*·na
¿Cuántos años tiene?	Quantos anos tem? *kua*^{n}·tush *a*·nush te^n
¿Cómo se llama?	Como se chama? *ko*·mu se *sha*·ma
¿Va a la escuela?	Vai à escola? vai a *shko*·la

Despedidas

Mañana es mi último día aquí.	Amanhã é o meu último dia aqui. a·ma·*ña*^{n} e u *me*·u *ul*·ti·mu *di*·a a·*ki*
Ha sido un placer conocerlo/a.	Foi fantástico conhecê-lo/conhecê-la. **m/f** foi fa^n·*tash*·ti·ku ku·ñe·*se*·lu/ ku·ñe·*se*·la

¡Estaremos en contacto!	Mantenha-se em contacto! ma^{n}·*te*·ña·se e^{n} ko^{n}·*tak*·tu
Si viene a (España), puede quedarse en mi casa.	Se vier à (España) pode ficar em minha casa. se vi·*er* a (*shpa*·ña) *po*·de fi·*kar* e^{n} *mi*·ña *ka*·za
P **¿Cuál es su dirección/ *e-mail*?**	Qual é o seu endereço/email? kual e u *se*·u e^{n}·de·*re*·su/ i·*meil*
P **¿Cuál es su número de teléfono?**	Qual é o seu número de telefone? kual e u *se*·u *nu*·me·ru de te·le·*fo*·ne
R **Aquí tiene mi ...**	Aqui está o meu ... a·*ki* shta u *me*·u ...

Buenos deseos

¡Dios le bendiga!	Deus o abençoe! *de*·uz u a·be^{n}·*so*·e
¡Felicidades!	Parabéns! pa·ra·*be^{n}jh*
¡Buena suerte!	Boa sorte! *bo*·a *sor*·te
¡Buen viaje!	Boa viagem! *bo*·a vi·*a*·jhe^{n}
¡Feliz cumpleaños!	Feliz aniversário! fe·*lish* a·ni·ver·*sa*·ri·u
¡Feliz Año Nuevo!	Feliz Ano Novo! fe·*lish* *a*·nu *no*·vu
¡Feliz Navidad!	Feliz Natal! fe·*lish* na·*tal*

Intereses

FRASES ÚTILES

¿Qué hace en su tiempo libre?	O que faz nos seus tempos livres?	u ke fajh nush *se*·ush *te*^{n}·push *li*·vresh
¿Le gusta/n ...?	Gosta de ...?	*gosh*·ta de ...
A mí (no) me gusta/n ...	Eu (não) gosto de ...	e·u (nau^n) *gosh*·tu de ...

Intereses comunes

¿Qué hace en su tiempo libre?	O que faz nos seus tempos livres? u ke fajh nush *se*·ush *te*^{n}·push *li*·vresh
P **¿Le gusta/n ...?**	Gosta de ...? *gosh*·ta de ...
R **A mí (no) me gusta/n ...**	Eu (não) gosto de ... e·u (nau^n) *gosh*·tu de ...

cocinar	cozinhar	ku·zi·*ñar*
la jardinería	jardinagem	jhar·di·*na*·jhe^n
caminar	caminhar	ka·mi·*ñar*
la fotografía	fazer fotografia	fa·*zer* fu·tu·gra·*fi*·a
leer	ler	ler
ir de compras	ir às compras	ir ash *ko*^{n}·prash
viajar	viajar	vi·a·*jhar*

Para otros tipos de deportes, véase **Deporte** (p. 142) y el **Diccionario.**

Música

¿Acostumbra a ...?	Costuma ...? *kush·tu·ma ...*

ir a bailar	ir dançar	ir da^n·sar
ir a conciertos	ir a concertos	ir a ko^n·ser·tush
escuchar música	ouvir música	ou·vir mu·zi·ka
tocar un instrumento	tocar algum instrumento	tu·kar al·gu^n i^n·shtru·me^n·tu
cantar	cantar	ka^n·tar

¿Qué grupos le gustan?	De que conjuntos gosta? *de ke ko^n·jhu^n·tush gosh·ta*
¿Qué artistas le gustan?	De que artistas gosta? *de ke ar·tish·tash gosh·ta*
¿Qué tipo de música le gusta?	De que tipo de música gosta? *de ke ti·pu de mu·zi·ka gosh·ta*
música ...	música f *mu·zi·ka*

clásica	clássica	kla·si·ka
electrónica	electrónica	i·le·tro·ni·ka
popular	popular	pu·pu·lar
tradicional portuguesa	tradicional portuguesa	tra·di·siu·nal pur·tu·ge·za
del mundo	todo o mundo	to·du u mu^n·du

Cine y teatro

Me apetece ir a/al ...	Apetece-me ir ao/à ... **m/f** a·pe·*te*·se·me ir au/a ...
P **¿Le gustó ...?**	Gostou ...? gush·*tou* ...

el ballet	do ballet	du ba·*le*
la película	do filme	du *fil*·me
la ópera	da ópera	da *o*·pe·ra
la obra (de teatro)	da peça (de teatro)	da *pe*·sa (de ti·*a*·tru)

R **Me ha parecido aburrido/a.**	Eu achei que era chato/chata. **m/f** e·u a·*shei* ke e·ra *sha*·tu/*sha*·ta
R **Me ha parecido excelente.**	Eu achei que era excelente. e·u a·*shei* ke e·ra eish·se·*le*^{n}·te
R **Creo que ha estado bien.**	Eu achei que era razoável. e·u a·*shei* ke e·ra ja·zu·*a*·vel
¿Qué ponen en el cine/teatro esta noche?	O que é que está no cinema/ teatro hoje à noite? u ke e ke shta nu si·*ne*·ma/ti·*a*·tru o·jhe a *noi*·te
¿Está en español?	É em espanhol? e e^n sh·*pa*·*ñol*
¿Está subtitulado en español?	Tem legendas em espanhol? te^n le·*jhe*^{n}·dash e^n shpa·*ñol*
¿Hay alguna sesión matinal?	Há alguma matiné? a al·*gu*·ma ma·ti·*ne*
¿Está ocupado este asiento?	Este lugar está ocupado? *esh*·te lu·*gar* shta o·ku·*pa*·du

SOBRE EL IDIOMA

Trabalenguas

Si el viajero piensa que tiene suficiente dominio del portugués, puede intentar divertir a los locales recitando alguna de estas divertidas frases:

Um prato de trigo para três tigres tristes.
u^n *pra*·tu de *tri*·gu *pa*·ra tresh *ti*·gresh *trish*·tesh
Un plato de trigo para tres tristes tigres.

Se cá nevasse fazia-se cá esqui.
se ka ne·*va*·se fa·*zi*·a·se ka shki
Si nevase aquí, se podría hacer esquí.

O rato roeu a rolha do garrafão do rei da Rússia.
u *ja*·tu ju·*e*·u a *jo*·lla du ga·ja·*fau*^n du jei da *ju*·sia
El raton royó el corcho de la garrafa del rey de Rusia.

¿Ha visto (Espelho Mágico)?	Já viu a *(Espelho Mágico)* jha *vi*·u a (*shpe*·llu *ma*·jhi·ku)
P ¿Quién actúa?	Com quem é? ko^n ke^n e
R Actúa (Ricardo Trepa).	É com o (Ricardo Trepa). e ko^n u (ji·*kar*·du tre·pa)
¿Tiene entradas para ...?	Tem bilhetes para ...? te^n bi·*lle*·tesh *pa*·ra ...
Querría las mejores entradas.	Eu queria os melhores bilhetes. e·u ke·*ri*·a ush me·*llo*·resh bi·*lle*·tesh
Querría entradas baratas.	Eu queria bilhetes baratos. e·u ke·*ri*·a bi·*lle*·tesh ba·*ra*·tush

Querría ... — Eu queria ...
e·u ke·ri·a ...

asientos en el primer/ segundo piso	lugares no primeiro/ segundo balcão	lu·*ga*·resh nu pri·*mei*·ru/ se·*gu^n*·du bal·*kau^n*
un palco	um camarote	u^n ka·ma·*ro*·te
asientos en platea	lugares na plateia	lu·*ga*·resh na pla·*tei*·a
antepalco	coxias	ku·*shi*·ash

películas de acción	filmes de acção **m pl** *fil*·mesh de a·*sau^n*
dibujos animados	desenhos animados **m pl** de·*ze*·ñush a·ni·*ma*·dush
comedias	comédias **f pl** ku·*me*·diash
drama	drama **f** *dra*·ma
documentales	documentários **m pl** du·ku·me^n·*ta*·riush
películas de terror	filmes de terror **m pl** *fil*·mesh de te·*jor*
cine portugués	cinema português **m** si·*ne*·ma pur·tu·*gesh*
ciencia-ficción	ficção científica **f** fik·*sau^n* si·e^n·*ti*·fi·ka
cortometrajes	curtas-metragens **f pl** *kur*·tash·me·*tra*·jhe^{n}sh
películas de suspense	filmes de suspense **m pl** *fil*·mesh de sush·*pe^{n}s*
películas de guerra	filmes de guerra **m pl** *fil*·mesh de *ge*·ja

Sentimientos y opiniones

FRASES ÚTILES

¿Está ...?	Está ...?	shta ...
(No) Estoy ...	(Não) Estou ...	(nau^n) shtou ...
¿Qué piensas?	O que é que acha disso?	u ke e ke a·sha *di*·su
Creo que ha estado bien.	Eu achei que razoável.	e·u a·*shei* ke ja·zu·*a*·vel
¿Ha oído hablar de ...?	Ouviu falar de ...?	ou·*vi*·u fa·*lar* de ...

Sentimientos

P **¿Está/Tiene ...?**	Está ...? shta ...
R **(No) Estoy/Tengo ...**	(Não) Estou ... (nau^n) shtou ...

frío	com frio	ko^n *fri*·u
feliz	feliz	fe·*lish*
calor	com calor	ko^n ka·*lor*
hambre	com fome	ko^n *fo*·me
prisa	com pressa	ko^n *pre*·sa
triste	triste	*trish*·te
sed	com sede	ko^n *se*·de
cansado/a	cansado **m** cansada **f**	ka^n·*sa*·du ka^n·*sa*·da
bien	bem	be^n

¿Cuál es el problema?	Qual é o problema? kual e u pru·*ble*·ma
¿Qué ha pasado?	O que aconteceu? u ke a·ko^{n}·te·*se*·u
Estoy un poco (triste).	Estou um bocadinho (triste). shtou un bu·ka·*di*·ñu (*trish*·te)
Me siento muy (afortunado/a).	Sinto-me com muita (sorte). *si*^{n}·tu·me ko^{n} *mui*^{n}·ta (*sor*·te)
No estoy nada (cansado/a).	Não estou nada (cansado/cansada). **m/f** nau^{n} shtou *na*·da (ka^{n}·*sa*·du/ ka^{n}·*sa*·da)

En caso de encontrarse mal, véase **Salud** (p. 161).

Opiniones

P **¿Le gustó?**	Gostou? *gosh*·tou
P **¿Qué opina sobre eso?**	O que é que acha disso? u ke e ke *a*·sha *di*·su
R **Me pareció ...**	Eu achei que ... e·u a·*shei* ke ...
R **Es ...**	É ... e ...

horrible	horrível	o·*ji*·vel
bonito/a	lindo/linda **m/f**	*li*^{n}·du/*li*^{n}·da
aburrido/a	chato/chata **m/f**	*sha*·tu/*sha*·ta
estupendo/a	óptimo/óptima **m/f**	*o*·ti·mu/*o*·ti·ma
interesante	interessante	i^{n}·te·re·*sa*^{n}·te
correcto	razoável	ja·zu·*a*·vel
extraño/a	estranho **m** estranha **f**	*shtra*·ñu *shtra*·ña

Política y temas sociales

P **¿A qué partido vota?**	Em que partido vota? e^{n} ke par·*ti*·da *vo*·ta
R **Yo apoyo al partido ...**	Eu apoio o ... e·u a·*poi*·u u ...
R **Soy miembro del partido ...**	Eu sou membro ... e·u sou *me*^{n}·bru ...
¿Ha oído hablar de ...?	Ouviu falar de ...? ou·*vi*·u fa·*lar* de ...
P **¿Está de acuerdo?**	Concorda? ko^{n}·*kor*·da
R **Yo (no) estoy de acuerdo con ...**	Eu (não) concordo com ... e·u (nau^{n}) ko^{n}·*kor*·du ko^{n} ...
¿Qué opina la gente sobre ...?	O que é que as pessoas pensam sobre ...? u ke e ke ash pe·*so*·ash *pe*^{n}·sa^{n} *so*·bre ...
¿Cómo podemos protestar contra ...?	Como é que podemos protestar contra ...? *ko*·mu e ke pu·*de*·mush pro·tesh·*tar* *ko*^{n}·tra ...
¿Cómo podemos apoyar ...?	Como é que podemos apoiar ...? *ko*·mu e ke pu·*de*·mush a·poi·*ar* ...
inmigración	imigração **f** i·mi·gra·*sau*^{n}
la economía	a economia **f** a i·ko·nu·*mi*·a
el medio ambiente	o ambiente **m** u a^{n}·bi·*e*^{n}·te
la guerra en ...	a guerra em ... **f** a *ge*·ja e^{n} ...

Medio ambiente

¿Hay algún problema de ...?	Há algum problema de ... ? a al·*gu*ⁿ pro·*ble*·ma de ...
¿Qué se debe hacer con respecto a ...?	O que é que deve ser feito em relação ...? u ke e ke *de*·ve ser *fei*·tu eⁿ je·la·*sau*ⁿ ...
la polución	poluição f pu·lu·i·*sau*ⁿ
los programas de reciclaje	programas de reciclagem pru·*gra*·mash de je·si·*kla*·jheⁿ
¿Este bosque/Esta especie está protegido/a?	Esta floresta/espécie está protegida? *esh*·ta flo·*resh*·ta/*shpe*·sie shta pru·te·*jhi*·da
¿Este parque está protegido?	Este parque está protegido? *esh*·te *par*·ke shta pru·te·*jhi*·du

SOBRE EL IDIOMA

Cuidado con el tuteo

Por regla general, los portugueses solo usan el tuteo con personas con quien mantienen un considerable grado de confianza. Por ello, lo más prudente es evitarlo hasta que nos traten de tú o nos inviten a tutear. Dar con la adecuada variante formal no siempre es fácil: como el pronombre *você* *vo*·se (usted) ha caído en desuso, lo más habitual es que el tratamiento formal quede marcado únicamente por el uso de la 3ª persona del verbo. Así, *¿Puede indicarme usted el camino?* se diría *Pode indicar-me o caminho? po*·de in·di·*kar*·me u ka·*mi*·ñu. Cuando es necesario explicitar al interlocutor, se recurre a fórmulas como *o doutor/a doutora* u dou·*tor*/a dou·*to*·ra (el doctor/ la doctora, para cualquier titulado superior) o la más genérica y habitual *o senhor/a senhora* u se·*ñor*/a se·*ño*·ra (el señor/la señora): *A senhora pode indicar-me o caminho?* a se·*ño*·ra *po*·de in·di·*kar*·me u ka·*mi*·ñu.

Ocio

FRASES ÚTILES

¿Qué hay esta noche?	O que é que há hoje à noite?	u ke e ke a o·jhe a *noi*·te
¿Dónde puedo encontrar discotecas?	Onde é que há discotecas?	*o^n*·de e ke a dish·ku·*te*·kash
¿Le apetece ir a un café?	Gostava de ir a um café?	gush·*ta*·va de ir a u^n ka·*fe*
¿Dónde quedamos?	Onde é que nos encontramos?	*o^n*·de e ke nush e^n·ko^n·*tra*·mush
¿A qué hora quedamos?	A que horas é que nos encontramos?	a ke *o*·rash e ke nush e^n·ko^n·*tra*·mush

Adónde ir

¿Qué se puede hacer por la noche?	O que é que se pode fazer à noite? u ke e ke se *po*·de fa·*zer* a *noi*·te
¿Qué hay esta noche?	O que é que há hoje à noite? u ke e ke a o·jhe a *noi*·te
¿Qué hay este fin de semana?	O que é que há este fim-de-semana? u ke e ke a *esh*·te fi^n·de·se·*ma*·na
¿Hay alguna guía local de ocio?	Há um guia local de entertenimento? a u^n *gi*·a lu·*kal* de e^n·ter·te·ni·*me^n*·tu

Me apetece ir a ... — Está-me a apetecer ir a ... — *shta*·me a a·pe·te·*ser* ir a ...

un bar	um bar	u^n bar
los toros	uma tourada	*u*·ma tou·*ra*·da
un café	um café	u^n ka·*fe*
un concierto	um concerto	u^n ko^n·*ser*·tu
una casa de fados	uma casa de fados	*u*·ma *ka*·za de *fa*·dush
ver una película	um filme	u^n *fil*·me
una discoteca	uma discoteca	*u*·ma dish·ku·*te*·ka
una fiesta	uma festa	*u*·ma *fesh*·ta
una obra de teatro	uma peça de teatro	*u*·ma *pe*·sa de ti·*a*·tru
un restaurante	um restaurante	u^n jesh·tau·*ra*^{n}·te
una fiesta en la calle	uma festa de rua	*u*·ma *fesh*·ta de *ju*·a

¿Dónde puedo encontrar ...? — Onde é que há ...? — *o*^{n}·de e ke a ...

bares	bares	*ba*·resh
discotecas	discotecas	dish·ku·*te*·kash
locales para gays/ lesbianas	lugares de gays/ lésbicas	lu·*ga*·resh de geish/*lejh*·bi·kash
sitios para comer	sítios para comer	*si*·tiush *pa*·ra ku·*mer*

Invitaciones

¿Qué hace esta noche?	O que é que vai fazer hoje à noite? u ke e ke vai fa·*zer* o·jhe a *noi*·te
¿Qué hace este fin de semana?	O que é que vai fazer este fim-de-semana? u ke e ke vai fa·*zer* esh·te fi^{n}·de·se·*ma*·na
¿Le apetece (ir a) ...?	Gostava de ir ...? gush·*ta*·va de ir ...
Me apetece (ir a) ...	Apetece-me ir ... a·pe·*te*·se·me ir ...

tomar un café	a um café	a u^{n} ka·*fe*
bailar	dançar	da^{n}·*sar*
tomar una copa	beber alguma coisa	be·*ber* al·*gu*·ma *koi*·za
comer	comer	ku·*mer*
salir	sair	sa·*ir*
dar un paseo	andar a pé	a^{n}·*dar* a pe

¿Conoce algún buen restaurante?	Conhece um bom restaurante? ko^{n}·*ñe*·se u^{n} bo^{n} jesh·tau·*ra*^{n}·te
¿Quiere venir al concierto conmigo?	Quer vir ao concerto comigo? ker vir au ko^{n}·*ser*·tu ku·*mi*·gu
Vamos a dar una fiesta.	Vamos dar uma festa. *va*·mush dar *u*·ma *fesh*·ta
Debería venir.	Devia vir. de·*vi*·a vir

SE BUSCARÁ

En las direcciones, como en español, el nombre de la calle va seguido del número. A menudo, los apartamentos se indican por el número de planta y por el correspondiente lado del rellano (*direita* di·*rei*·ta para derecha, *esquerda* *shker*·da para izquierda). Por ejemplo, *Rua do Rei, no. 15 – 3º drt.* se traduciría por 'calle del Rey 15, 3º derecha'.

avenida (av.) f	a·ve·*ni*·da	avenida
beco m	*be*·ku	callejón
estrada (estd.) f	esh·*tra*·da	carretera
rua (r.) f	*ju*·a	calle

Responder a invitaciones

Sí, me encantaría.	Sim, adorava. si^n a·du·*ra*·va
Es muy amable por su parte.	É muito simpático da sua parte. e *mui^n*·tu si^n·*pa*·ti·ku da *su*·a *par*·te
¿Adónde podemos ir?	Onde é que podemos ir? *o^n*·de e ke pu·*de*·mush ir
Lo siento, pero no puedo.	Tenho muita pena, mas não posso. *ta*·ñu *mui^n*·ta *pe*·na mash nau^n *po*·su
Lo siento, pero no sé cantar/bailar.	Tenho muita pena, mas não sei cantar/dançar. *ta*·ñu *mui^n*·ta *pe*·na mas nau^n sei ka^n·*tar*/da^n·*sar*
¿Qué tal mañana?	E que tal amanhã? i ke tal a·ma·*ña^n*

Organizar encuentros

¿A qué hora quedamos?	A que horas é que nos encontramos? a ke o·rash e ke nush e^n·ko^n·*tra*·mush
P ¿Dónde quedamos?	Onde é que nos encontramos? o^n·de e ke nush e^n·ko^n·*tra*·mush
R Quedamos (en la entrada).	Encontramo-nos (à entrada). e^n·ko^n·*tra*·mu·nush (a e^n·*tra*·da)
Yo iré a buscarlo/a.	Eu vou buscá-lo/-la. m/f e·u vou bush·*ka*·lu/la
Yo iré más tarde.	Eu vou mais tarde. e·u vou maish *tar*·de

GREG ELMS / LONELY PLANET IMAGES ©

¿Dónde estarás?	Onde é que vais estar? *o*^{n}·de e ke vaish shtar
P ¿Está listo/a?	Está pronto/pronta? **m/f** shta *pro*^{n}·tu/*pro*^{n}·ta
R Estoy listo/a.	Estou pronto/pronta. **m/f** shtou *pro*^{n}·tu/*pro*^{n}·ta
Hasta ahora.	Até já. a·*te* jha
Será un placer.	Vai ser um prazer. vai ser u^{n} pra·*zer*
Siento llegar tarde.	Desculpe o atraso. desh·*kul*·pe u a·*tra*·zu

Drogas

¿Quiere fumar?	Quer fumar? ker u^{n} si·*ga*·ju
¿Tienes fuego?	Tem lume? te^{n} *lu*·me
No tomo drogas.	Eu não tomo drogas. *e*·u nau^{n} *to*·mu *dro*·gash

Para frases útiles en caso de hablar con la policía sobre drogas, véase **Policía** (p. 158).

SOBRE EL IDIOMA

Pautas de pronunciación

Una vocal seguida de *m* o *n*, o con una tilde (~) encima, normalmente se nasaliza (p. ej. *viagem* vi·*a*·jhe^{n}, *avião* a·vi·*au*^{n}).

La *o* a menudo se pronuncia u, especialmente al final de una palabra (p. ej. *gato* *ga*·tu).

La sílaba 'es' al principio de palabra y la letra *s* al final se pronuncian casi siempre sh (p. ej. *estômago* *shto*·ma·gu, *crianças* kri·*a*^{n}·sash).

El arte de seducir

FRASES ÚTILES

¿Quieres hacer alguna cosa?	Queres fazer alguma coisa?	*ke*·resh fa·*zer* al·*gu*·ma *koi*·za
Te quiero.	Amo-te.	*a*·mu·te
¡Déjame en paz!	Deixa-me!	*dei*·sha·me

Salir con alguien

¿Adónde te gustaría ir (esta noche)?	Onde é que queres ir (hoje à noite)? *o*ⁿ·de e ke *ke*·resh ir (o·jhe a *noi*·te)
P **¿Quieres hacer alguna cosa (mañana)?**	Queres fazer alguma coisa (amanhã)? *ke*·resh fa·*zer* al·*gu*·ma *koi*·za (a·ma·*ña*ⁿ)
R **Sí, me encantaría.**	Sim, adorava. siⁿ a·du·*ra*·va
R **Lo siento, no puedo.**	Desculpa, mas não posso. desh·*kul*·pa mash nauⁿ *po*·su

Preliminares

¿Quieres beber algo?	Queres uma bebida? *ke*·resh *u*·ma be·*bi*·da
Bailas muy bien.	Danças muito bem. *da*ⁿ·sash *mui*ⁿ·tu beⁿ

¿Puedo bailar contigo?	Posso dançar contigo? *po*·su da^{n}·*sar* ko^{n}·*ti*·gu
¿Puedo sentarme aquí?	Posso sentar-me aqui? *po*·su se^{n}·*tar*·me a·*ki*

Negativas

No, gracias.	Não, obrigado/ obrigada. **m/f** nau^{n} o·bri·*ga*·du/ o·bri·*ga*·da
Es mejor que no.	É melhor não. e me·*llor* nau^{n}
Estoy aquí con mi novia.	Estou aqui com a minha namorada. shtou a·*ki* ko^{n} a *mi*·ña na·mu·*ra*·da
Estoy aquí con mi novio.	Estou aqui com o meu namorado. shtou a·*ki* ko^{n} u *me*·u na·mu·*ra*·du
Lo siento, me tengo que ir ahora.	Desculpa, tenho de me ir embora. desh·*kul*·pa *ta*·ñu de me ir e^{n}·*bo*·ra
¡Déjame en paz!	Deixa-me! *dei*·sha·me
¡Lárgate!	Desaparece! de·za·pa·*re*·se

Acercamiento

Me gustas mucho.	Eu gosto mesmo de ti. e·u *gosh*·tu *mejh*·mu de ti

Eres fantástico/a.	És fantástico/ fantástica. **m/f** *esh fa^{n}·tash·ti·ku/ fa^{n}·tash·ti·ka*
¿Puedo darte un beso?	Posso dar-te um beijo? *po·su dar·te u^{n} bei·jhu*
¿Quieres entrar un rato?	Queres entrar? *ke·resh e^{n}·trar*
¿Quieres pasar la noche aquí?	Queres passar a noite aqui? *ke·resh pa·sar a noi·te a·ki*
¿Puedo pasar la noche aquí?	Posso passar a noite aqui? *po·su pa·sar a noi·te a·ki*

Sexo

Dame un beso.	Dá-me um beijo. *da·me u^{n} bei·jhu*
Te deseo.	Quero-te. *ke·ru·te*
Tócame aquí.	Toca-me aqui. *to·ka·me a·ki*
P **¿Te gusta esto?**	Gostas disto? *gosh·tash dish·tu*
R **Eso (no) me gusta.**	Eu (não) gosto disso. *e·u (nau^{n}) gosh·tu di·su*

SOBRE EL IDIOMA

Concretemos...

En portugués, no hay una palabra específica para “cita amorosa”. El término *encontro* e^{n}·*ko^{n}*·tru ‘encuentro’ es demasiado genérico, así que conviene asegurarse de a qué tipo de cita nos dirigimos antes de presentarnos con un ramo de flores.

Creo que deberíamos parar.	Acho que é melhor pararmos. a·shu ke e me·*llor* pa·*rar*·mush
Vamos a la cama.	Vamos para a cama. *va*·mush *pa*·ra a *ka*·ma
¿Tienes (un preservativo)?	Tens (um preservativo)? te^{n}sh (u^{n} pre·zer·va·*ti*·vu)
Vamos a usar (un preservativo).	Vamos usar (um preservativo). *va*·mush u·*zar* (u^{n} pre·zer·va·*ti*·vu)
No lo haré sin protección.	Eu não faço isso sem protecção. e·u nau^{n} *fa*·su *i*·su se^{n} pru·te·*sau*^{n}
Esta es mi primera vez.	É a minha primeira vez. e a *mi*·ña pri·*mei*·ra vejh
¡Fantástico!	Fantástico! fa^{n}·*tash*·ti·ku
Ha sido increíble.	Foi extraordinário. foi shtra·or·di·*na*·ri·u
Ha sido romántico.	Foi romântico. foi ju·*ma*^{n}·ti·ku
Ha sido salvaje.	Foi selvagem. foi sel·*va*·jhe^{n}

Amor

Creo que estamos bien juntos.	Eu acho que nós estamos bem juntos. e·u *a*·shu ke nosh *shta*·mush be^{n} *jhu*^{n}·tush

SE OIRÁ

fofa	*fo*·fa	cielo
meu amor	*me*·u a·*mor*	mi amor
querida f	ke·*ri*·da	querido
querido m	ke·*ri*·du	querida

Te quiero.	Amo-te. *a*·mu·te
¿Quieres salir conmigo?	Queres sair comigo? *ke*·resh sa·*ir* ku·*mi*·gu
¿Quieres conocer a mis padres?	Queres conhecer os meus pais? *ke*·resh ku·ñe·*ser* ush *me*·ush paish
¿Quieres casarte conmigo?	Queres casar comigo? *ke*·resh ka·*zar* ku·*mi*·gu

Despedidas

Me tengo que ir (mañana).	Vou ter que me ir embora (amanhã). vou ter ke me ir e^{n}·*bo*·ra (a·ma·*ña*^{n})
Voy a mantenerme en contacto.	Eu vou manter-me em contacto. e·u vou ma^{n}·*ter*·me e^{n} ko^{n}·*tak*·tu
Voy a echarte de menos.	Eu vou ter saudades tuas. e·u vou ter sau·*da*·desh *tu*·ash
Te haré una visita.	Eu vou visitar-te. e·u vou vi·zi·*tar*·te

Creencias y cultura

FRASES ÚTILES

¿Cuál es su religión?	Qual é a sua religião?	kual e a *su*·a je·li·jhi·*au*ⁿ
Soy ...	Eu sou ...	e·u sou ...
Lo siento, va contra mis creencias.	Desculpe, mas é contra a minha crença.	desh·*kul*·pe mash e *ko*ⁿ·tra a *mi*·ña *kre*ⁿ·sa

Religión

P **¿Cuál es su religión?**
Qual é a sua religião?
kual e a *su*·a je·li·jhi·*au*ⁿ

R **No soy religioso/a.**
Não sou religioso/religiosa. **m/f**
nauⁿ sou je·li·jhi·*o*·zu/je·li·jhi·*o*·za

R **Soy ...**
Eu sou ...
e·u sou ...

budista	budista	bu·*dish*·ta
cristiano/a	cristão **m** cristã **f**	krish·*tau*ⁿ krish·*ta*ⁿ
hindú	hindu	iⁿ·*du*
judío/a	judeu **m** judia **f**	jhu·*de*·u jhu·*di*·a
musulmán/ana	muçulmano **m** muçulmana **f**	mu·sul·*ma*·nu mu·sul·*ma*·na

(No) Creo en Dios.	Eu (não) acredito em Deus. e·u (nau^{n}) a·kre·*di*·tu e^{n} *de*·ush
¿Dónde puedo asistir a un servicio religioso?	Onde posso assistir a um serviço religioso? *o^{n}*·de *po*·su a·sish·*tir* a u^{n} ser·*vi*·su je·li·jhi·*o*·zu
¿Puedo rezar aquí?	Posso rezar aqui? *po*·su je·*zar* a·*ki*

Diferencias culturales

¿Esto es una costumbre local?	Este é um costume local? *esh*·te e u^{n} kush·*tu*·me lu·*kal*
No quiero ofenderlo/la.	Não quero ofendê-lo/ofendê-la. m/f nau^{n} *ke*·ru u·fe^{n}·*de*·lo/u·fe^{n}·*de*·la
No estoy acostumbrado/a a esto.	Não estou acostumado/acostumada a isso. m/f nau^{n} shtou a·kush·tu·*ma*·du/a·kush·tu·*ma*·da a *i*·su
Voy a probarlo.	Vou experimentar. vou shpri·me^{n}·*tar*
Prefiero no participar.	Prefiro não tomar parte. pre·*fi*·ru nau^{n} tu·*mar par*·te
No pretendía hacer/decir nada malo.	Não tive intenção de fazer/dizer nada de mal. nau^{n} *ti*·ve i^{n}·te^{n}·*sau^{n}* de fa·*zer*/di·*zir na*·da de mal
Lo siento, va contra mis creencias.	Desculpe, mas é contra a minha crença. desh·*kul*·pe mash e *ko^{n}*·tra a *mi*·ña *kre^{n}*·sa

Deporte

FRASES ÚTILES

¿Qué deporte practica?	Que desporto é que pratica?	ke desh·*por*·tu e ke pra·*ti*·ka
¿Cuál es su equipo favorito?	Qual é a sua equipa favorita?	kual e a *su*·a e·*ki*·pa fa·vu·*ri*·ta
¿Cuál es el resultado?	Qual é o resultado?	kual e u je·zul·*ta*·du

Intereses deportivos

P **¿Qué deporte practica?**	Que desporto é que pratica? ke desh·*por*·tu e ke pra·*ti*·ka
P **¿Qué deporte sigue?**	Que desporto é que segue? ke desh·*por*·tu e ke *se*·ge
R **Yo hago/practico ...**	Eu faço/pratico ... e·u *fa*·su/pra·*ti*·ku ...
R **Yo sigo el ...**	Eu sigo ... e·u *si*·gu ...

atletismo	atletismo	at·le·*tijh*·mu
baloncesto	basquetebol	bash·ke·te·*bol*
fútbol	futebol	fu·te·*bol*
***hockey* sobre patines**	hóquei em patins	o·kei e^n pa·*ti*^{n}*sh*
submarinismo	mergulho	mer·*gu*·llu
voleibol	voleibol	*vo*·lei·bol

Yo hago ciclismo.	Eu faço ciclismo. e·u *fa*·su si·*klish*·mu
Yo corro.	Eu corro. e·u *ko*·ju
¿Cuál es su deportista favorito?	Qual é o seu atleta favorito? kual e u *se*·u at·*le*·ta fa·vu·*ri*·tu
¿Cuál es su equipo favorito?	Qual é a sua equipa favorita? kual e a *su*·a e·*ki*·pa fa·vu·*ri*·ta
P **¿Le gusta (el fútbol)?**	Gosta de (futebol)? *gosh*·ta de (fu·te·*bol*)
R **Sí, me gusta mucho.**	Sim, gosto muito. si^n *gosh*·tu *mui^n*·tu
R **No mucho.**	Nem por isso. ne^n pur *i*·su
R **Me gusta verlo.**	Eu gosto de ver. e·u *gosh*·tu de ver

Ir a un partido

¿Quiere ir a un partido?	Quer ir a um jogo? ker ir a u^n *jho*·gu
¿Con qué equipo va?	Por quem está? pur ke^n shta
¿Quién juega?	Quem está a jogar? ke^n shta a jhu·*gar*
¿Quién va ganando?	Quem está a ganhar? ke^n shta a ga·*ñar*
¿Cuál es el resultado?	Qual é o resultado? kual e u je·zul·*ta*·du

SOBRE LA CULTURA

Corridas de toros

El antiguo rito de la corridas de toros (*tourada* tou·*ra*·da) sigue siendo uno de los espectáculos más populares de Portugal. En caso de asistir a una corrida, se debe esperar algo distinto de la versión española. El toro (*touro* *tou*·ru) se enfrenta primero al rejoneador (*cavaleiro* ka·va·*lei*·ru), que le clava varios rejones cerca del cuello. Después sale al ruedo la cuadrilla (*forcados* fur·*ka*·dush), que lo marea cargando contra él con fuerza hasta inmovilizarlo. Hay que tener presente que las puntas de las astas del toro se cortan y se acolchan con cuero. El espectáculo se denomina 'sin muerte' porque el toro no muere en el ruedo, pero casi siempre es sacrificado justo después.

¡Fue un partido malo!	Foi um mau jogo! foi u^{n} mau *jho*·gu
¡Fue un partido magnífico!	Foi um jogo óptimo! foi u^{n} *jho*·gu o·ti·mu
¡Fue un partido aburrido!	Foi um jogo chato! foi u^{n} *jho*·gu *sha*·tu

Practicar deporte

Algunas de las frases de esta sección usan el tratamiento informal, habitual cuando se está en medio de un partido. Véase el recuadro de p. 128 para más detalles sobre expresiones formales e informales.

P **¿Puedo participar?**	Posso entrar? *po*·su e^{n}·*trar*
P **¿Quieres jugar?**	Quer jogar? ker jhu·*gar*
R **Sería magnífico.**	Isso era óptimo. *i*·su e·ra o·ti·mu
R **No puedo.**	Não posso. nau^{n} *po*·su

SE OIRÁ

bola de partida	*bo*·la de par·*ti*·da	bola de partido
empate	e^{n}·*pa*·te	empate
nada	*na*·da	nada
zero	*ze*·ru	cero

Estoy lesionado/a.
Estou lesado/lesada. **m/f**
shtou le·*za*·du/le·*za*·da

El punto es tuyo/mío.
O ponto é teu/meu.
u *po*^{n}·tu e *te*·u/*me*·u

¡Pasa!
Passa!
pa·sa

Eres un buen jugador/una buena jugadora.
És um bom jogador. **m**
esh u^{n} bo^{n} jhu·ga·*dor*
És uma boa jogadora. **f**
esh *u*·ma *bo*·a jhu·ga·*do*·ra

Gracias por el partido.
Obrigado/Obrigada pelo jogo. **m/f**
o·bri·*ga*·du/o·bri·*ga*·da *pe*·lu *jho*·gu

¿Dónde está el/la campo de golf/pista de tenis más cercano/a?
Onde é que é o campo de golfe/ténis mais próximo?
o^{n}·de e ke e u *ka*^{n}·pu de *gol*·fe/*te*·nish maish *pro*·si·mu

¿Dónde está el gimnasio más cercano?
Onde é que é o ginásio mais próximo?
o^{n}·de e ke e u jhi·*na*·ziu maish *pro*·si·mu

¿Dónde está la piscina más cercana?	Onde é que é a piscina mais próxima? *oⁿ·de e ke e a pesh·si·na maish pro·si·ma*
¿Cuál es la tarifa por ...?	Quanto se paga por ...? *kuaⁿ·tu se pa·ga pur ...*

día	dia	*di·a*
partido	jogo	*jho·gu*
hora	hora	*o·ra*
visita	visita	*vi·zi·ta*

¿Puedo alquilar ...?	Pode-se alugar ...? *po·de·se a·lu·gar ...*

una pelota	uma bola	*u·ma bo·la*
una bicicleta	uma bicicleta	*u·ma bi·si·kle·ta*
una pista	um campo	*uⁿ kaⁿ·pu*
una raqueta	uma raquete	*u·ma ja·ke·te*

¿Dónde hay un buen sitio para ...?	Onde é que há um bom lugar para ...? *oⁿ·de e ke a uⁿ boⁿ lu·gar pa·ra ...*

pescar	pescar	*pesh·kar*
montar a caballo	andar a cavalo	*aⁿ·dar a ka·va·lu*
correr	correr	*ku·jer*
esquiar	esquiar	*shki·ar*
hacer *snorkel*	fazer snorkel	*fa·zer snor·kel*
hacer surf	fazer surf	*fa·zer sarf*

¿Tengo que ser miembro para entrar?	Tenho de ser membro para entrar? *ta*·ñu de ser *me^n*·bru *pa*·ra e^n·*trar*
¿Hay alguna sesión solo para mujeres?	Há alguma sessão só para mulheres? a al·*gu*·ma se·*sau^n* so *pa*·ra mu·*lle*·resh
¿Dónde están los vestuarios?	Onde são os balneários? *o^n*·de sau^n ush bal·ni·*a*·ri·ush

Fútbol

¿Quién juega en el (Porto)?	Quem joga no (Porto)? ke^n *jho*·ga nu (*por*·tu)
Es un gran (jugador).	Ele é um grande (jogador). e·le e u^n *gra^n*·de (jhu·ga·*dor*)
Jugó muy bien en el partido contra (Italia).	Ele jogou muito bem contra (a Itália). e·le jho·*gou* *mui^n*·tu be^n *ko^n*·tra (a i·*ta*·lia)
¿Qué equipo encabeza la liga?	Qual é a equipa que vai à frente no campeonato? kual e a e·*ki*·pa ke vai a *fre^n*·te nu ka^n·pi·u·*na*·tu
¡Qué equipo tan fantástico/horrible!	Que equipa fantástica/horrível! ke e·*ki*·pa fa^n·*tash*·ti·ka/ o·*ji*·vel

SE OIRÁ

árbitro m	*ar*·bi·tru	árbitro
atacante m	a·ta·*ka^n*·te	delantero
baliza f	ba·*li*·za	portería
bola f	*bo*·la	balón
canto m	*ka^n*·tu	saque de esquina
cartão m **amarelo**	kar·*tau^n* a·ma·*re*·lu	tarjeta amarilla
cartão m **vermelho**	kar·*tau^n* ver·*me*·llu	tarjeta roja
falta f	*fal*·ta	falta
fora-de-jogo	fo·ra·de·*jho*·gu	fuera de juego
grande f **penalidade**	*gra^n*·de pe·na·li·*da*·de	penalti
guarda-redes m	*guar*·da·*je*·desh	portero
jogador m	jhu·ga·*dor*	jugador
lançamento m **lateral**	la^n·sa·*me^n*·tu la·te·*ral*	saque de banda
livre m	*li*·vre	saque de falta
treinador m	trei·na·*dor*	entrenador

¡Qué ...! — Que ...! ke ...

gol	golo	*go*·lu
golpe	pancada	pa^n·*ka*·da
puntapié	pontapé	po^n·ta·*pe*
pase	passe	*pa*·se
actuación	actuação	a·tu·a·*sau^n*

Para asistir a un partido, véase **Comprar billetes** (p. 42) e **Ir a un partido** (p. 143).

Al aire libre

FRASES ÚTILES

¿Dónde puedo comprar provisiones?	Onde é que posso comprar mantimentos?	*o^n*·de e ke *po*·su ko^n·*prar* ma^n·ti·*me^n*·tush
¿Necesitamos un guía?	Precisamos de um guia?	pre·si·*za*·mush de u^n *gi*·a
¿Es seguro?	É seguro?	e se·*gu*·ru
Me he perdido.	Estou perdido/perdida. **m/f**	shtou per·*di*·du/per·*di*·da
¿Qué tiempo hace?	Como está o tempo?	*ko*·mu shta u *te^n*·pu

Excursiones

¿Dónde puedo ...? Onde é que posso ...? *o^n*·de e ke *po*·su ...

comprar provisiones	comprar mantimentos	ko^n·*prar* ma^n·ti·*me^n*·tush
encontrar a alguien que conozca esta zona	encontrar alguém que conheça esta área	e^n·ko^n·*trar* al·*ge^n* ke ku·*ñe*·sa *esh*·ta *a*·re·a
conseguir un mapa	arranjar um mapa	a·ja^n·*jhar* u^n *ma*·pa
alquilar un equipo de excursionismo	alugar equipamento de caminhada	a·lu·*gar* e·ki·pa·*me^n*·tu de ka·mi·*ña*·da

¿A qué altura se asciende en la escalada?	Qual é a altura da escalada? kual e a al·*tu*·ra da shka·*la*·da
¿Cómo es de largo el sendero?	Qual é o comprimento do atalho? kual e u ko^{n}·pri·*me*^{n}·tu du a·*ta*·llu
¿Es seguro?	É seguro? e se·*gu*·ru
¿Hay excursiones con guía?	Há caminhadas com guia? a ka·mi·*ña*·dash ko^{n} *gi*·a
¿Necesitamos un guía?	Precisamos de um guia? pre·si·*za*·mush de u^{n} *gi*·a
¿Tenemos que llevar comida/agua?	Precisamos de levar comida/água? pre·si·*za*·mush de le·*var* ku·*mi*·da/*a*·gua
¿El camino está (bien) señalizado?	O trilho está (bem) sinalizado? u *tri*·llu shta (be^{n}) si·na·li·*za*·du
¿El camino está abierto?	O trilho está aberto? u *tri*·llu shta a·*ber*·tu
¿Cuál es la ruta más fácil/corta?	Qual é a rota mais fácil/curta? kual e a *jo*·ta maish *fa*·sil/*kur*·ta
¿Este camino lleva a ...?	Este caminho leva a ...? *esh*·te ka·*mi*·ñu *le*·va a ...
¿Puedo ir por aquí?	Posso ir por aqui? *po*·su ir pur a·*ki*
Me he perdido.	Estou perdido/perdida. **m/f** shtou per·*di*·du/per·*di*·da

¿Dónde ...?	Onde ...? o^n·de ...	
está el *camping*	é o parque de campismo	e u *par*·ke de ka^n·*pish*·mu
está el pueblo más cercano	é a aldeia mais próxima	e a al·*dei*·a maish *pro*·si·ma
están las duchas	são os chuveiros	sau^n ush shu·*vei*·rush
están los servicios	são as casas de banho	sau^n ash *ka*·zash de *ba*·ñu

¿A qué hora oscurece?	A que horas fica escuro? a ke o·rash *fi*·ka *shku*·ru
¿Hay alguna cabaña?	Há alguma cabana? a al·*gu*·ma ka·*ba*·na

GREG ELMS / LONELY PLANET IMAGES ©

¿Tenemos que llevar saco de dormir?	Precisamos de levar saco-cama? *pre·si·za·mush de le·var sa·ku·ka·ma*
¿Se puede beber esta agua?	Pode-se beber esta água? *po·de·se be·ber esh·ta a·gua*

En la playa

¿Dónde está la ...?	Onde é que é a ...? *o^{n}·de e ke e a ...*

mejor playa	melhor praia	*me·llor prai·a*
playa más cercana	praia mais próxima	*prai·a maish pro·si·ma*
playa nudista	praia de nudismo	*prai·a de nu·dish·mu*
playa pública	praia pública	*prai·a pu·bli·ka*

¿Es seguro bucear/ nadar aquí?	É seguro mergulhar/ nadar aqui? *e se·gu·ru mer·gu·llar/ na·dar a·ki*
¿A qué hora está la marea alta/baja?	A que horas é a maré alta/baixa? *a ke o·rash e a ma·re al·ta/bai·sha*

SE BUSCARÁ

Cuidado com a corrente!
kui·da·du ko^{n} a ku·je^{n}·te
¡Cuidado con la resaca!

É perigoso!
e pri·go·zu
¡Es peligroso!

SE OIRÁ

Não Mergulhar	nau^{n} mer·gu·*llar*	Prohibido bucear
Não Nadar	nau^{n} na·*dar*	Prohibido nadar

¿Cuánto cuesta alquilar ...? Quanto custa para alugar ...?
kua^{n}·tu *kush*·ta *pa*·ra a·lu·*gar* ...

una silla	uma cadeira	*u*·ma ka·*dei*·ra
una caseta	uma cabana	*u*·ma ka·*ba*·na
una sombrilla	um guarda-sol	u^{n} guar·da·*sol*
un paraviento	um pára-vento	u^{n} *pa*·ra·*ve^{n}*·tu

El tiempo

P **¿Qué tiempo hace?** Como está o tempo?
ko·mu shta u *te^{n}*·pu

P **¿Qué tiempo hará mañana?** Como vai estar o tempo amanhã?
ko·mu vai shtar u *te^{n}*·pu a·ma·*ña^{n}*

R **Está/Hace ...** Está ...
shta ...

nublado	enublado	e·nu·*bla*·du
(mucho)	(muito)	(*mui^{n}*·tu)
frío	frio	*fri*·u
lloviendo	a chover	a shu·*ver*
nevando	a nevar	a ne·*var*
sol	sol	sol
calor	quente	*ke^{n}*·te
viento	ventoso	ve^{n}·*to*·zu

¿Dónde puedo comprar un chubasquero?	Onde é que posso comprar uma gabardina? o^n·de e ke *po*·su ko^n·*prar u*·ma ga·bar·*di*·na
¿Dónde puedo comprar un paraguas?	Onde é que posso comprar um guarda-chuva? o^n·de e ke *po*·su ko^n·*prar* u^n guar·da·*shu*·va

Flora y fauna

¿Qué ...?	Que ...? ke ...

animal	animal é aquele	a·ni·*mal* e a·*ke*·le
flor	flor é aquela	flor e a·*ke*·la
planta	planta é aquela	*pla*^{n}·ta e a·*ke*·la
árbol	árvore é aquela	*ar*·vo·re e a·*ke*·la

¿Es peligroso/a?	É perigoso/perigosa? **m/f** e pri·*go*·zu/pri·*go*·za
¿Es venenoso/a?	É venenoso/venenosa? **m/f** e ve·ne·*no*·zu/ve·ne·*no*·za
¿Está protegido/a?	É protegido/protegida? **m/f** e pru·te·*jhi*·du/pru·te·*jhi*·da
¿Para qué se usa?	Para que é que é usado/usada? **m/f** *pa*·ra ke e ke e u·*za*·du/u·*za*·da
¿Se puede comer esta fruta?	Pode-se comer esta fruta? *po*·de·se ku·*mer esh*·ta *fru*·ta

Para nombres de plantas y animales, véase el **Diccionario.**

Viajar seguro

Urgencias

FRASES ÚTILES

¡Socorro!	Socorro!	su·*ko*·ju
Ha habido un accidente.	Houve um acidente.	*ou*·ve u^n a·si·*de*^{n}·te
Es una emergencia.	É uma emergência.	e *u*·ma i·mer·*jhe*^{n}·sia

¡Socorro!	Socorro! su·*ko*·ju
¡Alto!	Stop! stop
¡Váyase!	Vá-se embora! *va*·se e^n·*bo*·ra
¡Ladrón!	Ladrão! la·*drau*^{n}
¡Fuego!	Fogo! *fo*·gu
¡Cuidado!	Cuidado! kui·*da*·du
Llame a un médico.	Chame um médico. *sha*·me u^n *me*·di·ku
Llame a una ambulancia.	Chame uma ambulância. *sha*·me *u*·ma a^n·bu·*la*^{n}·sia
Llame a la policía.	Chame a polícia. *sha*·me a pu·*li*·sia
Es una emergencia.	É uma emergência. e *u*·ma i·mer·*jhe*^{n}·sia

SE BUSCARÁ

Esquadra da Polícia	*shkua*·dra da pu·*li*·sia	Comisaría
Hospital	osh·pi·*tal*	Hospital
Polícia	pu·*li*·sia	Policía
Urgências	ur·*jhe*ⁿ·siash	Servicio de urgencias

Ha habido un accidente.	Houve um acidente. *ou*·ve uⁿ a·si·*de*ⁿ·te
¿Puede ayudar, por favor?	Pode ajudar, por favor? *po*·de a·jhu·*dar* pur fa·*vor*
¿Puedo usar su teléfono?	Posso usar o seu telefone? *po*·su u·*zar* u *se*·u te·le·*fo*·ne
Me he perdido.	Estou perdido/ perdida. **m/f** shtou per·*di*·du/per·*di*·da
¿Dónde están los aseos?	Onde é a casa de banho? *o*ⁿ·de e a *ka*·za de *ba*·ñu
¿Es seguro ...?	É seguro ...? e se·*gu*·ru ...

por la noche	à noite	a *noi*·te
para gays	para gays	*pa*·ra geish
para viajeros	para turistas	*pa*·ra tu·*rish*·tash
para mujeres	para mulheres	*pa*·ra mu·*lle*·resh
ir solo/a	ir sozinho/ sozinha **m/f**	ir so·*zi*·ñu/ so·*zi*·ña

Policía

FRASES ÚTILES

¿Dónde está la comisaría?	Onde é a esquadra da polícia?	o^{n}·de e a *shkua*·dra da pu·*li*·sia
Quiero ponerme en contacto con mi embajada.	Eu quero contactar com a minha embaixada.	e·u *ke*·ru ko^{n}·tak·*tar* ko^{n} a *mi*·ña e^{n}·bai·*sha*·da
Me han robado la bolsa.	Roubaram o meu saco.	jou·*ba*·ra^{n} u *me*·u *sa*·ku

¿Dónde está la comisaría?	Onde é a esquadra da polícia? o^{n}·de e a *shkua*·dra da pu·*li*·sia
Quiero denunciar un delito.	Eu quero denunciar um crime. e·u *ke*·ru de·nu^{n}·si·*ar* u^{n} *kri*·me
Fue él/ella.	Foi ele/ela. foi e·le/e·la
He sido (agredido/a).	Eu fui (agredido/ agredida). **m/f** e·u fui (a·gre·*di*·du/ a·gre·*di*·da)
Ha sido (violado/a).	Ele/Ela foi (violado/ violada). **m/f** e·le/e·la foi (vi·u·*la*·du/ vi·u·*la*·da)

Me han robado ...
Roubaram ...
jou·*ba*·ra^n ...

He perdido ...
Eu perdi ...
e·u per·*di* ...

mi mochila	a minha mochila	a *mi*·ña mo·*shi*·la
mi bolsa	o meu saco	u *me*·u *sa*·ku
mi bolso	a minha bolsa	a *mi*·ña *bol*·sa
mis joyas	as minhas jóias	ash *mi*·ñash *jhoi*·ash
mi dinero	o meu dinheiro	u *me*·u di·*ñei*·ru
mi documentación	os meus papeís	ush *me*·ush pa·*peish*
mi pasaporte	o meu passaporte	u *me*·u pa·sa·*por*·te
mi cartera	a minha carteira	a *mi*·ña kar·*tei*·ra

No sabía que estaba haciendo algo malo.
Eu não percebi que estava a fazer algo errado.
e·u nau^n per·se·*bi* ke *shta*·va a fa·*zer* *al*·gu e·*ja*·du

Yo no hice eso.
Eu não fiz isso.
e·u nau^n fiz *i*·su

¿De qué se me acusa?
De que sou acusado/acusada? **m/f**
de ke sou a·ku·*za*·du/a·ku·*za*·da

Quiero ponerme en contacto con mi embajada.
Eu quero contactar com a minha embaixada.
e·u *ke*·ru ko^n·tak·*tar* ko^n a *mi*·ña e^n·bai·*sha*·da

¿Puedo hacer una llamada de teléfono?
Posso fazer um telefonema?
po·su fa·*zer* u^n te·le·fu·*ne*·ma

SE OIRÁ

agressão	a·gre·sau^n agresión
distúrbio da ordem pública	dish·tur·biu da or·de^n pu·bli·ka pertubar el orden público
excesso de velocidade	eish·se·su de ve·lu·si·da·de exceso de velocidad
multa de estacionamento	mul·ta de shta·siu·na·me^n·tu multa de estacionamiento
não ter um visto legal	nau^n ter u^n vish·tu le·gal no tener visado
pequeno furto	pe·ke·nu fur·tu pequeño hurto
posse (de substâncias ilegais)	po·se (de su·be·shta^n·siash i·le·gaish) posesión (de sustancias ilegales)
roubo	jou·bu robo
ter visto expirado	ter vish·tu eish·pi·ra·du tener el visado caducado

¿Me podría facilitar un abogado (que hable español)?	Posso ter acesso a um advogado (que fale espanhol)? po·su ter a·se·su a u^n a·de·vu·ga·du (que fa·le shpa·ñol)
Me cubre el seguro.	Eu estou coberto/coberta pelo seguro. **m/f** e·u shtou ku·ber·tu/ku·ber·ta pe·lu se·gu·ru
Tengo una receta para este medicamento.	Eu tenho uma receita para esta droga. e·u ta·ñu u·ma je·sei·ta pa·ra esh·ta dro·ga

Salud

FRASES ÚTILES

¿Dónde está el hospital más cercano?	Qual é o hospital mais perto?	kual e u osh·pi·*tal* maish *per*·tu
Estoy enfermo.	Estou doente.	shtou du·e^{n}·te
Necesito un médico.	Eu preciso de um médico.	e·u pre·*si*·zu de u^{n} *me*·di·ku
Me estoy medicando para ...	Eu estou a tomar medicamentos para ...	e·u shtou a tu·*mar* me·di·ka·*me*^{n}·tush *pa*·ra ...
Soy alérgico a ...	Eu sou alérgico/ alérgica a ... **m/f**	e·u sou a·*ler*·jhi·ku/ a·*ler*·jhi·ka a ...

El médico

La forma de tratamiento para médicos debe ser *Senhor Doutor* se·*ñor* dou·*tor* (hombre) o *Senhora Doutora* se·*ño*·ra dou·*to*·ra (mujer).

¿Cuál es el/la ... más cercano/a?	Qual é ... mais perto/perta? kual e ... maish *per*·tu/*per*·ta

dentista	o dentista	u de^{n}·*tish*·ta
médico	o médico **m** a médica **f**	u *me*·di·ku a *me*·di·ka
hospital	o hospital	u osh·pi·*tal*
oculista	o oculista	u o·ku·*lish*·ta
farmacia (de guardia)	a farmácia (de serviço)	a far·*ma*·sia (de ser·*vi*·su)

Necesito un médico (que hable español).	Eu preciso de um médico (que fale espanhol). e·u pre·*si*·zu de u^n *me*·di·ku (que *fa*·le shpa·*ñol*)
¿Podría atenderme una doctora?	Posso ser visto/vista por uma médica? **m/f** *po*·su ser *vish*·tu/*vish*·ta pur *u*·ma *me*·di·ka
Se me han acabado los medicamentos.	Os meus medicamentos acabaram. ush *me*·ush me·di·ka·*me*^{n}·tush a·ka·*ba*·rau^n
Mi receta es ...	A minha receita é ... a *mi*^{n}·ña je·*sei*·ta e ...
¿Cuál es la dosis correcta?	Qual é a dose correcta? kual e a *do*·ze ku·*je*·ta
No quiero ninguna transfusión de sangre.	Eu não quero uma transfusão sanguínea. e·u nau^n *ke*·ru *u*·ma tra^{n}sh·fu·*zau*^{n} sa^n·*gui*·ni·a
Por favor, use una jeringuilla nueva.	Por favor use uma seringa nova. pur fa·*vor u*·ze *u*·ma se·*ri*^{n}·ga *no*·va
Estoy vacunado contra (la hepatitis A/B/C).	Eu tenho as vacinas de (hepatite A/B/C). e·u *ta*·ñu ash va·*si*·nash de (e·pa·*ti*·te a/be/se)
Él está vacunado contra (el tétanos).	Ele foi vacinado contra (tétano). e·la foi va·si·*na*·da ko^n·tra (*te*·ta·nu)

SE OIRÁ

Onde é que dói?	o^n·de e ke doi ¿Dónde le duele?
Tem febre?	te^n *fe*·bre ¿Tiene fiebre?
É alérgico/alérgica a alguma coisa? m/f	e a·*ler*·jhi·ku/a·*ler*·jhi·ka a al·*gu*·ma *koi*·za ¿Es alérgico/a a alguna cosa?
Está a tomar alguma coisa?	shta a tu·*mar* al·*gu*·ma *koi*·za ¿Toma alguna medicación?
Há quanto tempo tem estes sintomas?	a *kua*^{n}·tu *te*^{n}·pu te^n *esh*·tesh si^n·*to*·mash ¿Cuánto hace que tiene estos síntomas?

Ella está vacunada contra la (fiebre tifoidea).	Ela foi vacinada contra (febre tifóide). e·la foi va·si·*na*·da ko^n·tra (*fe*·bre ti·*foi*·de)
Necesito unas lentillas nuevas.	Eu preciso de lentes de contacto novas. e·u pre·*si*·zu de *le*^{n}·tesh de ko^n·*tak*·tu *no*·vash
Necesito unas gafas nuevas.	Eu preciso de óculos novos. e·u pre·*si*·zu de *o*·ku·lush *no*·vush

Síntomas

Estoy enfermo/a.	Estou doente. shtou du·*e*^{n}·te

He estado (vomitando).	Eu tenho estado (a vomitar). *e·u ta·ñu shta·du (a vu·mi·tar)*
Él/Ella se ha (hecho daño).	Ele/Ela tem estado (magoado/magoada). **m/f** *e·le/e·la te^n shta·du (ma·gu·a·du/ ma·gu·a·da)*
Me siento/Tengo ...	Eu sinto-me ... *e·u si^n·tu·me ...*

mareado/a	tonto/tonta **m/f**	*to^n·tu/to^n·ta*
sudores fríos	com suores frios	*ko^n su·o·resh fri·ush*
náuseas	enjoado **m** enjoada **f**	*e^n·jhu·a·du e^n·jhu·a·da*
escalofríos	a tremer	*a tre·mer*
débil	fraco/fraca **m/f**	*fra·ku/fra·ka*

Me duele aquí.	Dói-me aqui. *doi·me a·ki*
Estoy deshidratado/a.	Estou desidratado/ desidratada. **m/f** *shtou de·zi·dra·ta·du/ de·zi·dra·ta·da*
No consigo dormir.	Não consigo dormir. *nau^n ko^n·si·gu dor·mir*
Me estoy medicando para ...	Eu estou a tomar medicamentos para ... *e·u shtou a tu·mar me·di·ka·me^n·tush pa·ra ...*
Tengo un/una ...	Eu tenho ... *e·u ta·ñu ...*

SE OIRÁ

Bebe?	*be*·be ¿Bebe?
Fuma?	*fu*·ma ¿Fuma?
Toma drogas?	*to*·ma *dro*·gash ¿Toma drogas?
É sexualmente activo/activa? m/f	e sek·su·al·*me*^{n}·te a·*ti*·vu/ a·*ti*·va ¿Es sexualmente activo/a?
Alguma vez praticou sexo sem protecção?	al·*gu*·ma vejh pra·ti·*kou* *sek*·su se^n pru·te·*sau*^{n} ¿Ha practicado sexo sin protección?

intoxicación alimentaria	intoxicação alimentar **f** i^n·tok·si·ka·*sau*^{n} a·li·me^n·*tar*
dolor de garganta	dores de garganta **f pl** *do*·resh de gar·*ga*^{n}·ta

Salud de la mujer

(Creo que) Estoy embarazada.	(Eu acho que) estou grávida. (e·u *a*·shu ke) shtou *gra*·vi·da
No me ha venido la regla en (seis) semanas.	Eu já não tenho o período há (seis) semanas. e·u jha nau^n *ta*·ñu u pe·*ri*·o·du a (seish) se·*ma*·nash
He notado un bulto aquí.	Notei um alto aqui. no·*tei* u^n *al*·tu a·*ki*

SE OIRÁ

Está com o período?	shta ko^{n} u pe·*ri*·o·du ¿Tiene la regla?
Quando foi a última vez que teve o período?	*kua*^{n}·du foi a *ul*·ti·ma vejh ke *te*·ve u pe·*ri*·u·du ¿Cuándo le vino la regla por última vez?
Usa contraceptivos?	*u*·za ko^{n}·tra·se·*ti*·vush ¿Usa anticonceptivos?
Está grávida?	shta *gra*·vi·da ¿Está embarazada?
Está grávida.	shta *gra*·vi·da Está embarazada.

Estoy tomando la píldora.	Eu tomo a pílula. *e*·u *to*·mu a *pi*·lu·la
Necesito anticonceptivos.	Eu preciso de contraceptivos. *e*·u pre·*si*·zu de ko^{n}·tra·se·*ti*·vush
Necesito la píldora del día después.	Eu preciso da pílula do dia seguinte. *e*·u pre·*si*·zu da *pi*·lu·la du *di*·a se·*gi*^{n}·te
Necesito un test de embarazo.	Eu preciso de um teste de gravidez. *e*·u pre·*si*·zu de u^{n} *tesh*·te de gra·vi·*desh*
dolores menstruales	dores do período **f pl** *do*·resh du pe·*ri*·o·du
infección de orina	infecção vaginal **f** i^{n}·fe·*sau*^{n} va·jhi·*nal*

Partes del cuerpo

Me duele el/la ...	O meu ... está a doer-me. m *u me·u ... shta a du·er·me* A minha ... está a doer-me. f *a mi^{n}·ña ... shta a du·er·me*
No puedo mover el/la ...	Eu não consigo mexer o meu ... m *e·u nau^{n} ko^{n}·si·gu me·sher u me·u ...* Eu não consigo mexer a minha ... f *e·u nau^{n} ko^{n}·si·gu me·sher a mi^{n}·ña ...*

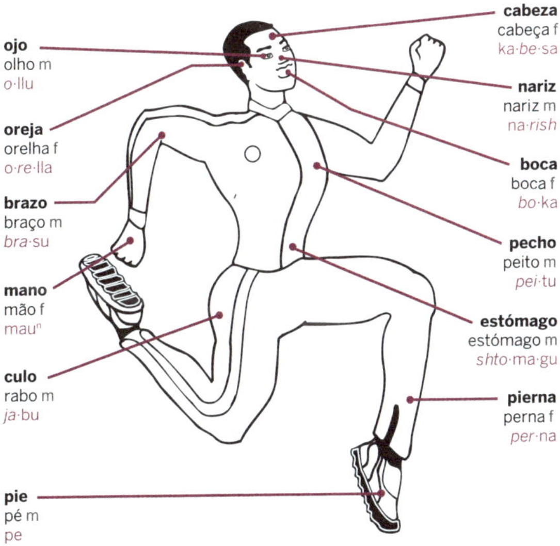

Tengo un calambre en el/la ...	Eu tenho uma cãibra no meu ... **m** e·u *ta*·ñu *u*·ma ka·*i*^{n}·bra nu *me*·u ... Eu tenho uma cãibra na minha ... **f** e·u *ta*·ñu *u*·ma ka·*i*^{n}·bra na *mi*^{n}·ña ...
Se me ha hinchado el/la ...	O meu ... está inchado. **m** u *me*·u ... shta i^{n}·*sha*·du A minha ... está inchada. **f** a *mi*^{n}·ña ... shta i^{n}·*sha*·da

Alergias

Tengo una alergia en la piel.	Eu tenho uma alergia da pele. e·u *ta*·ñu *u*·ma a·ler·*jhi*·a da *pe*·le
Soy alérgico/a a ...	Eu sou alérgico/alérgica a ... **m/f** e·u sou a·*ler*·jhi·ku/a·*ler*·jhi·ka a ...
Él/Ella es alérgico/a a ...	Ele/Ela é alérgico/alérgica a ... **m/f** e·le/e·la e a·*ler*·jhi·ku/a·*ler*·jhi·ka a ...
los anti-inflamatorios	anti-inflamatórios **m pl** a^{n}·ti·i^{n}·fla·ma·*to*·riush
la codeína	codeína **f** ko·de·*i*·na
la penicilina	penicilina **f** pe·ni·si·*li*·na
los medicamentos que contienen azufre	medicamentos à base de enxofre **m pl** me·di·ka·*me*^{n}·tush a *ba*·ze de e^{n}·*sho*·fre

Para alergias relacionadas con la comida, véase **Dietas especiales y alergias** (p. 192).

La farmacia

Necesito algo para (el dolor de cabeza).	Eu preciso de alguma coisa para (as dores de cabeça). e·u pre·*si*·zu de al·*gu*·ma *koi*·za *pa*·ra (ash *do*·resh de ka·*be*·sa)
¿Se necesita receta para (los antihistamínicos)?	Necessito de uma receita para (antihistamínicos)? ne·se·*si*·tu de *u*·ma je·*sei*·ta *pa*·ra (a^n·ti·ish·ta·*mi*·ni·kush)
Tengo receta.	Eu tenho uma receita. e·u *ta*·ñu *u*·ma je·*sei*·ta
¿Cuántas veces al día?	Quantas vezes por dia? *kua^n*·tash *ve*·zesh pur *di*·a
¿Esto me dará sueño?	Vou ficar sonolento/sonolenta? **m/f** vou fi·*kar* su·nu·*le^n*·tu/su·nu·*le^n*·ta
Este es mi medicamento habitual.	Estes são os meus medicamentos habituais. *esh*·tesh sau^n ush *me*·ush me·di·ka·*me^n*·tush a·bi·tu·*aish*

SE OIRÁ

Antes/Depois de comer.	a^n·tesh/de·*poish* de ku·*mer* Antes/Después de las comidas.
Já tomou isto alguma vez?	jha to·*mou* *ish*·tu al·*gu*·ma vejh ¿Ha tomado esto antes?
Tem que levar o tratamento até ao fim.	te^n ke le·*var* u tra·ta·*me^n*·tu a·*te* au fi^n Debe completar el tratamiento.

SE OIRÁ

Abra bem a boca.	*a*·bra be^n a *bo*·ka	Abra bien la boca.
Morda isto.	*mor*·da *ish*·tu	Muerda esto.
Bocheche.	bu·*she*·she	Enjuáguese.

El dentista

Tengo un diente partido.	Eu tenho um dente partido. e·u *ta*·ñu u^n *de*^{n}·te par·*ti*·du
Tengo una caries.	Eu tenho uma cárie. e·u *ta*·ñu *u*·ma *ka*·ri·e
Tengo dolor de muelas.	Eu tenho uma dor de dentes. e·u *ta*·ñu u^n *u*·ma dor de *de*^{n}·tesh
Necesito un empaste.	Eu preciso de um chumbo. e·u pre·*si*·zu de u^n *shu*^{n}·bu
Se me ha roto la dentadura postiza.	A minha dentadura está partida. a *mi*·ña de^n·ta·*du*·ra shta par·*ti*·da
Me duelen las encías.	As minhas gengivas doem-me. ash *mi*^{n}·ñash jhe^n·*jhi*·vash do·e^n·me
No quiero que me lo extraiga.	Eu não quero extrair o dente. e·u nau^n *ke*·ru eish·tra·*ir* u *de*^{n}·te
Necesito anestesia.	Eu preciso de anestesia. e·u pre·*si*·zu de a·nesh·te·*zi*·a

Comida

Comer fuera

FRASES ÚTILES

¿Me puede recomendar un restaurante?	Pode-me recomendar um restaurante?	*po*·de·me je·ku·me^n·*dar* u^n jesh·tau·*ra^n*·te
Una mesa para dos, por favor.	Uma mesa para dois, por favor.	*u*·ma *me*·za *pa*·ra doish pur fa·*vor*
Querría un menú, por favor.	Queria um menu, por favor.	ke·*ri*·a u^n me·*nu* pur fa·*vor*
Querría una cerveza, por favor.	Eu queria uma cerveja, por favor.	*e*·u ke·*ri*·a *u*·ma ser·*ve*·jha pur fa·*vor*
¿Me puede traer la cuenta?	Pode-me trazer a conta.	*po*·de·me tra·*zer* a *ko^n*·ta

Lo básico

El desayuno en Portugal es ligero; suele consistir en un café con tostadas o un bollo. El almuerzo (normalmente sobre las 13.00) es la comida principal y, generalmente, incluye carne o pescado, verdura, y arroz o patatas, además de vino, queso, aceitunas y pan. La cena acostumbra a ser más ligera y se toma sobre las 20.00 o 21.00, o más tarde los fines de semana.

desayuno	pequeno almoço **m** pe·*ke*·nu al·*mo*·su
almuerzo	almoço **m** al·*mo*·su
cena	jantar **m** jha^n·*tar*

tentempié	lanche **m** *la^{n}*·she
comer	comer ku·*mer*
beber	beber be·*ber*
Querría ...	Eu queria ... e·u ke·*ri*·a ...
¡Estoy hambriento/a!	Estou esfomeado/ esfomeada! **m/f** shtou shfo·mi·*a*·du/ shfo·mi·*a*·da

Encontrar un lugar para comer

¿Me puede recomendar ...?	Pode-me recomendar ...? *po*·de·me je·ku·me^{n}·*dar* ...

un bar	um bar	u^{n} bar
una cervecería	uma cervejaria	*u*·ma ser·ve·jha·*ri*·a
un café	um café	u^{n} ka·*fe*
un asador	uma churrasqueira	*u*·ma shu·jash·*kei*·ra
una tasca	uma tasca	*u*·ma *tash*·ka
una pastelería	uma pastelaria	*u*·ma pash·te·la·*ri*·a
un restaurante	um restaurante	u^{n} jesh·tau·*ra^{n}*·te
una taberna	uma taberna	*u*·ma ta·*ber*·na
una casa de té	uma casa de chá	*u*·ma *ka*·za de sha

¿Dónde iría para una celebración?	Onde é que iria para festejar? o^n·de e ke i·*ri*·a *pa*·ra fesh·te·*jhar*
¿Dónde iría para una comida barata?	Onde é que iria para uma refeição barata? o^n·de e ke i·*ri*·a *pa*·ra *u*·ma je·fei·*sau^n* ba·*ra*·ta
¿Dónde iría para probar especialidades locales?	Onde é que iria para especialidades locais? o^n·de e ke i·*ri*·a *pa*·ra shpe·si·a·li·*da*·desh lo·*kaish*
Querría reservar una mesa para (cinco) personas.	Eu queria reservar uma mesa para (cinco) pessoas. e·u ke·*ri*·a je·zer·*var* *u*·ma *me*·za *pa*·ra (*si^n*·ko) pe·*so*·ash
Querría reservar una mesa para las (20.00).	Eu queria reservar uma mesa para as (oito da noite). e·u ke·*ri*·a je·zer·*var* *u*·ma *me*·za *pa*·ra ash (*oi*·tu da *noi*·te)

SOBRE LA CULTURA

'Bacalhau'

Dice el tópico que los portugueses han creado de él tantas recetas como días tiene el año. Es blanco, duro como una roca y emana un inconfundible olor a pescado... Sí, se trata del *bacalhau* ba·ka·*llau*, considerado la comida nacional portuguesa. Si al pensar en bacalao a uno solo le viene a la cabeza la imagen de un vulgar trozo de pescado rebozado acompañado de una rodaja de limón, es que no ha comido en Portugal. Allí, el bacalao es un asunto muy serio.

SE OIRÁ

Estamos fechados.	*shta*·mush fe·*sha*·dush	Está cerrado.
Estamos cheios.	*shta*·mush *shei*·ush	Está lleno.
Um momento.	u^n mu·*me^n*·tu	Un momento.

¿Todavía sirven comida?	Ainda servem comida? a·*i^n*·da *ser*·ve^n ku·*mi*·da
¿Cuánto tiempo hay que esperar?	Quanto tempo é que se tem de estar à espera? *kua^n*·tu *te^n*·pu e ke se te^n de shtar a *shpe*·ra

En el restaurante

En Portugal los restaurantes acostumbran a poner en las mesas lo que llaman *couvert* ku·*ver*: pan, mantequilla, paté, aceitunas y, algunas veces, jamón. Si se consume, se cargará un suplemento, que suele ser pequeño.

Querría una mesa para (no) fumadores, por favor.	Queria uma mesa de (não) fumador, por favor. ke·*ri*·a *u*·ma *me*·za de (nau^n) fu·ma·*dor* pur fa·*vor*
Querría una mesa para (dos), por favor.	Queria uma mesa para (dois), por favor. ke·*ri*·a *u*·ma *me*·za *pa*·ra (doish) pur fa·*vor*

Para dos, por favor.	Para dois, por favor.	*pa*·ra doish pur fa·*vor*

SE OIRÁ

Onde é que se quer/ querem sentar? sg/pl	o^n·de e ke se ker/ *ke*·re^n se^n·*tar* ¿Dónde se quiere/n sentar?
Já decidiram?	jha de·si·*di*·rau^n ¿Qué tomarán?
Gosta/Gostam de ...? sg/pl	*gush*·ta/*gush*·tau^n de ... ¿Quiere/n ...?
Eu aconselho ...	e·u a·ko^n·*sa*·llu ... Le/s recomiendo ...
Bem passado ou mal passado?	be^n pa·*sa*·du ou mal pa·*sa*·du ¿Lo quiere muy hecho o poco hecho?
Aqui está!	a·*ki* shta ¡Aquí lo tiene!
Bom apetite.	bo^n a·pe·*ti*·te Que aproveche.

¿Qué recomienda?	O que é que recomenda? u ke e ke je·ku·*me*^{n}·da
¿Qué lleva ese plato?	Quais são os ingredientes daquele prato? kuaish sau^n ush i^n·gre·di·*e*^{n}·tesh da·*ke*·le *pra*·tu
¿Cómo se llama aquello?	Como é que se chama aquilo? *ko*·mu e ke se *sha*·ma a·*ki*·lu
Tomaré aquello.	Eu quero aquilo. eu *ke*·ru a·*ki*·lu
¿Se tarda mucho en preparar?	Demora muito tempo a preparar? de·*mo*·ra *mui*^{n}·tu *te*^{n}·pu a pre·pa·*rar*

Comer fuera

¿Podría ver el menú, por favor?

Posso ver o menu, por favor?

po·su ver u me·*nu* pur fa·*vor*

¿Qué me recomienda ...?

O que você recomenda para ...?

u ke vo·*se* je·ku·*me*^{n}·da *pa*·ra ...

de plato principal
o prato principal
u *pra*·tu pri^{n}·si·*pal*

de postre
sobremesa
su·bre·*me*·za

para beber
bebidas
be·*bi*·dash

¿Me podría traer ..., por favor?

Pode-me trazer ...

po·de·me tra·*zer* ...

La cuenta, por favor.

Queria a conta, por favor.

ke·*ri*·a a *ko*^{n}·ta pur fa·*vor*

¿Me puede recomendar un buen vino de la zona?	Pode-me recomendar um bom vinho daqui da zona? *po*·de·me je·ku·me^{n}·*dar* u^{n} bo^{n} *vi*·ñu da·*ki* da *zo*·na	
Querría ..., por favor.	Queria ..., por favor. ke·*ri*·a ... pur fa·*vor*	

el menú infantil	o menu das crianças	u me·*nu* dash kri·*a*^{n}·sash
la carta de bebidas	a lista das bebidas	a *lish*·ta dash be·*bi*·dash
un plato típico	uma especialidade local	*u*·ma shpe·si·a·li·*da*·de lu·*kal*
una carta (en español)	um menu (em espanhol)	u^{n} me·*nu* (e^{n} shpa·*ñol*)
una carta de vinos	uma lista dos vinhos	*u*·ma *lish*·ta dush *vi*·ñush

La carta, por favor.	O menu, por favor.	u^{n} me·*nu* pur fa·*vor*

En la mesa

¿Me puede traer ...?	Pode-me trazer ... *po*·de·me tra·*zer* ...	

los cubiertos	os talheres	ush ta·*lle*·resh
una copa (de vino)	um copo (de vinho)	u^{n} *ko*·pu (de *vi*·ñu)
una servilleta	o guardanapo	u guar·da·*na*·pu
el mantel	a toalha de mesa	a *tua*·lla de *me*·za

Lo querría ...	Eu queria ... e·u ke·*ri*·a ...
No lo quiero ...	Eu não quero ... e·u nau^n *ke*·ru ...

hervido/a	cozido **m** cozida **f**	ku·*zi*·du ku·*zi*·da
asado/a	grelhado **m** grelhada **f**	gre·*lla*·du gre·*lla*·da
frito/a	frito **m** frita **f**	*fri*·tu *fri*·ta
triturado/a	esmagado **m** esmagada **f**	shma·*ga*·du shma·*ga*·da
al punto	nem bem nem mal-passado/ mal-passada **m/f**	ne^n be^n ne^n mal·pa·*sa*·du/ mal·pa·*sa*·da
poco hecho/a	mal-passado **m** mal-passada **f**	mal·pa·*sa*·du mal·pa·*sa*·da
recalentado/a	reaquecido **m** reaquecida **f**	je·a·ke·*si*·du je·a·ke·*si*·da
hecho/a al vapor	cozido/ cozida a vapor **m/f**	ku·*zi*·du/ku·*zi*·da a va·*por*
bien hecho/a	bem-passado **m** bem-passada **f**	be^n·pa·*sa*·du be^n·pa·*sa*·da
con la salsa aparte	o molho da salada à parte	u *mo*·llu da sa·*la*·da a *par*·te
sin ...	sem ...	se^n ...

Lo querría con/sin ...	Eu queria com/sem ... e·u ke·*ri*·a ko^n/se^n ...

queso	queijo	*kei*·jhu
chile	píri-píri	*pi*·ri·*pi*·ri
ajo	alho	*a*·llu
frutos secos	oleaginosas	o·li·a·jhi·*no*·zash
pimienta	pimenta	pi·*me^n*·ta
sal	sal	sal
salsa de tomate	molho de tomate	*mo*·llu de tu·*ma*·te

Para pedir comidas especiales, véase **Comida vegetariana y de dieta** (p. 192).

Elogios y quejas

Me encanta este plato.	Eu adoro este prato. e·u a·*do*·ru *esh*·te *pra*·tu
Me encanta la cocina local.	Eu adoro a comida local. e·u a·*do*·ru a ku·*mi*·da lu·*kal*
¡Estaba delicioso!	Isto estava delicioso! *ish*·tu *shta*·va de·li·si·*o*·zu
Me está encantando.	Está a saber-me mesmo bem. shta a sa·*ber*·me *mesh*·mu be^n
Mi enhorabuena al cocinero.	Os meus parabéns ao cozinheiro chefe. ush *me*·ush pa·ra·*be^{n}jh* au ku·zi·*ñei*·ru *she*·fe
Estoy lleno/a.	Estou cheio/cheia. **m/f** shtou *shei*·u/*shei*·a

SE BUSCARÁ

Sopas	*so*·pash	Sopas
Entradas	e^n·*tra*·dash	Entrantes
Saladas	sa·*la*·dash	Ensaladas
Pratos Principais	*pra*·tush pri^n·si·*paish*	Platos principales
Extras	*eish*·trash	Acompaña-mientos
Sobremesa	su·bre·*me*·za	Postres
Bebidas	be·*bi*·dash	Bebidas
Aperitivos	a·pe·ri·*ti*·vush	Aperitivos
Espirituosos	shpi·ri·tu·*o*·zush	Licores
Cerveja	ser·*ve*·jha	Cervezas
Refrigerantes	je·fri·jhi·*ra^n*·tesh	Refrescos
Vinhos Espumantes	*vi*·ñush shpu·*ma^n*·tesh	Vinos espumosos
Vinhos Brancos	*vi*·ñush *bra^n*·kush	Vinos blancos
Vinhos Tintos	*vi*·ñush *ti^n*·tush	Vinos tintos
Digestivos	di·jhesh·*ti*·vush	Digestivos

Véase también el **Glosario gastronómico** (p. 194).

Esto está ... Isto está ...
ish·tu shta ...

quemado	queimado	kei·*ma*·du
frío	frio	*fri*·u
(demasiado) picante	(demasiado) picante	(de·ma·zi·*a*·du) pi·*ka^n*·te
duro	duro	*du*·ru
magnífico	magnífico	mag·*ni*·fi·ku

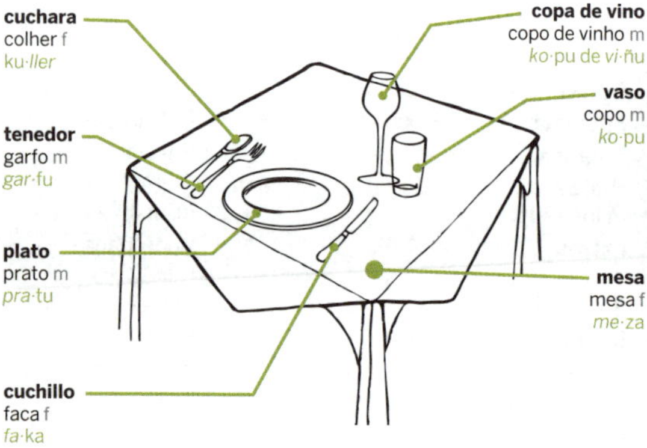

Pagar la cuenta

Por favor, ¿me trae la cuenta?	Pode-me trazer a conta? *po*·de·me tra·*zer* a *ko*^{n}·ta
✂ **La cuenta, por favor.**	A conta, por favor. — a *ko*^{n}·ta pur fa·*vor*
Hay un error en la cuenta.	Há um erro na conta. a u^n e·ju na *ko*^{n}·ta

Bébidas no alcohólicas

café	café **m** ka·*fe*
zumo de naranja natural	sumo de laranja natural **m** *su*·mu de la·*ra*^{n}·jha na·tu·*ral*
refresco	refrigerante **m** je·fri·jhe·*ra*^{n}·te

agua mineral con gas	água mineral com gás f	a·gua mi·ne·*ral* ko^n gash
agua mineral sin gas	água mineral sem gás f	a·gua mi·ne·*ral* se^n gash

SOBRE LA CULTURA

Café

En Portugal no hace falta buscar una cafetería *gourmet* para tomar un excelente *café* ka·*fe*. Como en España, si uno pide simplemente un café, le pondrán uno solo y corto. Hay cerca de veinte denominaciones más para el café básico, pero las principales son las que aparecen abajo. Si se pide un café descafeinado (*café sem cafeína* ka·*fe* se^n ka·fe·*i*·na), lo más probable será encontrarse con un sobre de café instantáneo junto a una jarrita de agua caliente para que se lo prepare uno mismo.

um café/ cimbalino/ expresso/ uma bica	u^n ka·*fe*/ si^n·ba·*li*·nu/ *shpre*·su/ *u*·ma *bi*·ka	un café solo
um café com leite	u^n ka·*fe* ko^n *lei*·te	café con leche (mitad café, mitad leche en una taza grande)
um café duplo/uma bica dupla	u^n *ka*·fe *du*·plu/ *u*·ma *bi*·ka *du*·pla	un café doble
um carioca	u^n ka·ri·*o*·ka	un café poco cargado
um galão	u^n ga·*lau^n*	un café con leche caliente servido en un vaso alto
um garoto	u^n ga·*ro*·tu	un café con un poco de leche

té	chá **m** sha
agua (caliente)	água (quente) **f** *a*·gua (*ke*^{n}·te)
con (leche)	com (leite) ko^{n} (*lei*·te)
sin (azúcar)	sem (açúcar) se^{n} (a·*su*·kar)

Bebidas alcohólicas

cerveza	cerveja **f** ser·*ve*·jha
un trago de ...	um copinho de ... u^{n} ku·*pi*·ñu de ...

aguardiente	água-ardente	*a*·guar·*de*^{n}·te
ginebra	gin	jhi^{n}
ron	rum	ju^{n}
whisky	uísque	u·*ish*·ki

una botella de vino ...	uma garrafa de vinho ... *u*·ma ga·*ja*·fa de *vi*·ñu ...
una copa de vino ...	um copo de vinho ... u^{n} *ko*·pu de *vi*·ñu ...

de postre	de sobremesa	de su·bre·*me*·za
tinto	tinto	*ti*^{n}·tu
rosado	rosé	jo·*ze*
espumoso	espumante	shpu·*ma*^{n}·te
blanco	branco	*bra*^{n}·ku
verde	verde	*ver*·de

SE OIRÁ

à pressão	*a pre·sau*ⁿ	de barril
um fino	uⁿ *fi*·nu	cerveza de barril pequeña (20 cl) en el centro y norte de Portugal
um jarro	uⁿ *jha*·ju	una jarra
um quartilho	uⁿ kuar·*ti*·llu	una caña
uma caneca	*u*·ma ka·*ne*·ka	cerveza de barril más grande (33 cl)
uma garrafa de cerveja	*u*·ma ga·*ja*·fa de ser·*ve*·jha	botella grande
uma imperial	*u*·ma iⁿ·pri·*al*	cerveza de barril pequeña (20 cl) en el sur, incluida Lisboa
uma mini	*u*·ma *mi*·ni	botella pequeña

Para más vocabulario, véase el **Glosario gastronómico** (p. 194) y el **Diccionario**.

En el bar

¡Disculpe!	Desculpe! desh·*kul*·pe
Soy el siguiente.	Eu sou a seguir. e·u sou a se·*gir*
P **¿Qué quiere tomar?**	O que é que quer? u ke e ke ker
R **Tomaré (una cerveza).**	Eu queria (uma cerveja). e·u ke·*ri*·a (*u*·na ser·*ve*·jha)

SE OIRÁ

O que é que vão comer/tomar?	u ke e ke vau^n ku·*mer*/tu·*mar* ¿Qué querrán para comer/ beber?
Eu acho que já bebeu demais.	e·u *a*·shu ke jha be·*be*·u de·*maish* Creo que ya ha bebido suficiente.
Últimos pedidos.	*ul*·ti·mush pe·*di*·dush Últimos pedidos.

Lo mismo, por favor.	O mesmo, por favor. u *mejh*·mu pur fa·*vor*
Sin hielo, por favor.	Sem gelo, por favor. se^n *jhe*·lu pur fa·*vor*
Le invito a una bebida.	Eu pago-lhe uma bebida. e·u *pa*·gu·lle *u*·ma be·*bi*·da
No bebo alcohol.	Eu não bebo álcool. e·u nau^n *be*·bu *al*·ku·ol
Esta ronda la pago yo.	É a minha rodada. e a *mi*·ña ju·*da*·da
¿Sirven comidas?	Vocês servem refeições aqui? vo·*sesh ser*·ve^n je·fei·*soi^{n}sh* a·*ki*
¿Esto es gratis?	Isto é gratuito? *ish*·tu e gra·*tui*·tu

Una copa de más

¡Salud!	À nossa! a *no*·sa

Me lo estoy pasando fenomenal.	Estou a sentir-me mesmo bem. shtou a se^{n}·*tir*·me *mesh*·mu be^{n}
Creo que he bebido demasiado.	Acho que bebi demais. *a*·shu ke be·*bi* de·*maish*
Estoy algo bebido/a.	Estou a sentir-me bêbado/bêbada. **m/f** shtou a se^{n}·*tir*·me *be*·ba·du/*be*·ba·da
Estoy completamente borracho/a.	Estou completamente bêbado/bêbada. **m/f** shtou ko^{n}·ple·ta·*me*^{n}·te *be*·ba·du/*be*·ba·da
Me encuentro mal.	Sinto-me mal. *si*^{n}·tu·me mal
¿Dónde está el servicio?	Onde é a casa de banho? *o*^{n}·de e a *ka*·za de *ba*·ñu
Estoy cansado/a, mejor me voy a casa.	Estou cansado/cansada, é melhor ir para casa. **m/f** shtou ka^{n}·*sa*·du/ka^{n}·*sa*·da e me·*llur* ir *pa*·ra *ka*·za
¿Me puede llamar un taxi?	Pode chamar-me um táxi? *po*·de sha·*mar*·me u^{n} *tak*·si
Creo que no debería conducir.	Eu acho que não devia conduzir. e·u *a*·shu ke nau^{n} de·*vi*·a ko^{n}·du·*zir*

Comprar y cocinar

FRASES ÚTILES

¿Cuál es la especialidad local?	Qual é a especialidade local?	kual e a shpe·si·a·li·*da*·de lu·*kal*
¿Dónde puedo encontrar la sección de ...?	Onde é que é a secção de ...?	*o*ⁿ·de e ke e a sek·*sau*ⁿ de ...
Querría ...	Eu queria uns/ umas ... **m/f**	e·u ke·*ri*·a uⁿsh/*u*·mash ...

Comprar comida

¿Cuál es la especialidad local?	Qual é a especialidade local? kual e a shpe·si·a·li·*da*·de lu·*kal*
¿Qué es aquello?	O que é aquilo? u ke e a·*ki*·lu
¿Tiene de otros tipos?	Há de outros tipos? a de *ou*·trush *ti*·push
¿Puedo probarlo?	Posso provar? *po*·su pru·*var*
¿Me puede dar una bolsa, por favor?	Pode-me dar um saco, por favor? *po*·de·me dar uⁿ *sa*·ku pur fa·*vor*
¿Cuánto cuesta (un kilo de queso)?	Quanto é (um quilo de queijo)? *kua*ⁿ·tu e (uⁿ *ki*·lu de *kei*·jhu)

Querría ...	Eu queria ... e·u ke·*ri*·a ...

(200) gramos	(duzentos) gramas	(du·*ze*^{n}·tush) *gra*·mash
media docena	meia dúzia	*mei*·a *du*·zia
una docena	uma dúzia	*u*·ma *du*·zia
medio kilo	meio quilo	*mei*·u *ki*·lu
un kilo	um quilo	u^n *ki*·lu
(dos) kilos	(dois) quilos	(doish) *ki*·lush
una botella	uma garrafa	*u*·ma ga·*ja*·fa
un bote	um frasco	u^n *frash*·ku
un paquete	um pacote	u^n pa·*ko*·te
un trozo	uma peça	*u*·ma *pe*·sa
(tres) trozos	(três) peças	(tresh) *pe*·sash
una loncha	uma fatia	*u*·ma fa·*ti*·a
(seis) lonchas	(seis) fatias	(seish) fa·*ti*·ash
una lata	uma lata	*u*·ma *la*·ta
unos/unas	uns/umas **m/f**	u^{n}sh/*u*·mash
aquel/aquella	aquele **m** aquela **f**	a·*ke*·le a·*ke*·la
este/a	este/esta **m/f**	*esh*·te/*esh*·ta

Menos.	Menos. *me*·nush
Un poco más.	Um pouco mais. u^n *pou*·ku maish
Suficiente.	Chega. *she*·ga
¿Tiene algo más barato?	Há alguma coisa mais barata? a al·*gu*·ma *koi*·za maish ba·*ra*·ta

¿Dónde está/n ...?	Onde é que é ...? o^{n}·de e ke e ...

la sección de productos lácteos	a secção de produtos lácteos	a sek·*sau^{n}* de pru·*du*·tush *lak*·ti·ush
la pescadería	a peixaria	a pei·sha·*ri*·a
los congelados	os congelados	ush ko^{n}·jhe·*la*·dush
las frutas y verduras	a fruta e vegetais	a *fru*·ta e ve·jhe·*taish*
la carnicería	a carne	a *kar*·ne

Utensilios de cocina

¿Podría prestarme un/una...?	Podia-me emprestar ...? pu·*di*·a·me e^{n}·presh·*tar* ...
Necesito un/una ...	Preciso de uma ... pre·*si*·zu de *u*·ma ...

tabla de cortar	tábua para cortar	*ta*·bu·a *pa*·ra kor·*tar*
sartén	frigideira	fri·gi·*dei*·ra
cuchillo	faca	*fa*·ka
cacerola	caçarola	ka·sa·*ro*·la

cocinado/a	cozinhado/cozinhada **m/f** ku·zi·*ña*·du/ku·zi·*ña*·da
curado/a	curado/curada **m/f** ku·*ra*·du/ku·*ra*·da
seco/a	seco/seca **m/f** *se*·ku/*se*·ka

Há de outros tipos?

a de *ou*·trush *ti*·push

¿Tiene de otros tipos?

fresco/a	fresco/fresca **m/f** *fresh*·ku/*fresh*·ka
congelado/a	congelado/ congelada **m/f** ko^{n}·jhe·*la*·du/ ko^{n}·jhe·*la*·da
crudo/a	cru/crua **m/f** kru/*kru*·a
ahumado/a	fumado/fumada **m/f** fu·*ma*·du/fu·*ma*·da

Para más utensilios de cocina, véase el **Diccionario.**

Comida vegetariana y de dieta

FRASES ÚTILES

¿Tiene comida (vegetariana)?	Tem comida vegetariana?	te^{n} ku·*mi*·da ve·jhe·ta·ri·*a*·na
¿Puede preparar un plato sin ...?	Pode preparar sem ...?	*po*·de pre·pa·*rar* se^{n} ...
Soy alérgico a ...	Eu sou alérgico/ alérgica a ... **m/f**	e·u sou a·*ler*·jhi·ku/ a·*ler*·jhi·ka a ...

Dietas especiales y alergias

¿Hay algún restaurante cerca de aquí?	Há algum restaurante (vegetariana) perto daqui? a al·*gu*^{n} jesh·tau·*ra*^{n}·te (ve·jhe·ta·ri·*a*·na) *per*·tu da·*ki*
Sigo una dieta especial.	Eu tenho uma dieta especial. e·u *ta*·ñu *u*·ma di·e·ta shpe·si·*al*
No como ...	Eu não como ... e·u nau^{n} *ko*·mu ...
Soy vegano/a.	Eu sou vegan. e·u sou *vi*·ga^{n}
Soy vegetariano/a.	Eu sou vegetariano/ vegetariana. **m/f** e·u sou ve·jhe·ta·ri·*a*·nu/ ve·jhe·ta·ri·*a*·na

Soy alérgico a ...	Eu sou alérgico/ alérgica a ... **m/f** e·u sou a·*ler*·jhi·ku/ a·*ler*·jhi·ka a ...

los productos lácteos	produtos lácteos	pro·*du*·tush *lak*·ti·ush
los huevos	ovos	*o*·vush
la miel	mel	mel
los frutos secos	oleaginosas	o·li·a·jhi·*no*·zash
los cacahuetes	amendoins	a·me^n·du·*i^{n}sh*
marisco	marisco	ma·*rish*·ku
los crustáceos	crustáceos	krush·*ta*·se·ush

Pedir la comida

¿Tiene comida *halal/ kosher*?	Tem comida *halal/kosher*? te^n ku·*mi*·da a·*lal/ko*·sher
¿Tiene comida (vegetariana)?	Tem comida vegetariana? te^n ku·*mi*·da ve·jhe·ta·ri·*a*·na
¿Lleva ...?	Leva ...? *le*·va ...
¿Puede preparar un plato sin ...?	Pode preparar sem ...? *po*·de pre·pa·*rar* se^n ...

mantequilla	manteiga	ma^n·*tei*·ga
pescado	peixe	*pei*·she
carne (roja)	carne (vermelha)	*kar*·ne (ver·*me*·lla)
aceite	óleo	*o*·li·u
carne de cerdo	carne de porco	*kar*·ne de *por*·ku
carne de ave	aves	*a*·vesh

A

Glosario
GASTRONÓMICO
livro de culinária

~ A ~

abacate ⓜ a·ba·*ka*·te aguacate
abóbora ⓕ a·*bo*·bu·ra calabaza
abobrinha ⓕ a·bu·*bri*·ña calabacín
açafrão ⓜ a·sa·*frau*ⁿ azafrán
acepipes ⓜ pl a·se·*pi*·pesh delicatesen • bocaditos • exquisiteces
achigã ⓜ a·shi·*ga*ⁿ lubina negra
ácido/ácida ⓜ/ⓕ *a*·si·du/*a*·si·da ácido
açorda ⓕ a·*sor*·da sopa espesa de pan que suele aderezarse con ajo, cilantro y aceite de oliva
— de bacalhau de ba·ka·*llau* **açorda** con bacalao
— de gambas de *ga*ⁿ·bash **açorda** con gambas
— de marisco de ma·*rish*·ku **açorda** con gambas, mejillones y berberechos
— de sável de *sa*·vel **açorda** picante aromatizada con caldo de sábalo (pescado)
açúcar ⓜ a·*su*·kar azúcar
— amarelo a·ma·*re*·lu azúcar moreno
— granulado gra·nu·*la*·du azúcar granulado o refinado
agriões ⓜ pl a·gri·*oi*ⁿ*sh* berros
água-ardente ⓕ *a*·guar·*de*ⁿ·te aguardiente
— de cana de *ka*·na aguardiente de caña
— de figo de *fi*·gu aguardiente de higo
— de medronho de me·*dro*·ñu aguardiente de madroño
— velha *ve*·lla aguardiente añejo
aipo ⓜ *ai*·pu apio
alcachofra ⓕ al·ka·*sho*·fra alcachofa
alecrim ⓜ a·le·*kri*ⁿ romero
Alentejana, à a·leⁿ·te·*jha*·na, a a la alentejana; plato preparado con ajo, aceite de oliva, pimiento, por lo general cerdo y berberechos pequeños
alface ⓕ al·*fa*·se lechuga
alheiras ⓕ pl a·*llei*·rash salchicha de pan, ajo, chile y carnes
alho ⓜ *a*·llu ajo
— francês fraⁿ·*sesh* puerro
— porro *po*·ju puerro
almôndegas ⓕ pl al·*mo*ⁿ·de·gash albóndigas de ternera o cerdo
alperce ⓜ al·*per*·se albaricoque
amanteigado ⓜ a·maⁿ·tei·*ga*·du 'amantecado'; referido a los quesos cremosos
amarguinha ⓕ a·mar·*gi*·ña licor con sabor de almendras
amêijoas ⓕ pl a·mei·*jhu*·ash berberechos
— à Bulhão Pato a bu·*llau*ⁿ *pa*·tu caldo de berberechos con cilantro, vino blanco y salsa de ajo
— ao natural au na·tu·*ral* berberechos al vapor

GLOSARIO GASTRONÓMICO

— **na cataplana** na ka·ta·*pla*·na berberechos cocinados con cebolla, **chouriço** picado, jamón, pimiento rojo y pimiento verde
ameixa ⓕ a·*mei*·sha ciruela
ameixas de Elvas ⓕ pl a·*mei*·shash de *el*·vash 'ciruelas de Elvas'; conserva de ciruelas dulces con azúcar
ameixa seca ⓕ a·*mei*·sha *se*·ka ciruela pasa
amêndoa ⓕ a·*me*^{n}·du·a almendra
amendoim ⓜ a·me^n·du·*i*^{n} cacahuete
amora ⓕ a·*mo*·ra mora
ananás ⓜ a·na·*nash* piña
anho ⓜ *a*·ñu cordero (véase también **borrego**)
anis ⓜ a·*nish* anís
anona ⓕ a·*no*·na chirimoya
areias ⓕ pl a·*rei*·ash galleta con sabor a limón
arenque ⓜ a·*re*^{n}·ke arenque
arjamolho ⓜ ar·jha·*mo*·llu el nombre que dan al **gaspacho** en el Algarve
arrepiadas ⓕ pl a·je·pi·*a*·dash trocitos de almendras con merengue
arroz ⓜ a·*josh* arroz
— **árabe** *a*·ra·be arroz con pasas, nueces y a veces trocitos de fruta seca
— **à valenciana** a va·le^n·si·*a*·na plato de arroz al azafrán parecido a la paella
— **cozido** ku·*zi*·du arroz hervido
— **de bacalhau** de ba·ka·*llau* arroz con tomate y tiras de bacalao
— **de berbigão** de ber·bi·*gau*^{n} arroz con berberechos aderezado con cilantro
— **de bucho** de *bu*·shu arroz cremoso cocido en caldo de cerdo
— **de cabidela** de ka·bi·*de*·la guiso de pollo con arroz con sangre fresca de pollo
— **de ervilhas** de er·*vi*·llash arroz con guisantes
— **de espigos** de *shpi*·gush arroz con col
— **de feijão** de fei·*jhau*^{n} arroz con judías rojas
— **de forno** de *for*·nu arroz al horno con cebolla y *prosciutto* o **salpicão**
— **de grelos** de *gre*·lush arroz con col
— **de lampreia** de la^n·*prei*·a estofado de lamprea y arroz con cebolla, perejil, vino blanco, **chouriço** y sangre de lamprea
— **de langueirão** de la^n·gei·*rau*^{n} arroz con navajas y cebolla, aderezado con ajo y perejil
— **de lapas** de *la*·pash arroz con lapas
— **de marisco** de ma·*rish*·ku guiso de marisco y arroz en salsa de tomate
— **de pato** de *pa*·tu guiso de arroz con tiras de pato y trozos de salchicha
— **de polvo** de *pol*·vu estofado de tacos de pulpo con cebolla y arroz con tomate
— **de sarrabulho** de sa·ja·*bu*·llu estofado de cerdo, ternera y pollo con arroz y salsa hecha de cebolla y sangre de cerdo
— **de tamboril** de ta^n·bu·*ril* estofado de tacos de ranisapo con arroz y salsa de tomate
— **de tomate** de tu·*ma*·te arroz cocido en caldo de tomate, suele servirse con pescado seco
— **doce** *do*·se arroz cremoso con canela
— **integral** i^n·te·*gral* arroz integral
arrufadas de Coimbra ⓕ pl a·ju·*fa*·dash de *koi*^{n}·bra pan de forma convexa con aroma de canela
asa ⓕ *a*·za ala
— **de frango** de *fra*^{n}·gu ala de pollo
— **de perú** de pe·*ru* ala de pavo
assado/assada ⓜ/ⓕ a·*sa*·du/a·*sa*·da asado
assado de peixe ⓜ a·*sa*·du de *pei*·she mezcla de distintos pescados asados o al horno
atum ⓜ a·*tu*^{n} atún

— **de escabeche** de shka·*be*·she atún crudo en escabeche o macerado en vinagre
avelã ⓕ a·ve·*la*ⁿ avellana
aves ⓕ pl *a*·vesh aves de corral
avestruz ⓜ y ⓕ a·vesh·*trush* avestruz
azeite ⓜ a·*zei*·te aceite de oliva
azeitonas ⓕ pl a·zei·*to*·nash olivas
— **pretas** *pre*·tash olivas negras
— **recheadas** je·shi·*a*·dash olivas rellenas
— **sem caroço** seⁿ ka·*ro*·su olivas sin hueso
— **verdes** *ver*·desh olivas verdes
azevias ⓕ pl a·ze·*vi*·ash dulce relleno de garbanzos dulces

~ B ~

baba de camelo ⓕ *ba*·ba de ka·*me*·lu 'baba de camello'. *Mousse* de caramelo hecha con leche condensada
bacalhau ⓜ ba·ka·*llau* bacalao
— **à Assis** a a·*sis* tacos de bacalao cocinado en aceite de oliva con verdura, huevo y perejil y horneado después
— **à Brás** a bras migas de bacalao fritas con huevo, patatas y olivas
— **à cozinha velha** a ku·*zi*·ña *ve*·lla bacalao picado, cebollas y zanahorias fritos en aceite de oliva y cocinados en una salsa blanca, que se hornea cubierto de picatostes
— **à Gomes de Sá** a *go*·mes de sa migas de bacalao empapadas en leche y doradas al horno con verduras y huevos
— **albardado** al·bar·*da*·du bacalao rebozado
— **assado com batatas a murro** a·*sa*·du koⁿ ba·*ta*·tash a *mu*·ju bacalao al horno o guisado con picadillo de patatas, ajo y aceite de oliva
— **assado com pão de centeio** a·*sa*·du koⁿ pauⁿ de seⁿ·*tei*·u filete de bacalao con ajo, aceite de oliva y picatostes de pan de centeno
— **com todos** koⁿ *to*·dush bacalao hervido con huevo duro y verduras
— **cozido** ku·*zi*·du bacalao hervido
— **cru desfiado** kru desh·fi·*a*·du tiras de bacalao crudo con aceite de oliva y vinagre
— **desfiado** desh·fi·*a*·du finas tiras de bacalao crudo con picadillo de cebolla y ajo
— **guisado** gi·*za*·du filetes estofados de bacalao con aceite de oliva, tomate, cebolla, patatas, mantequilla, finas hierbas y especias
— **no borralho** nu bu·*ja*·llu filete de bacalao en hojas de col y bacón a la brasa
— **no forno** nu *for*·nu bacalao al horno, a menudo cubierto con una salsa de cebolla y aceite de oliva
— **roupa-velha** jou·pa·*ve*·lla mezcla de col, bacalao y patatas salteado en aceite de oliva y ajo
bagaço ⓜ ba·*ga*·su **água-ardente,** suele beberse con un café solo
banha ⓕ *ba*·ña manteca de cerdo
barriga-de-freira ⓕ ba·*ji*·ga·de·*frei*·ra bizcocho cubierto de sirope dulce hecho con huevos y limón
barrinhas de pescada ⓕ pl ba·*ji*·ñash de pesh·*ka*·da barritas de pescado
batata doce ⓕ ba·*ta*·ta *do*·se boniato
batatas ⓕ pl ba·*ta*·tash patatas
— **a murro** a *mu*·ju patatas al horno con piel, picadas y aderezadas con aceite de oliva y ajo
— **cozidas** ku·*zi*·dash patatas hervidas
— **fritas** *fri*·tash patatas fritas
batido ⓜ ba·*ti*·du batido de leche/fruta
baunilha ⓕ bau·*ni*·lla vainilla

bebida ⓕ be·*bi*·da bebida
— (não) alcoólica (nau^n) al·ku·*o*·li·ka bebida (no) alcohólica
— espirituosa shpi·ri·tu·*o*·za licor
— fria *fri*·a bebida fría
— quente *ke*^{n}·te bebida caliente
berbigão ⓜ ber·bi·*gau*^{n} berberecho
beringela ⓕ be·ri^n·*jhe*·la berenjena
besugo ⓜ be·*zu*·gu besugo
beterraba ⓕ be·te·*ja*·ba remolacha
bica ⓕ *bi*·ka café solo
— cheia *shei*·a café solo con agua caliente
— com uma pinga ko^n *u*·ma *pi*^{n}·ga café solo con **água-ardente** (se toma como digestivo)
bifana no pão ⓕ bi·*fa*·na nu pau^n sándwich de filete fino de cerdo
bifana no prato ⓕ bi·*fa*·na nu *pra*·tu filete fino de cerdo
bife ⓜ *bi*·fe filete • bistec de ternera, otras carnes, aves de corral o pescado
— à café a ka·*fe* churrasco de ternera con salsa de leche, jugo de limón y mostaza
— à casa a *ka*·za filete fino frito en sartén con un huevo frito por encima
— à cerveja a ser·*ve*·jha bistec con salsa cremosa de cerveza
— alto *al*·tu bistec grueso
— à Marrare a ma·*ja*·re churrasco con salsa cremosa a la pimienta
— à pimenta a pi·*me*^{n}·ta bistec con granos de pimienta
— bem passado be^n pa·*sa*·du bistec muy hecho
— com ovo a cavalo ko^n *o*·vu a ka·*va*·lu bistec frito y marinado con ajo fresco, servido con huevo
— da alcatra da al·*ka*·tra churrasco
— de atum de a·*tu*^{n} filete de atún
— do vazio du va·*zi*·u solomillo
— mal passado mal pa·*sa*·du bistec poco hecho
bifinho ⓜ bi·*fi*·ñu tiras de carne finas y sin hueso
biscoitos ⓜ pl bish·*koi*·tush galletas
— de Alcanena de al·ka·*ne*·na galleta ligera hecha con aceite de oliva
— de azeite de a·*zei*·te galleta ligera hecha con aceite de oliva
bitoque ⓜ bi·*to*·ke bistec o filete pequeño que suele servirse con un huevo frito por encima
bola ⓕ *bo*·la bollo
— de Berlim com/sem creme de ber·*li*^{n} ko^n/se^n *kre*·me bollo con/sin crema
— de carne de *kar*·ne pastel de carne al horno
— de presunto de pre·*zu*^{n}·tu **bola de carne** con una capa de *prosciutto*
— de sardinhas de sar·*di*·ñash **bola** con una capa de sardinas
bolachas ⓕ pl bu·*la*·shash galletas
bolachos ⓜ pl bu·*la*·shush bola de masa hecha con sangre de cerdo y servida con el jugo graso de cocer **rojões**
boleima ⓕ bu·*lei*·ma pastelitos de masa de pan rellenos de trocitos de manzana o nueces picadas
bolinhos ⓜ pl bu·*li*·ñush galletas
— de amêndoa de a·*me*^{n}·du·a mazapán de almendra con formas de animales, frutas, verduras, etc.
— de Jerimu de jhe·ri·*mu* tartas de calabaza con canela
— de pinhão de pi·*ñau*^{n} tartas de piñones
bolo ⓜ *bo*·lu pastelito
— de arroz de a·*josh* pastelito de arroz y harina de trigo con azúcar por encima
— de bolacha de bu·*la*·sha galletas con capas de crema que forman un pastel
— de caco de *ka*·ku torta (pan tostado a la plancha o a la brasa) servida con mantequilla de ajo, a veces se cocina con un **chouriço** picante dentro

— **de coco** de *ko*·ku pastelito de coco relleno de crema • *macaron* de coco
— **de Dom Rodrigo** de do^n ju·*dri*·gu dulces hechos de huevos, **ovos moles** y almendras molidas
— **de laranja** de la·*ra*^{n}·jha tarta de naranja
— **de mel** de mel pastel de melaza y especias con fruta confitada y almendras
— **de noz** de nosh pastel de nueces
— **de sertã** de ser·*ta*^{n} galletas de maíz cocidas en una sartén
— **do caco** du *ka*·ku bollos planos cocidos sobre una losa de piedra o cemento
— **lêvedo** *le*·ve·du bollo ligero cocinado en sartén
— **real** ji·*al* pastel denso hecho con muchos huevos, almendras tostadas, mermelada de calabaza, canela y limón
— **rei** jei roscón de navidad relleno de nueces y piñones que lleva dentro una figurita y una haba
bonito ⓜ bu·*ni*·tu bonito (pescado)
borrachões ⓜ pl bu·ja·*shoi*^{n}*sh* galletas en forma de anillo que se fríen y se aromatizan con brandy o vino blanco y canela
borrachos ⓜ pl bu·*ja*·shush picatostes de pan en sirope de **vinho verde** (blanco), limón y canela
borrego ⓜ bu·*je*·gu cordero
— **assado** a·*sa*·du cordero asado
broa ⓕ *bro*·a pasteles de boniato y almendras
— **de milho** de *mi*·llu pan de maíz
— **serrana** se·*ja*·na pan de las montañas (de maíz o de centeno)
broas de mel ⓕ pl *bro*·ash de mel galletas suaves hechas de harina y miel
bróculos ⓜ pl *bro*·ku·lush brócoli
broínhas (de Natal) ⓕ pl bro·*i*^{n}·ñash (de na·*tal*) magdalenas con pasas, piñones y nueces
bucho de porco ⓜ *bu*·shu de *por*·ku tripa de cerdo
bucho recheado ⓜ *bu*·shu je·shi·*a*·du tripa de cerdo rellena de carne de cerdo, pan o arroz con clavo y comino que se sirve a lonchas
burras ⓕ pl *bu*·jash carrilladas asadas

~ C ~

cabeça de xara ⓕ ka·*be*·sa de *sha*·ra cabeza de cerdo cocinada a las finas hierbas con ajo y vino blanco; se sirve en lonchas
de cabidela de ka·bi·*de*·la cualquier plato cocinado con sangre
cabrito ⓜ ka·*bri*·tu cabrito
caça ⓕ *ka*·sa caza
cacau ⓜ ka·*kau* cacao
cacholeira ⓕ ka·shu·*lei*·ra salchicha de hígado de cerdo
café ⓜ ka·*fe* café • café solo
— **em grão** e^n grau^n en grano
— **instantâneo** i^n·shta^n·*ta*·ni·u instantáneo
— **moído** mu·*i*·du molido
— **torrado** tu·*ja*·du café tostado
cajú ⓜ ka·*jhu* anacardo
calda (de açúcar) ⓕ *kal*·da (de a·*su*·kar) sirope
caldeirada ⓕ kal·dei·*ra*·da guiso de pescado
caldo ⓜ *kal*·du caldo • sopa
camarão ⓜ ka·ma·*rau*^{n} langostino
canela ⓕ ka·*ne*·la canela
canja/caldo de galinha ⓕ *ka*^{n}·jha/ *kal*·du de ga·*li*·ña caldo de gallina
canja/sopa de conquilhas ⓕ *ka*^{n}·jha/*so*·pa de ko^n·*ki*·llash sopa de berberechos
caracóis ⓜ pl ka·ra·*koish* caracoles
caracol ⓜ ka·ra·*kol* parecido a un pastel dulce danés, pero con pasas y frutas secas
caril ⓜ ka·*ril* *curry* (especia)

carne Ⓕ *kar*·ne carne
— assada a·*sa*·da carne asada
— de cavalo de ka·*va*·lu carne de caballo
— de porco de *por*·ku cerdo
— de porco à Portuguesa de *por*·ku a pur·tu·*ge*·za cerdo a la alentejana sin berberechos
— de vaca de *va*·ka ternera
— do alguidar du al·gi·*dar* trozos de carne de cerdo conservados en manteca de cerdo que se sirven como entrante
— picada/passada pi·*ka*·da/ pa·*sa*·da carne picada
carneiro Ⓜ kar·*nei*·ru cordero
carnes frias Ⓕ pl *kar*·nesh *fri*·ash fiambres
castanhas Ⓕ pl kash·*ta*·ñash castañas
cavacas Ⓕ pl ka·*va*·kash galleta dulce con glaseado de azúcar
cavalas Ⓕ pl ka·*va*·lash caballa
cebola Ⓕ se·*bo*·la cebolla
cenoura Ⓕ se·*nou*·ra zanahoria
cereja Ⓕ se·*re*·jha cereza
cerveja Ⓕ ser·*ve*·jha cerveza
— à pressão a pre·*sau*ⁿ cerveza de barril
— loura *lou*·ra cerveza rubia; la habitual, comparada con la negra
— preta *pre*·ta cerveza negra
chá Ⓜ sha té
— de ervas de *er*·vash infusión
— de limão de li·*mau*ⁿ vaso o taza de agua hirviendo con corteza de limón
champanhe Ⓜ shaⁿ·*pa*·ñe champán
chanfana Ⓕ shaⁿ·*fa*·na estofado fuerte con cabra o cordero en salsa de vino tinto
charros alimados Ⓜ pl *sha*·jush a·li·*ma*·dush caballa sin piel con aceite de oliva y vinagre (o limón) que se sirve con cebolla, ajo y perejil
chila Ⓕ *shi*·la cabello de ángel
chispe com feijão branco Ⓜ *shish*·pe koⁿ fei·*jhau*ⁿ *bra*ⁿ·ku manitas de cerdo con alubias, **chouriço,** orejas de cerdo, col rizada y patatas
chouriço Ⓜ shou·*ri*·su salchicha de cerdo y ajo a la pasta de pimienta roja
— assado a·*sa*·du salchicha a la parrilla
— de sangue de *sa*ⁿ·ge morcilla de sangre
churrasco Ⓜ shu·*jash*·ku a la barbacoa • pincho a la parrilla
cidra Ⓕ *si*·dra sidra
coco Ⓜ *ko*·ku coco
codorniz Ⓕ ku·dur·*nis* codorniz
coelho Ⓜ ku·*e*·llu conejo
— à caçador a ka·sa·*dor* estofado de conejo con vino y tomate
— em vinha d'alho eⁿ *vi*·ña *da*·llu conejo al horno con tiras de pan frito y cebolla regado con porto o vino blanco
coentrada Ⓕ kueⁿ·*tra*·da salsa con mucho cilantro
coentros Ⓜ pl *kue*ⁿ·trush cilantro
cogumelos Ⓜ pl ku·gu·*me*·lush champiñones
colorau Ⓜ ku·lu·*rau* pimentón dulce
cominhos Ⓜ pl ku·*mi*·ñush comino
com todos koⁿ *to*·dush 'con todo'; un plato completo
conquilha Ⓕ koⁿ·*ki*·lla berberecho
cordeiro Ⓜ cor·*dei*·ru cordero
coscurões Ⓜ pl kush·ku·*roi*ⁿ*sh* galleta con sabor a naranja y brandy
costeleta Ⓕ kush·te·*le*·ta costilla
couve Ⓕ *kou*·ve col
— de Bruxelas de bru·*she*·lash coles de Bruselas
— flor flor coliflor
coxa de galinha Ⓕ *ko*·sha de ga·*li*·ña muslo de pollo frito
cozido/cozida Ⓜ/Ⓕ ku·*zi*·du/ ku·*zi*·da hervido

cozido à Portuguesa ⓜ ku·*zi*·du a pur·tu·*ge*·za plato fuerte hecho con tacos de diferentes carnes y salchichas, verduras, judías y arroz
creme (de pasteleiro) ⓜ *kre*·me (de pash·te·*lei*·ru) pasta de huevo, harina, agua y azúcar para rellenar pasteles

~ D ~

delícia de batata ⓕ de·*li*·sia de ba·*ta*·ta pastelitos de puré de patata con almendras y cilantro
dobrada ⓕ du·*bra*·da tripa con alubias y arroz
doce ⓜ *do*·se postre • mermelada • dulce
— de amêndoa de a·*meⁿ*·du·a dulces de mazapán
duchesse ⓕ du·*shes* hojaldre relleno de nata y rematado con fruta o finas hebras de una pasta de azúcar y huevo

~ E ~

empada ⓕ eⁿ·*pa*·da mini empanada
empadão ⓜ eⁿ·pa·*dauⁿ* empanada
encharcada ⓕ eⁿ·shar·*ka*·da yemas de huevo cocidas en sirope de azúcar y decoradas con canela
enchido ⓜ eⁿ·*shi*·du cualquier tipo de salchicha
engarrafado por ⓜ eⁿ·ga·ja·*fa*·du pur embotellado por (nombre de la bodega)
enguia ⓕ eⁿ·*gi*·a anguila
ensopado ⓜ eⁿ·su·*pa*·du estofado servido sobre una tostada o sobre pan frito
entrecosto ⓜ eⁿ·tre·*kosh*·tu costillas de cerdo
ervilhas ⓕ pl er·*vi*·llash guisantes
— com ovos escalfados koⁿ *o*·vush shkal·*fa*·dush guisantes y trozos de **chouriço** cocinados con manteca de cerdo, aceite de oliva, cebolla y perejil que se sirve con huevos escalfados
— de vagem ⓕ de *va*·jheⁿ tirabeques
escabeche ⓜ shka·*be*·she escabeche; carne o pescado crudos en aceite de oliva, vinagre, ajo y laurel
escalfado/escalfada ⓜ/ⓕ shkal·*fa*·du/shkal·*fa*·da escalfado/a
escalopes ⓜ pl shka·*lo*·pesh medallones de carne sin hueso
espanhola, à shpa·*ño*·la, a plato con salsa de tomate y cebolla
espargos ⓜ pl *shpar*·gush espárragos
esparguete ⓜ shpar·*ge*·te espaguetis
espetada ⓕ shpe·*ta*·da kebab
espinafres ⓜ pl shpi·*na*·fresh espinacas
estopeta de atum ⓕ shtu·*pe*·ta de a·*tuⁿ* atún, cebolla, tomates y pimiento verde con aceite de oliva y vinagre

~ F ~

faisão ⓜ fai·*zauⁿ* faisán
farinha ⓕ fa·*ri*·ña harina
farinheira ⓕ fa·ri·*ñei*·ra salchicha rellena de una mezcla de harina y especias
farófias ⓕ pl fa·*ro*·fi·ash postre de huevos batidos con crema
farripas de laranja ⓕ pl fa·*ji*·pash de la·*raⁿ*·jha cortezas de naranja bañadas en chocolate
farturas ⓕ pl far·*tu*·rash espirales de pasta frita con azúcar y canela; suelen venderse en las ferias
fataça na telha ⓕ fa·*ta*·sa na *te*·lla mújol con cebolla picada, perejil, pimentón y bacón cocinado a la brasa entre dos tejas
fatias ⓕ pl fa·*ti*·ash lonchas • rebanadas
— da China/Tomar da *shi*·na/ tu·*mar* pan cocido al vapor hecho con yemas de huevo batidas y azúcar

— douradas dou·ra·dash rebanadas de pan mojado en leche y huevos que se fríen y se decoran con azúcar y canela
favada à Portuguesa Ⓕ fa·va·da a pur·tu·ge·za cocido de habas, salchicha y, a veces, huevos escalfados
fava-rica Ⓕ fa·va·ji·ka sopa de habas con ajo y vinagre
favas Ⓕ fa·vash habas
— à Algarvia Ⓕ pl fa·vash a al·gar·vi·a habas cocinadas con morcilla, bacón y, a veces, **chouriço** y menta
febras Ⓕ pl fe·brash costillas de cerdo
feijão Ⓜ fei·jhauⁿ judía
feijoada Ⓕ fei·jhua·da cocido de judías con salchichas u otro tipo de carne
ferraduras Ⓕ pl fe·ja·du·rash pasta con forma de herradura, a veces decorada con fruta escarchada
fiambre Ⓜ fi·aⁿ·bre fiambre • jamón
fígado Ⓜ fi·ga·du hígado
figo Ⓜ fi·gu higo
focinho de porco Ⓜ fu·si·ñu de por·ku morro de cerdo
folar Ⓜ fu·lar *brioche* al horno con pollo, salchichas picantes y **presunto,** se come por Pascua
folhado Ⓜ fu·lla·du pastel de hojaldre
formigos Ⓜ pl for·mi·gush dulce hecho de una pasta espesa de galletas o pan duro remojado con yemas de huevo, azúcar, miel, leche, canela y vino, cocinado a fuego lento
framboesa Ⓕ fraⁿ·bue·za frambuesa
francesinha Ⓕ fraⁿ·se·zi·ña jamón, salchicha y queso en salsa de tomate cremosa, sobre rebanadas de pan
frango Ⓜ fraⁿ·gu pollo
frito/frita Ⓜ/Ⓕ fri·tu/fri·ta frito
fruta Ⓕ fru·ta fruta
frutas secas Ⓕ pl fru·tash se·kash fruta seca

~ G ~

galão Ⓜ ga·lauⁿ café con leche caliente servido en vaso largo
galinha Ⓕ ga·li·ña gallina
— do campo du kaⁿ·pu pollo de granja
gambas Ⓕ pl gaⁿ·bash gambas
garoto Ⓜ ga·ro·tu café americano con leche tibia o caliente
gaspacho Ⓜ gash·pa·shu sopa fría de tomate, ajo y pan con aceite de oliva, vinagre y orégano
gelado Ⓜ jhe·la·du helado
geleia Ⓕ jhe·lei·a gelatina
gengibre Ⓜ jheⁿ·jhi·bre jengibre
gila Ⓕ jhi·la cabello de ángel
ginja Ⓕ jhiⁿ·jha guinda
goiaba Ⓕ goi·a·ba guayaba
grão (de bico) Ⓜ grauⁿ (de bi·ku) garbanzos
guardanapo Ⓜ guar·da·na·pu pastel de gelatina cortado a cuadrados y partido por la mitad relleno de **creme de pasteleiro**
guisado/guisada Ⓜ/Ⓕ gi·za·du/gi·za·da estofado/guisado

~ H ~

hortaliça Ⓕ or·ta·li·sa verduras
hortelã Ⓕ or·te·laⁿ menta

~ I ~

iogurte Ⓜ io·gur·te yogur
iscas Ⓕ pl ish·kash hígado de cerdo

~ J ~

jaquinzinhos Ⓜ pl jha·kiⁿ·zi·ñush jureles pequeños fritos
jardineira Ⓕ jhar·di·nei·ra guiso contundente de ternera con verduras
jardineira, à jhar·di·nei·ra, a un tipo de guiso con ternera y verduras
javali Ⓜ jha·va·li jabalí
jesuítas Ⓜ pl jhe·zu·i·tash hojaldre con glaseado de merengue

~ L ~

lagosta ⓕ la·*gosh*·ta langosta
lagostim ⓜ la·gush·*ti*^{n} cangrejo de río
laranja ⓕ la·*ra*^{n}·jha naranja
lebre ⓕ *le*·bre liebre
— com feijão branco ko^{n} fei·*jhau*^{n} *bra*^{n}·ku liebre con estofado de alubias
legumes ⓜ pl le·*gu*·mesh verduras
leitão ⓜ lei·*tau*^{n} lechón asado
leite ⓜ *lei*·te leche
— condensado ko^{n}·de^{n}·*sa*·du leche condensada
— gordo *gor*·du leche entera
— magro *ma*·gru leche desnatada
lentilha ⓕ le^{n}·*ti*·lla lenteja
licor ⓜ li·*kor* licor
lima ⓕ *li*·ma lima
limão ⓜ li·*mau*^{n} limón
limonada ⓕ li·mu·*na*·da limonada
língua ⓕ *li*^{n}·gua lengua
— de gato de *ga*·tu galleta de vainilla muy pequeña
linguiça ⓕ li^{n}·*gui*·sa salchicha fina y alargada con ajo
lombinhos de porco ⓜ pl lo^{n}·*bi*·ñush de *por*·ku lonchas finas de lomo de cerdo
lombo de porco assado ⓜ *lo*^{n}·bu de *por*·ku a·*sa*·du lomo de cerdo asado
lulas ⓕ pl *lu*·lash calamar
— à Sevilhana a se·vi·*lla*·na anillos de calamar fritos servidos con mayonesa
— recheadas je·shi·*a*·dash calamares pequeños rellenos con arroz, tomates, **presunto** y perejil

~ M ~

maçã ⓕ ma·*sa*^{n} manzana
Madeirense, à ma·dei·*re*^{n}·se, a al estilo de Madeira; plato cocinado con tomates, cebolla y ajo (y a veces también con plátanos o vino de Madeira)
malagueta ⓕ ma·la·*ge*·ta chiles muy picantes, también llamado **piripiri**
mal cozido/cozida ⓜ/ⓕ mal ku·*zi*·du/ku·*zi*·da pasado por agua
manga ⓕ *ma*^{n}·ga mango
manjar branco ⓜ ma^{n}·*jhar bra*^{n}·ku pudín de leche de coco con ciruelas pasas regado con sirope
manteiga ⓕ ma^{n}·*tei*·ga mantequilla
mão de vaca guisada ⓜ mau^{n} de *va*·ka gi·*za*·da guiso de pezuñas de vaca, garbanzos, tomates, cebolla, ajo, **chouriço,** perejil y vino blanco
maracujá ⓜ ma·ra·ku·*jha* maracuyá
maranhos ma·*ra*·ñush tripa de cerdo rellena de carne de cordero, **presunto, chouriço,** vino y arroz
marisco ⓜ ma·*rish*·ku marisco
marmelada ⓕ mar·me·*la*·da dulce de membrillo
massas ⓕ pl *ma*·sash pasta
mel ⓜ mel miel
melancia ⓕ me·la^{n}·*si*·a sandía
melão ⓜ me·*lau*^{n} melón
— com presunto ko^{n} pre·*zu*^{n}·tu trozos de melón de pulpa verde dulce con lonchas de **presunto**
meloa ⓕ me·*lo*·a melón *cantaloupe*
melosa ⓕ me·*lo*·za bebida de brandy y miel
merengue ⓜ me·*re*^{n}·ge merengue
mexido/mexida ⓜ/ⓕ me·*shi*·du/me·*shi*·da revuelto
mexilhões ⓜ pl me·shi·*lloi*^{n}*sh* mejillones
migas ⓕ pl *mi*·gash guarnición hecha de trocitos de pan frito aromatizado con aceite de oliva, ajo y especias
— de bacalhau de ba·ka·*llau* **migas** hechas con pan, bacalao, cebolla, tomates, ajo, pasta de pimiento rojo y cilantro que se sirven con anguilas a la parrilla

— de batata de ba·*ta*·ta guarnición hecha de puré de patata al aroma de bacón, salchicha y ajo en forma de bolas
mil folhas ⓜ pl mil *fo*·llash capas de pasta de hojaldre rellenas de crema
milho ⓜ *mi*·llu maíz
— frito ⓜ *fri*·tu tacos de polenta blanca servidos con pinchos de carne a la parrilla
miolos (de porco) ⓜ pl mi·*o*·lush (de *por*·ku) sesos (de cerdo)
miudezas ⓕ pl miu·de·*zash* menudillos
moelas ⓕ pl mo·*e*·lash mollejas de pollo
molho ⓜ *mo*·llu salsa
morangos ⓜ pl mu·*raⁿ*·gush fresas
morcela ⓕ mur·*se*·la morcilla
morgados ⓜ pl mor·*ga*·dush dulce de almendras e higos
moscatel ⓜ mush·ka·*tel* vino dulce para los postres
mostarda ⓕ mush·*tar*·da mostaza

~ N ~

nabiça ⓕ na·*bi*·sa grelos
nabo ⓜ *na*·bu nabo
na púcara ⓕ na *pu*·ka·ra pollo o pato cocido en una cazuela de arcilla con **presunto,** tomates, cebolla, porto, brandy, vino blanco, grelos y ajo
natas ⓕ pl *na*·tash nata
negro ⓜ *ne*·gru tipo de morcilla hecha con más sangre que carne
nêspera ⓕ *nesh*·pe·ra níspero
novilho ⓜ nu·*vi*·llu ternera lechal
noz ⓕ nos nuez

~ O ~

oleaginosa ⓕ o·li·a·jhi·*no*·za fruto seco
óleo ⓜ *o*·li·u aceite
orelha de porco de coentrada ⓕ o·*re*·lla de *por*·ku de kueⁿ·*tra*·da lonchas de oreja de cerdo con ajo y cilantro aderezadas con aceite de oliva y vinagre que se sirven frías
ostra ⓕ *osh*·tra ostra
ovo ⓜ *o*·vu huevo
— cozido ku·*zi*·du huevo duro
— de chocolate de shu·ku·*la*·te huevo de Pascua de chocolate
— escalfado shkal·*fa*·du huevo escalfado
— estrelado shtre·*la*·du huevo frito
— mexido me·*shi*·du huevo revuelto
ovos moles ⓜ pl *o*·vush *mo*·lesh yemas de huevo dulces
ovos verdes ⓜ pl *o*·vush *ver*·desh huevos duros rellenos con una mezcla de yema de huevo, mantequilla y perejil rebozados

~ P ~

pá ⓕ pa paletilla
paio ⓜ *pai*·u salchicha de lomo de cerdo ahumado
panado ⓜ pa·*na*·du costilla de cerdo empanada
pão ⓜ pauⁿ pan
— de centeio de seⁿ·*tei*·u pan ligero de centeno
— de leite de *lei*·te bollos de harina de maíz, huevos y leche
— de milho de *mi*·llu pan de maíz
— integral iⁿ·te·*gral* pan integral
papas ⓕ pl *pa*·pash gachas
papos-de-anjo ⓜ pl *pa*·push·de·*aⁿ*·jhu pequeños hojaldres de huevo con sirope dulce
papo-seco ⓜ *pa*·pu·*se*·ku el bollo más clásico
passas ⓕ pl *pa*·sash pasas • sultanas
pastéis ⓜ pl pash·*teish* pastelitos
— de bacalhau de ba·ka·*llau* tapas fritas de puré de patata, cebolla, perejil y bacalao
— de feijão de fei·*jhauⁿ* mezcla de judías de lima y almendras envuelta en hojaldre

— de massa tenra de *ma*·sa *te*ⁿ·ra pastelitos fritos de carne
— de nata/Belém de *na*·ta/be·*le*ⁿ tartas de crema y huevo con cubierta de hojaldre
— de Tentúgal de teⁿ·*tu*·gal pastelitos de hojaldre rellenos de yema de huevo cremosa y pasta de azúcar
pastel ⓜ pash·*tel* pastelito
pataniscas de bacalhau ⓕ pl pa·ta·*nish*·kash de ba·ka·*llau* buñuelos de bacalao
paté ⓜ pa·*te* paté
pato ⓜ *pa*·tu pato
peito de frango ⓜ *pei*·tu de *fra*ⁿ·gu pechuga de pollo
peixe ⓜ *pei*·she pescado
pepino ⓜ pe·*pi*·nu pepino
pêra ⓕ *pe*·ra pera
perdiz ⓕ per·*diz* perdiz
pernil no forno ⓜ per·*nil* nu *for*·nu pierna de cerdo asada
peru ⓜ pe·*ru* pavo
pescadinhas de rabo na boca ⓕ pl pesh·ka·*di*·ñash de *ja*·bu na *bo*·ka pescadillas fritas con la cola en la boca
pêssego ⓜ *pe*·se·gu melocotón
petingas ⓕ pl pe·*ti*ⁿ·gash sardinas pequeñas
pezinhos de porco *pe*·zi·ñush de *por*·ku manitas de cerdo al cilantro, ajo y aceite
picante ⓜ y ⓕ pi·*ka*ⁿ·te picante
pimenta ⓕ pi·*me*ⁿ·ta pimienta
pimento ⓜ pi·*me*ⁿ·tu pimiento
pipis ⓜ pl pi·*pish* menudillos guisados de pollo con ajo, cebolla, pimentón, vino blanco y chile
piri piri *pi*·ri *pi*·ri chiles muy picantes (también llamado **malagueta**) • salsa hecha de chiles muy picantes
pito de Santa Luzia ⓜ *pi*·tu de *sa*ⁿ·ta lu·*zi*·a postre hecho de masa con levadura con azúcar rellena de azúcar, canela y calabaza
polvo ⓜ *pol*·vu pulpo
porco ⓜ *por*·ku cerdo
posta ⓕ *posh*·ta bistec
prato de grão ⓜ *pra*·tu de grauⁿ cocido de garbanzos con tomate, ajo, laurel y comino
pratos completos ⓜ pl *pra*·tush koⁿ·*ple*·tush plato completo • plato único
prego no pão ⓜ *pre*·gu nu pauⁿ sándwich pequeño de filete
presunto ⓜ pre·*zu*ⁿ·tu *prosciutto* • jamón en dulce
pudim ⓜ pu·*di*ⁿ pudín
— de café de ka·*fe* pudín de café
— de leite de *lei*·te pudín de crema con caramelo al limón
— de ovos de *o*·vush pudín de crema con huevo
— do Abade de Priscos du a·*ba*·de de *prish*·kush pudín de yemas de huevo, tiras de panceta, porto, limón y canela
— flan flaⁿ flan
— molotov mo·lo·*tov* merengue escalfado con caramelo
puré de batata ⓜ pu·*re* de ba·*ta*·ta puré de patata

~ Q ~

queijada ⓕ kei·*jha*·da tartas pequeñas con un relleno dulce y denso
queijo ⓜ *kei*·jhu queso
— da Serra/Estrela da *se*·ja/*shtre*·la popular queso cremoso hecho de leche de oveja
— de Azeitão de a·zei·*tau*ⁿ queso suave y cremoso hecho de leche de oveja de Azeitão
— de cabra de *ka*·bra queso de leche de cabra
— de ovelha de u·*ve*·lla queso de leche de oveja
— de vaca de *va*·ka queso de leche de vaca

— **saloio** sa·*loi*·u queso duro de leche de vaca
— **seco** *se*·ku queso seco de textura parecida al parmesano
queimado/queimada ⓜ/ⓕ kei·*ma*·du/kei·*ma*·da quemado/a
queque *ke*·ke bizcocho amarillo
quivi ki·v *i* kiwi

~ R ~

rabanadas ⓕ pl ja·ba·*na*·dash véase **fatias douradas**
rabanete ⓜ ja·ba·*ne*·te rábano
rancho ⓜ *ja*ⁿ·shu cocido contundente de garbanzos, cebolla, patatas, macarrones, manitas de cerdo, tripa de cerdo, **chouriço** y ternera
rebento de feijão ⓕ je·*be*ⁿ·tu de fei·*jhau*ⁿ brote de alubia
regueifas ⓕ pl je·*gei*·fash galletas en forma de anillo a la canela y al azafrán
rendinhas ⓕ pl jeⁿ·*di*·ñash guirlaches de almendra con forma de encaje
repolho ⓜ je·*po*·llu repollo
requeijada ⓕ je·kei·*jha*·da tarta de **requeijão**
requeijão ⓜ je·kei·*jhau*ⁿ requesón
rim ⓜ jiⁿ riñón • pastelito con forma de riñón
rissol ⓜ ji·*sol* pastelito frito • croqueta
robalo ⓜ ju·*ba*·lu perca de roca
rocha ⓕ *jo*·sha galleta alargada y especiada
rojões ⓜ pl ju·*jhoi*ⁿ*sh* tacos de carne de cerdo frita especiados y marinados
rolo de carne ⓜ *jo*·lu de *kar*·ne pan de carne
rosbife ⓜ josh·*bi*·fe rosbif

~ S ~

safio ⓜ sa·*fi*·u congrio • anguila marina
sal ⓜ sal sal
— **fino** *fi*·nu sal fina
— **grosso** *gro*·su sal gorda
salada ⓕ sa·*la*·da ensalada
— **de alface** de al·*fa*·se ensalada de lechuga
— **de atum** de a·*tu*ⁿ ensalada de atún, patatas, guisantes, zanahorias y huevo aliñada con aceite de oliva y vinagre
— **de bacalhau com feijão frade** de ba·ka·*llau* koⁿ fei·*jhau*ⁿ *fra*·de ensalada de bacalao crudo y judías de careta aliñada con aceite de oliva y vinagre
— **de feijão frade** de fei·*jhau*ⁿ *fra*·de ensalada de judías de careta con cebolla, ajo, aceite de oliva y vinagre decorada con huevo duro picado y perejil
— **de frutas** de *fru*·tash macedonia
— **de tomate** de tu·*ma*·te ensalada de tomate y cebolla, a menudo aderezada con orégano
— **mista** *mish*·ta ensalada de tomate, lechuga y cebolla
— **russa** *ju*·sa ensalada de patata con guisantes, zanahoria y mayonesa
salame de chocolate ⓜ sa·*la*·me de shu·ku·*la*·te bollo de chocolate relleno con trocitos de galleta que se sirve en rebanadas
salgadinho ⓜ sal·ga·*di*·ñu pastelito salado
salgado/salgada ⓜ/ⓕ sal·*ga*·du/ sal·*ga*·da salado/a • pastelito salado
salmão ⓜ sal·*mau*ⁿ salmón
— **fumado** fu·*ma*·du salmón ahumado
salmonete ⓜ sal·mu·*ne*·te salmonete
salpicão ⓜ sal·pi·*kau*ⁿ salchicha ahumada de cerdo con ajo, laurel y, a veces, vino
salsa ⓕ *sal*·sa perejil
salsicha ⓕ sal·*si*·sha salchicha

— fresca *fresh*·ka salchichón de cerdo
salteado/salteada ⓜ/ⓕ sal·ti·a·du/sal·ti·*a*·da salteado/a
sálvia ⓕ *sal*·vi·a salvia
sandes ⓕ *sa*^{n}·desh sándwich
sanduiche ⓕ sa^{n}·*dui*·she sándwich (ver también **sandes**)
sardinha ⓕ sar·*di*·ña sardina
sarrabulho ⓜ sa·ja·*bu*·llu combinado de carnes cocinadas en sangre de cerdo
sável ⓜ *sa*·vel sábalo (pescado)
— na telha na *te*·lla **fataça na telha** hecha con sábalo
sericá/sericaia ⓕ se·ri·*ka*/se·ri·*kai*·a pastel suave de textura casi cremosa servido con una ciruela cocida en sirope
simples ⓜ y ⓕ *si*^{n}·plesh sin nada • sin acompañamiento, relleno o cobertura
sobremesa ⓕ su·bre·*me*·za postre • mermelada • dulce
sonhos ⓜ pl *so*·ñush masa dulce frita aderezada con azúcar y canela
sopa ⓕ *so*·pa sopa
— de pedra de *pe*·dra sopa vegetal con judías rojas, cebolla, patata, oreja de cerdo, bacón y salchichas
— do dia du *di*·a sopa del día
sumo ⓜ *su*·mu zumo
— de laranja natural de la·*ra*^{n}·jha na·tu·*ral* zumo de naranja recién exprimido

~ T ~

tâmara ⓕ *ta*·ma·ra dátil (fruta)
tangerina ⓕ ta^{n}·jhe·*ri*·na mandarina
tarte ⓕ *tar*·te tarta
tecolameco ⓜ te·ku·la·*me*·ku pastel denso y muy dulce de naranja y almendras muy apreciado en Portalegre
tigelada ⓕ ti·jhe·*la*·da crema de huevos aderezada con vainilla, limón o canela
tomate ⓜ tu·*ma*·te tomate
tomilho ⓜ tu·*mi*·llu tomillo
toranja ⓕ to·*ra*^{n}·jha pomelo
tornedó ⓜ tor·ne·*do* turnedó
torrada ⓕ tu·*ja*·da tostada
torresmos ⓜ pl tu·*jejh*·mush chicharrones de cerdo servidos como tentempié
torta ⓕ *tor*·ta tarta con relleno
— de laranja de la·*ra*^{n}·jha tarta de naranja hecha con muchos huevos y poca harina
— de Viana de vi·*a*·na tarta rellena de mermelada • tarta con glaseado de yema de huevo
tortulhos ⓜ pl tor·*tu*·llush tripas de cordero rellenas con más tripas de cordero
tosta ⓕ *tosh*·ta trozos de tostada
— mista *mish*·ta sándwich de pan tostado con jamón y queso • mixto
toucinho ⓜ tou·*si*·ñu bacón sin curar
— rançoso ja^{n}·*so*·zu dulce preparado con almendras y yemas de huevo, espolvoreado con azúcar y canela
— salgado sal·*ga*·du panceta sin curar
trança ⓕ *tra*^{n}·sa tipo de pastelito aderezado con una mezcla de coco y trocitos de frutos secos
Transmontana, à a tra^{n}sh·mo^{n}·*ta*·na, a al estilo de Trás-os-Montes; plato fuerte con salchichas y otras carnes, ajo y cebolla
tremoços ⓜ pl tre·*mo*·sush altramuces con sal que se comen como tentempié
tripas ⓕ pl *tri*·pash tripa
— à moda do Porto a *mo*·da du *por*·tu judías secas cocidas a fuego lento con manitas de cerdo, tripa, pollo, verduras y comino
trouxas de ovos ⓕ pl *trou*·shash de *o*·vush huevo batido escalfado con sirope de azúcar

truta ⓕ *tru*·ta trucha
— de escabeche de shka·*be*·she trucha en **escabeche,** frita y cocinada con una salsa de ajo, cebolla y perejil, servida fría con patatas hervidas
túberas com ovos ⓕ pl *tu*·be·rash ko^n *o*·vush champiñones a rodajas fritos con cebolla, laurel y huevos

~ U ~

uvas ⓕ pl *u*·vash uvas

~ V ~

veado ⓜ vi·*a*·du carne de venado
velhoses ⓕ pl ve·*llo*·zesh buñuelos de calabaza a la naranja y al brandy
verde ⓜ y ⓕ *ver*·de verde (fruta)
vinagre ⓜ vi·*na*·gre vinagre
vinha d'alhos ⓕ *vi*·ña *da*·llush carne marinada en vino o vinagre, aceite de oliva, ajo y laurel
vinho ⓜ *vi*·ñu vino
— branco *bra*^{n}·ku vino blanco
— da casa da *ka*·za vino de la casa
— da região da je·jhi·*au*^{n} vino de la región
— do Porto du *por*·tu porto
— do Porto branco du *por*·tu *bra*^{n}·ku porto blanco seco
— espumante shpu·*ma*^{n}·te vino espumoso
— rosé jo·*ze* vino rosado
— tinto *ti*^{n}·tu vino tinto
— verde *ver*·de vino joven; vino espumoso ligero tinto, blanco o rosado
vitela (assada) ⓕ vi·*te*·la (a·*sa*·da) ternera lechal (asada)

~ X ~

xerém ⓜ she·*re*^{n} gachas de polenta servidas con marisco, **chouriço,** cerdo u otras carnes

A

Diccionario

ESPAÑOL-PORTUGUÉS

espanhol – português

Los sustantivos portugueses llevan indicado el género con ⓜ (masculino) y ⓕ (femenino). Cuando los adjetivos pueden tener forma masculina y femenina, se separan con una barra oblicua y se indica con ⓜ/ⓕ. Cuando es necesario, algunas palabras van marcadas como v (verbo), n (nombre), a (adjetivo), pl (plural), sg (singular), inf (informal) y for (formal). Los verbos aparecen en infinitivo; para ver cómo se utilizan en una oración, véase el apartado **Gramática** (p. 25). Las palabras relacionadas con la comida y la bebida aparecen en el **Glosario gastronómico** (p. 194).

A

a a a
a bordo a bordo a *bor*·du
a menudo frequentemente fre·kue^n·te·*me*^{n}·te
a tiempo completo tempo inteiro *te*^{n}·pu i^n·*tei*·ru
a través através a·tra·*vesh*
a veces às vezes ash *ve*·zesh
abajo abaixo a·*bai*·shu
abeja abelha ⓕ a·*be*·lla
abierto/a aberto/aberta ⓜ/ⓕ a·*ber*·tu/a·*ber*·ta
abogado/a advogado/advogada ⓜ/ⓕ a·de·vu·*ga*·du/a·de·vu·*ga*·da
aborto aborto ⓜ a·*bor*·tu
— espontáneo aborto espontâneo ⓜ a·*bor*·tu shpo^n·*ta*·ni·u
abrazar abraçar a·bra·*sar*
abrebotellas saca-rolhas ⓜ sa·ka·*jo*·llash
abrelatas abre latas ⓜ a·bre *la*·tash
abrelatas abre latas ⓜ a·bre *la*·tash
abrigo casaco ⓜ ka·*za*·ku
abrir abrir a·*brir*
abuela avó ⓕ a·*vo*
abuelo avô ⓜ a·*vou*
aburrido (estar) aborrecido/aborrecida ⓜ/ⓕ a·bu·je·*si*·du/a·bu·je·*si*·da
aburrido (ser) chato/chata ⓜ/ⓕ *sha*·tu/*sha*·ta
acalorado/a aquecido/aquecida ⓜ/ⓕ a·ke·*si*·du/a·ke·*si*·da
acampar acampar a·ka^n·*par*
acantilado penhasco ⓜ pe·*ñash*·ku
accidente acidente ⓜ a·si·*de*^{n}·te
aceite (de oliva) ⓜ a·*zei*·te aceite
aceite (resto) ⓜ óleo *o*·liu
acerca de cerca de *ser*·ka de
acondicionador (pelo) amaciador ⓜ a·ma·si·a·*dor*

DICCIONARIO

acoso assédio ⓜ a·se·diu
activista activista ⓜ y ⓕ a·ti·*vish*·ta
actor actor/actriz ⓜ/ⓕ a·*tor*/a·*trish*
actuación actuação ⓕ a·tu·a·*sau^n*
adaptador adaptador ⓜ a·da·pe·ta·*dor*
adicción vício ⓜ *vi*·siu
adivinar adivinhar a·di·vi·*ñar*
administración administração ⓕ a·de·mi·nish·tra·*sau^n*
admitir v admitir a·de·mi·*tir*
adorar reverenciar je·ve·re^n·si·*ar*
aduana alfândega ⓕ al·*fa^n*·de·ga
adulto n y a adulto/adulta ⓜ/ⓕ a·*dul*·tu/a·*dul*·ta
aerolínea companhia aérea ⓕ ko^n·pa·*ñi*·a a·e·ri·a
aeropuerto aeroporto ⓜ a·e·ro·*por*·tu
afeitarse fazer a barba fa·*zer* a *bar*·ba
aficionado (hincha) adepto/adepta ⓜ/ⓕ a·*de*·pe·tu/a·*de*·pe·ta
afortunado/a afortunado/afortunada ⓜ/ⓕ a·fur·tu·*na*·du/a·fur·tu·*na*·da
aftas corrimento ⓜ ku·ji·*me^n*·tu
agencia agênciaⓕ a·*jhe^n*·sia
— de viajes agência de viagens ⓕ a·*jhe^n*·sia de vi·*a*·jhe^{n}sh
— inmobiliaria agência de imobiliário ⓕ a·*jhe^n*·sia de i·mo·bi·*lia*·riu
agente inmobiliario agente imobiliário ⓜ y ⓕ a·*jhe^n*·te i·mu·bi·*lia*·riu
agotado/a esgotado/esgotada ⓜ/ⓕ shgu·*ta*·du/shgu·*ta*·da
agradecer agradecer a·gra·de·*ser*
agradecido/a grato/grata ⓜ/ⓕ *gra*·tu/*gra*·ta
agricultura agricultura ⓕ a·gri·kul·*tu*·ra
agua água ⓕ *a*·gua
aguja (coser) agulha ⓕ a·*gu*·lla
aguja (jeringa) seringa ⓕ se·*ri^n*·ga
ahí (donde está el interlocutor) aí a·*i*
ahora agora a·*go*·ra
aire ar ⓜ ar
— acondicionado ar condicionado ⓜ ar ko^n·di·siu·*na*·du
ajedrez xadrez ⓜ sha·*dresh*
al lado de ao lado de au *la*·du de
alba nascer do sol ⓜ *nash*·ser du sol
albergue juvenil pousada de juventude ⓕ pou·*za*·da de jhu·ve^n·*tu*·de
alcalde presidente da câmara ⓜ y ⓕ pre·zi·*de^n*·te da *ka*·ma·ra
aldea aldeia ⓕ al·*dei*·a
alergia alergia ⓕ a·ler·*jhi*·a
alfombra tapete ⓜ ta·*pe*·te
algo alguma coisa ⓕ al·*gu*·ma *koi*·za
algodón algodão ⓜ al·gu·*dau^n*
alguien alguém ⓜ y ⓕ al·*ge^n*
algunos/as alguns/algumas ⓜ/ⓕ pl al·*gu^{n}sh*/al·*gu*·mash
alimentar alimentar a·li·me^n·*tar*
allí lá la
almohada almofada ⓕ al·mu·*fa*·da
almuerzo almoço ⓜ al·*mo*·su
alojamiento hospedagem ⓕ osh·pe·*da*·jhe^n
alpinismo montanhismo ⓜ mo^n·ta·*ñijh*·mu
alquilar alugar a·lu·*gar*
alquiler de automóvil aluguer de automóvel ⓜ a·lu·*ger* de au·tu·*mo*·vel
altitud altitude ⓕ al·ti·*tu*·de
alto/a alto/alta ⓜ/ⓕ *al*·tu/*al*·ta
alucinación alucinação ⓕ a·lu·si·na·*sau^n*
ama de casa dona de casa ⓕ *do*·na de *ka*·za
amable amável ⓜ y ⓕ a·*ma*·vel
amante amante ⓜ y ⓕ a·*ma^n*·te
amar amar a·*mar*
amargo amargo/amarga ⓜ/ⓕ a·*mar*·gu/a·*mar*·ga
amarillo/a amarelo/amarela ⓜ/ⓕ a·ma·re·lu/a·ma·re·la

ambiente ambiente ⓜ a^n·bi·e^n·te
ambos/as ambos/ambas ⓜ/ⓕ a^n·bush/a^n·bash
ambulancia ambulância ⓕ a^n·bu·la^n·sia
amigo/a amigo/amiga ⓜ/ⓕ a·mi·gu/a·mi·ga
amor amor ⓜ a·mor
ampolla bolha ⓕ bo·lla
analgésico analgésico ⓜ a·nal·jhe·zi·ku
análisis de sangre análise de sangue ⓕ a·na·li·ze de sa^n·ge
anarquista anarquista ⓜ y ⓕ a·nar·kish·ta
ancho/a largo/larga ⓜ/ⓕ lar·gu/lar·ga
anemia anemia ⓕ a·ne·mi·a
anillo anel ⓜ a·nel
animal animal ⓜ y ⓕ a·ni·mal
antes antes a^n·tesh
antibióticos antibióticos ⓜ pl a^n·ti·bi·o·ti·kush
anticonceptivos contraceptivo ⓜ ko^n·tra·se·ti·vu
antigüedad antiguidade ⓕ a^n·ti·gui·da·de
antiguo antigo/antiga ⓜ/ⓕ a^n·ti·gu/a^n·ti·ga
antiguo antigo/antiga ⓜ/ⓕ a^n·ti·gu/a^n·ti·ga
antiséptico antiséptico ⓜ a^n·ti·se·ti·ku
anuncio anúncio ⓜ a·nu^n·siu
año ano ⓜ a·nu
Año Nuevo Ano Novo ⓜ a·nu no·vu
añoranza saudade sau·da·de
apagado/a desligado/desligada ⓜ/ⓕ desh·li·ga·du/desh·li·ga·da
aparcamiento parque de estacionamento ⓜ par·ke de shta·siu·na·me^n·tu
aparcar (un automóvil) estacionar shta·siu·nar
apartamento apartamento ⓜ a·par·ta·me^n·tu
apearse (del tren, autobús, etc.) descer desh·ser
apellido apelido ⓜ a·pe·li·du
apéndice apêndice ⓜ a·pe^n·di·se
aprender aprender a·pre^n·der
apuesta aposta ⓕ a·posh·ta
aquel/aquella aquele/aquela ⓜ/ⓕ a·ke·le/a·ke·la
aquí aqui a·ki
araña aranha ⓕ a·ra·ña
árbol árvore ⓕ ar·vo·re
arena areia ⓕ a·rei·a
armario armário ⓜ ar·ma·riu
aromaterapia aromaterapia ⓕ a·ro·ma·te·ra·pi·a
arquitecto/a arquitecto/arquitecta ⓜ/ⓕ ar·ki·te·tu/ar·ki·te·ta
arquitectura arquitectura ⓕ ar·ki·te·tu·ra
arrestar prender pre^n·der
arriba para cima pa·ra si·ma
arroyo ribeiro ⓜ ji·bei·ru
arte arte ⓕ ar·te
artes marciales artes marciais ⓕ pl ar·tesh mar·si·aish
artesanía artesanato ⓜ ar·te·za·na·tu
artista artista ⓜ y ⓕ ar·tish·ta
artista callejero artista de rua ⓜ y ⓕ ar·tish·ta de ju·a
ascensor elevador ⓜ i·le·va·dor
asesinar assassinar a·sa·si·nar
asesinato assassinato ⓜ a·sa·si·na·tu
asiento assento ⓜ a·se^n·tu
asma asma ⓕ ash·ma
aspirina aspirina ⓕ ash·pi·ri·na
asuntos del día assuntos do dia ⓜ pl a·su^n·tush du di·a
atletismo atletismo ⓜ at·le·tish·mu
atmósfera atmosfera ⓕ at·mush·fe·ra
audífono aparelho auditivo ⓜ a·pa·re·llu au·di·ti·vu
audioguía guia auditivo ⓜ gi·a au·di·ti·vu

autobús autocarro ⓜ au·to·*ka*·ru
autocar autocarro ⓜ au·to·*ka*·ju
autónomo/a empregado/empregada por conta própria ⓜ/ⓕ eⁿ·pre·*ga*·du/eⁿ·pre·*ga*·da pur *ko*ⁿ·ta *pro*·pri·a
autopista autoestrada ⓕ au·to·*shtra*·da
autostop apanhar boleia a·pa·*ñar* bu·*lei*·a
avena aveia ⓕ sg a·*vei*·a
avenida avenida ⓕ a·ve·*ni*·da
averiado/a avariado/avariada ⓜ/ⓕ a·va·ri·*a*·du/a·va·ri·*a*·da
averiar avariar a·va·ri·*ar*
avión avião ⓜ a·vi·*au*ⁿ
avisar avisar a·vi·*zar*
ayer ontem *o*ⁿ·teⁿ
ayuda ajuda ⓕ a·*jhu*·da
ayudar ajudar a·jhu·*dar*
azul azul a·*zul*

B

bailar dançar daⁿ·*sar*
bajo/baja baixo/baixa ⓜ/ⓕ *bai*·shu/*bai*·sha
balcón varanda ⓕ va·*ra*ⁿ·da
baloncesto basquetebol ⓜ bash·ke·te·*bol*
bálsamo de labios bálsamo para os lábios ⓜ *bal*·sa·mu *pa*·ra ush *la*·biush
banco banco ⓜ *ba*ⁿ·ku
banda (música) grupo ⓜ *gru*·pu
banda de *rock* banda de rock ⓕ *ba*ⁿ·da de *jo*·ke
bandera bandeira ⓕ baⁿ·*dei*·ra
baño banho ⓜ *ba*·ñu
baño (casa) casa de banho ⓕ *ka*·za de *ba*·ñu
bar bar ⓜ bar
barandilla guiador ⓜ gi·a·*dor*
barato barato/barata ba·*ra*·tu/ba·*ra*·ta
barbero barbeiro ⓜ bar·*bei*·ru
barco barco ⓜ *bar*·ku
— salvavidas barco salva-vidas ⓜ *bar*·ku *sal*·va·*vi*·dash
barra (de bar) balcão ⓜ bal·*kau*ⁿ
barra (de labios) batom ⓜ ba·*to*ⁿ
barrio bairro ⓜ *bai*·ju
barro lama ⓕ *la*·ma
bastoncitos de algodón cotonete ⓜ ko·to·*ne*·te
basura lixo ⓜ *li*·shu
batería pilha ⓕ *pi*·lla
bautismo baptismo ⓜ ba·*tijh*·mu
bebé bebé ⓜ y ⓕ be·*be*
beber beber be·*ber*
bebida bebida ⓕ be·*bi*·da
— alcohólica bebida alcoólica ⓕ be·*bi*·da al·ku·*o*·li·ka
bebido/a bêbado/bêbada ⓜ/ⓕ *be*·ba·du/*be*·ba·da
beneficio lucro ⓜ *lu*·kru
besar beijar bei·*jhar*
beso beijo ⓜ *bei*·jhu
biblioteca biblioteca ⓕ bi·bli·u·*te*·ka
bicho bicho ⓜ *bi*·shu
bicicleta bicicleta ⓕ bi·si·*kle*·ta
— de carreras bicicleta de corrida ⓕ bi·si·*kle*·ta de ku·*ji*·da
— de montaña bicicleta de montanha ⓕ bi·si·*kle*·ta de moⁿ·*ta*·ña
bien bem beⁿ
bienestar social seguro social ⓜ se·*gu*·ru su·si·*al*
billar bilhar ⓜ bi·*llar*
billete (dinero) nota bancária ⓕ *no*·ta baⁿ·*ka*·ria
billete (transporte) bilhete ⓜ bi·*lle*·te
— en lista de espera bilhete sem garantia ⓜ bi·*lle*·te seⁿ ga·raⁿ·*ti*·a
binoculares binóculos ⓜ pl bi·*no*·ku·lush
blanco/a branco/branca ⓜ/ⓕ *bra*ⁿ·ku/*bra*ⁿ·ka
blanco y negro preto e branco *pre*·tu e *bra*ⁿ·ku
bloc de notas bloco-notas ⓜ *blo*·ku·*no*·tash

bloqueado/a bloqueado/bloqueada ⓜ/ⓕ blo·ki·a·du/blo·ki·a·da
boca boca ⓕ bo·ka
boda casamento ⓜ ka·za·me^{n}·tu
bola bola ⓕ bo·la
bolígrafo caneta ⓕ ka·ne·ta
bolsa saco ⓜ sa·ku
— de traje saco de fatos ⓜ sa·ku de fa·tush
bolsillo bolso ⓜ bol·su
bolso mala de mão ⓕ ma·la de mau^{n}
bombilla lâmpada ⓕ la^{n}·pa·da
bombona de gas botija de gás ⓜ bu·ti·jha de gash
bonito bonito/bonita ⓜ/ⓕ bu·ni·tu/bu·ni·ta
bosque floresta ⓕ flu·resh·ta
botas botas ⓕ bo·tash
— de excursionismo botas para caminhadas ⓕ pl bo·tash pa·ra ka·mi·ña·dash
botella garrafa ⓕ ga·ja·fa
— de agua garrafa de água ⓕ ga·ja·fa de a·gua
botiquín de primeros auxilios estojo de primeiros socorros ⓜ shto·jhu de pri·mei·rush so·ko·jush
botón botão ⓜ bu·tau^{n}
boxeo boxe ⓜ bok·se
brazo braço ⓜ bra·su
bronquitis bronquite ⓕ bro^{n}·ki·te
brújula bússola ⓕ bu·su·la
buceo de tubo snorkel ⓜ snor·kel
budista n y a budista ⓜ y ⓕ bu·dish·ta
bueno/a bom/boa ⓜ/ⓕ bo^{n}/bo·a
bufanda lenço ⓜ le^{n}·su
bufete bufete ⓜ bu·fe·te
buscar procurar pro·ku·rar
buzón de correos caixa do correio ⓕ kai·sha du ku·jei·u

C

caballo cavalo ⓜ ka·va·lu
cabeza cabeça ⓕ ka·be·sa
cabra cabra ⓕ ka·bra
cada cada ka·da
cadena (bicicleta) corrente ⓕ ku·je^{n}·te
caer cair ka·ir
café café ⓜ ka·fe
caja caixa ⓕ kai·sha
— de cambios caixa de velocidades ⓕ kai·sha de ve·lu·si·da·desh
— de cartón caixa de papelão ⓕ kai·sha de pa·pe·lau^{n}
— fuerte cofre ⓜ ko·fre
— registradora caixa registadora ⓕ kai·sha je·jhish·ta·do·ra
cajero automático caixa automático ⓜ kai·sha au·tu·ma·ti·ku
calcetín meia ⓕ mei·a
calculadora calculadora ⓕ kal·ku·la·do·ra
calderilla trocos ⓜ pl tro·kush
calefacción aquecimento ⓜ a·ke·si·me^{n}·tu
calendario calendário ⓜ ka·le^{n}·da·riu
calidad qualidade ⓕ kua·li·da·de
caliente quente ke^{n}·te
calificaciones qualificações ⓕ pl kua·li·fi·ka·soi^{n}sh
callado/a calado/calada ⓜ/ⓕ ka·la·du/ka·la·da
calle rua ⓕ ju·a
calor calor ⓜ ka·lor
cama cama ⓕ ka·ma
— doble cama de casal ⓕ ka·ma de ka·zal
cámara (de rueda) câmara de ar ⓕ ka·ma·ra de ar
cámara (fotográfica) máquina fotográfica ⓕ ma·ki·na fu·tu·gra·fi·ka
camarote camarote ⓜ ka·ma·ro·te
cambiar (de moneda) trocar tru·kar
cambio mudança ⓕ mu·da^{n}·sa
cambio (la vuelta) troco ⓜ tro·ku
cambio (de moneda) câmbio ⓜ ka^{n}·biu
caminar caminhar ka·mi·ñar
camino caminho ⓜ ka·mi·ñu

— de montaña trilho de montanha ⓜ tri·llu de mo^n·ta·ña
camión camião ⓜ ka·mi·iau^n
camisa camisa ⓕ ka·mi·za
campeonatos campeonatos ⓜ pl ka^n·pe·u·na·tush
camping acampamento ⓜ a·ka^n·pa·me^n·tu
campiña interior do país ⓜ i^n·te·ri·or du pa·ish
campo (deporte) campo ⓜ ka^n·pu
campo de golf campo de golfe ⓜ ka^n·pu de gol·fe
cancelar cancelar ka^n·se·lar
cáncer cancro ⓜ ka^n·kru
canción canção ⓕ ka^n·sau^n
candado cadeado ⓜ ka·di·a·du
canguro (servicio) ama ⓕ a·ma
cansado/a cansado/cansada ⓜ/ⓕ ka^n·sa·du/ka^n·sa·da
cantante cantor/cantora ⓜ/ⓕ ka^n·tor/ka^n·to·ra
capa de ozono camada de ozono ⓕ ka·ma·da de o·zo·nu
capitán capitão ⓜ ka·pi·tau^n
caravana caravana ⓕ ka·ra·va·na
cargador de batería recarregador de bateria ⓜ je·ka·je·ga·dor de ba·te·ri·a
cargar carregar ka·je·gar
carné de identidad (tipo DNI) bilhete de identidade ⓜ bi·lle·te de i·de^n·ti·da·de
caro/a caro/cara ⓜ/ⓕ ka·ru/ka·ra
carrera (de correr) corrida ⓕ ku·ji·da
carrera (universitaria) curso ⓜ kur·su
carretera estrada ⓕ shtra·da
— principal rua principal ⓕ ju·a pri^n·si·pal
carril bici caminho de bicicleta ⓕ ka·mi·ñu de bi·si·kle·ta
carrito carrinho ⓜ ka·ji·ñu
carta (menú) ementa ⓕ i·me^n·ta
carta (postal) carta ⓕ kar·ta
cartelera guia de espectáculos ⓜ gi·a de shpe·ta·ku·lush
casa casa ⓕ ka·za
— de huéspedes casa de hóspedes ⓕ ka·za de osh·pe·desh
casado/a casado/casada ⓜ/ⓕ ka·za·du/ka·za·da
casarse casar ka·zar
cascada cascata ⓕ kash·ka·ta
casco capacete ⓜ ka·pa·se·te
casete cassete ⓕ ka·se·te
casi quase kua·ze
castaño castanho/castanha ⓜ/ⓕ kash·ta·ñu/kash·ta·ña
castillo castelo ⓜ kash·te·lu
catedral catedral ⓕ ka·te·dral
católico/a n y a católico/católica ⓜ/ⓕ ka·to·li·ku/ka·to·li·ka
celebración comemoração ⓕ ku·me·mu·ra·sau^n
celoso/a ciumento/ciumenta ⓜ/ⓕ si·u·me^n·tu/si·u·me^n·ta
cementerio cemitério ⓜ se·mi·te·riu
cena jantar ⓜ jha^n·tar
cenicero cinzeiro ⓜ si^n·zei·ru
centímetro centímetro ⓜ se^n·ti·me·tru
céntimo cêntimo ⓜ se^n·ti·mu
centro centro ⓜ se^n·tru
centro comercial centro comercial ⓜ se^n·tru ku·mer·si·al
centro de la ciudad centro da cidade ⓜ se^n·tru da si·da·de
cepillo (del pelo) escova ⓕ shko·va
cepillo de dientes escova de dentes ⓕ shko·va de de^n·tesh
cerámica cerâmica ⓕ se·ra·mi·ka
cerca perto per·tu
cerca (valla) cerca ⓕ ser·ka
cercano/a por perto pur per·tu
cerdo/a porco/porca ⓜ/ⓕ por·ku/por·ka
cerillas fósforos ⓜ pl fosh·fu·rush
cerrado fechado/fechada ⓜ/ⓕ fe·sha·du/fe·sha·da
cerradura tranca ⓕ tra^n·ka

C

cerrar fechar fe·*shar*
certificado certificado ⓜ ser·ti·fi·*ka*·du
— de nacimiento certidão de nascimento ⓕ ser·ti·*dau*ⁿ de nash·si·*me*ⁿ·tu
cervecería cervejaria ⓕ ser·ve·jha·*ri*·a
cerveza cerveja ⓕ ser·*ve*·jha
césped relva ⓕ *jel*·va
cesto cesto ⓕ *sesh*·tu
chaleco salvavidas colete salva-vidas ⓜ ku·*le*·te *sal*·va·*vi*·dash
champú champô ⓜ sha^n·*pu*
chaqueta casaco ⓜ ka·*za*·ku
charlar dar conversa dar ko^n·*ver*·sa
chef cozinheiro/cozinheira chefe ⓜ/ⓕ ku·zi·*ñei*·ru/ku·zi·*ñei*·ra *she*·fe
cheque (banco) cheque ⓜ *she*·ke
cheques de viaje travellers cheques ⓜ pl *tra*·ve·ler *she*·kesh
chica menina ⓕ me·*ni*·na
chicle pastilha elástica ⓕ pash·*ti*·lla e·*lash*·ti·ka
chiste piada ⓕ pi·*a*·da
chocolate chocolate ⓜ shu·ku·*la*·te
chubasquero gabardina ⓕ ga·bar·*di*·na
chupete chupeta ⓕ shu·*pe*·ta
chutar chutar shu·*tar*
cibercafé café da internet ⓜ ka·*fe* da i^n·ter·*net*
ciclismo ciclismo ⓜ si·*klish*·mu
ciclista ciclista ⓜ y ⓕ si·*klish*·ta
ciego/a cego/cega ⓜ/ⓕ *se*·gu/*se*·ga
cielo céu ⓜ *se*·u
ciencia ciências ⓕ pl si·*e*ⁿ·siash
científico cientista ⓜ y ⓕ si·e^n·*tish*·ta
cigarrillo cigarro ⓜ si·*ga*·ju
cima (montaña) pico ⓜ *pi*·ku
cine cinema ⓜ si·*ne*·ma
cinturón de seguridad cinto de segurança ⓜ *si*ⁿ·tu de se·gu·*ra*ⁿ·sa
circo circo ⓜ *sir*·ku
circuito excursão ⓕ shkur·*sau*ⁿ
— guiado excursão guiada ⓕ shkur·*sau*ⁿ gi·*a*·da
cistitis cistite ⓕ sish·*ti*·te
cita (encuentro) encontro ⓜ e^n·*ko*ⁿ·tru
citología exame papa nicolau ⓜ e·*za*·me *pa*·pa ni·ku·*lau*
ciudad cidade ⓕ si·*da*·de
claro (color) claro/clara ⓜ/ⓕ *kla*·ru/*kla*·ra
clase (categoría) classe ⓕ *kla*·se
— *business* classe executiva ⓕ *kla*·se i·jhe·ku·*te* e·va
— económica classe económica ⓕ *kla*·se i·ku·*no*·mi·ka
cliente cliente ⓜ y ⓕ kli·*e*ⁿ·te
coche carro ⓜ *ka*·ju
coche cama (tren) vagão cama ⓜ va·*gau*ⁿ *ka*·ma
cocina cozinha ⓕ ku·*zi*·ña
cocinar cozinhar ku·zi·*ñar*
cocinero/a cozinheiro/cozinheira ⓜ/ⓕ ku·zi·*ñei*·ru/ku·zi·*ñei*·ra
código código ⓜ *ko*·di·gu
— postal código postal ⓜ *ko*·di·gu push·*tal*
coger agarrar a·ga·*jar*
cola (pegamento) cola ⓕ *ko*·la
cola cauda ⓕ *kau*·da
colchón colchão ⓜ kol·*shau*ⁿ
colega colega ⓜ y ⓕ ku·*le*·ga
colina colina ⓕ ku·*li*·na
colirio colírio ⓜ ku·*li*·ri·u
collar colar ⓜ ku·*lar*
colocar colocar ku·lu·*kar*
coloquio colóquio ⓜ ku·*lo*·kiu
color cor ⓕ kor
comedia comédia ⓕ ku·*me*·dia
comenzar começar ku·me·*sar*
comer comer ku·*mer*
comerciante comerciante ⓜ y ⓕ ku·mer·si·*a*ⁿ·te
comida (alimento) comida ⓕ ku·*mi*·da

comida (acto de comer) refeição ⓕ je·fei·*sau^n*
— para bebé comida de bebé ⓕ ku·*mi*·da de be·*be*
comisaría esquadra da polícia ⓕ *shkua*·dra da pu·*li*·sia
comisión comissão ⓕ ku·mi·*sau^n*
como como *ko*·mu
comparas compras ⓕ pl *ko^n*·prash
compartir (una habitación) partilhar par·ti·*llar*
comprar comprar ko^n·*prar*
comprender compreender ko^n·pri·e^n·*der*
compresa penso higiénico ⓜ *pe^n*·su i·jhi·e·ni·ku
comprobar verificar ve·ri·fi·*kar*
comprometido/a comprometido/comprometida ⓜ/ⓕ ko^n·pru·me·*ti*·du/ko^n·pru·me·*ti*·da
común comum ku·*mu^n*
comunión comunhão ⓕ ku·mu·*ñau^n*
comunista n y a comunista ⓜ y ⓕ ku·mu·*nish*·ta
con com ko^n
concierto concerto ⓜ ko^n·*ser*·tu
conducir conduzir ko^n·du·*zir*
conejo coelho ⓜ ku·*e*·llu
conexión ligação ⓕ li·ga·*sau^n*
conferencia conferência ⓕ ko^n·fe·*re^n*·sia
confesión confissão ⓕ ko^n·fi·*sau^n*
confiar confiar ko^n·fi·*ar*
confirmar confirmar ko^n·fir·*mar*
confortable confortável ko^n·for·*ta*·vel
congelado/a gelado/gelada ⓜ/ⓕ jhe·*la*·du/jhe·*la*·da
congelar congelar ko^n·jhe·*lar*
conjuntivitis conjuntivite ⓕ ko^n·jhu^n·ti·*vi*·te
conmoción cerebral abalo cerebral ⓜ a·*ba*·lu se·re·*bral*
conocer conhecer ku·ñe·*ser*
consejo conselho ⓜ ko^n·*se*·llu
consigna de equipaje depósito de bagagens ⓜ de·*po*·zi·tu de ba·*ga*·jhe^{n}sh
constructor construtor ⓜ ko^n·shtru·*tor*
construir construir ko^n·shtru·*ir*
consulado consulado ⓜ ko^n·su·*la*·du
consulta consulta ⓕ ko^n·*sul*·ta
contaminación poluição ⓕ pu·lu·i·*sau^n*
contar contar ko^n·*tar*
contrato contrato ⓜ ko^n·*tra*·tu
control remoto telecomando ⓜ te·le·ku·*ma^n*·du
copa (para beber) copo ⓜ *ko*·pu
corazón coração ⓜ ku·ra·*sau^n*
cordero (animal) cordeiro ⓜ kur·*dei*·ru
cordillera cordilheira ⓕ kur·di·*llei*·ra
cordón cordel ⓜ kur·*del*
cornisa parapeito ⓜ pa·ra·*pei*·tu
correa del ventilador correia da ventoinha ⓕ ku·*jei*·a da ve^n·tu·*i*·ña
correcto/a a correcto/correcta ⓜ/ⓕ ku·*je*·tu/ku·*je*·ta
correo correio ⓜ ku·*jei*·u
— exprés correio azul ⓜ ku·*jei*·u a·*zul*
— registrado correio registado ⓜ ku·*jei*·u re·jhi·*shta*·du
correr correr ku·*jer*
corrida tourada ⓕ tou·*ra*·da
corriente (electricidad) corrente ⓕ ku·*je^n*·te
corrupto corrupto/corrupta ⓜ/ⓕ ku·*jup*·tu/ku·*jup*·ta
cortaplumas canivete ⓜ ka·ni·*ve*·te
cortar cortar kur·*tar*
cortaúñas corta-unhas ⓜ *kor*·ta·*u^n*·ñash
corte de pelo corte de cabelo ⓜ *kor*·te de ka·*be*·lu
corto/a curto/curta ⓜ/ⓕ *kur*·tu/*kur*·ta
coser coser ku·*zer*
costa beira mar ⓕ *bei*·ra mar
costar custar kush·*tar*

costilla costela ⓕ kush·te·la
costumbre costume ⓜ kush·tu·me
cráneo crânio ⓜ kra·niu
crecer crescer kresh·ser
crédito crédito ⓜ kre·di·tu
crema creme ⓜ kre·me
cremallera fecho écler ⓜ fe·shu e·kler
criado/a criado/criada de mesa ⓜ/ⓕ kri·a·du/kri·a·da de me·za
cristiano n y a Cristão/Cristã ⓜ/ⓕ krish·tau^n/krish·ta^n
crudo/a cru/crua ⓜ/ⓕ kru/kru·a
cruz (religión) cruz ⓕ krush
cual qual kual
cuando quando kua^n·du
cuarentena quarentena ⓕ kua·re^n·te·na
cubierta (de coches) convés (de automóveis) ⓜ ko^n·vesh (de au·tu·mo·veish)
cubierto (precio) consumo obrigatório ⓜ kon·su·mu o·bri·ga·to·ri·u
cubiertos talheres ⓜ pl ta·lle·resh
cubo balde ⓜ bal·de
— de basura caixote do lixo ⓜ kai·sho·te du li·shu
cucaracha barata ⓕ ba·ra·ta
cuchara colher ⓕ ku·ller
cucharilla colher de chá ⓕ ku·ller de sha
cuchillo faca ⓕ fa·ka
cuello pescoço ⓜ pesh·ko·su
cuenco tigela ⓕ ti·jhe·la
cuenta (restauración) conta ⓕ ko^n·ta
cuenta bancaria conta bancária ⓕ ko^n·ta ba^n·ka·ria
cuerda corda ⓕ kor·da
cuero couro ⓜ kou·ru
— cabelludo couro cabeludo ⓜ kou·ru ka·be·lu·du
cuerpo corpo ⓜ kor·pu
cueva caverna ⓕ ka·ver·na
cuidar cuidar kui·dar
culpa culpa ⓕ kul·pa
culpable culpado/culpada ⓜ/ⓕ kul·pa·du/kul·pa·da
cumpleaños aniversário ⓜ a·ni·ver·sa·riu
cupón cupão ⓜ ku·pau^n
cura padre ⓜ pa·dre
currículo currículo ⓜ ku·ji·ku·lu
CV CV ⓜ se·ve

D

dados dados ⓜ pl da·dush
danza dança ⓕ da^n·sa
dar dar dar
— la bienvenida receber je·se·ber
de de de
— noche de noite de noi·te
— nuevo novamente no·va·me^n·te
deber dever de·ver
débil fraco/fraca ⓜ/ⓕ fra·ku/fra·ka
decidir decidir de·si·dir
decir dizer di·zer
dedo dedo ⓜ de·du
— del pie dedo do pé ⓜ de·du du pe
defectuoso/a defeituoso/defeituosa ⓜ/ⓕ de·fei·tu·o·zu/de·fei·tu·o·za
deforestación desflorestação ⓜ desh·flu·resh·ta·sau^n
delante de na frente de na fre^n·te de
delgado/a fino/fina ⓜ/ⓕ fi·nu/fi·na
delicatesen charcutaria ⓕ shar·ku·ta·ri·a
demasiado demais de·maish
democracia democracia ⓕ de·mu·kra·si·a
dentífrico pasta de dentes ⓕ pash·ta de de^n·tesh
dentista dentista ⓜ y ⓕ de^n·tish·ta
dentro dentro de^n·tru
dentro de (tiempo) dentro de de^n·tru de
deporte desporto ⓜ desh·por·tu
deportista desportista ⓜ y ⓕ desh·pur·tish·ta
depósito (banco) depósito ⓜ de·po·zi·tu

deprisa adv depressa de·*pre*·sa
Derecho (carrera) Direito (m) di·*rei*·tu
derechos civiles direitos civis (m) pl di·*rei*·tush *si*·vish
derechos humanos direitos humanos (m) pl di·*rei*·tush u·*ma*·nush
dermatitis del pañal irritação por causa da fralda (f) i·ji·ta·*sau*^{n} pur *kau*·sa da *fral*·da
desacelerar devagar de·va·*gar*
desayuno pequeno almoço (m) pe·*ke*·nu al·*mo*·su
descansar descansar desh·ka^{n}·*sar*
descuento desconto (m) desh·*ko*^{n}·tu
desde (tiempo) desde *dejh*·de
desear desejar de·ze·*jhar*
desempleado/a desempregado/desempregada (m)/(f) de·ze^{n}·pre·*ga*·du/de·ze^{n}·pre·*ga*·da
desierto deserto (m) de·*zer*·tu
desistir desistir de·zish·*tir*
desodorante desodorizante (m) de·zo·du·ri·*za*^{n}·te
despertador despertador (m) desh·per·ta·*dor*
despertar acordar a·kur·*dar*
después depois de·*poish*
destino destino (m) desh·*ti*·nu
detalles detalhes (m) pl de·*ta*·llesh
detrás atrás a·*trash*
día dia (m) *di*·a
diabetes diabetes (f) di·a·*be*·tesh
diafragma diafragma (m) di·a·*fra*·ge·ma
diapositiva diapositivo (m) di·a·po·zi·*ti*·vu
diario/a diário/diária (m)/(f) di·a·riu/di·a·ria
diarrea diarreia (f) di·a·*jei*·a
diccionario dicionário (m) di·siu·*na*·riu
diente dente (m) *de*^{n}·te
dieta dieta (f) di·e·ta
diferencia horaria diferença horária (f) di·fe·*re*^{n}·sa o·*ra*·ria
diferente diferente di·fe·*re*^{n}·te
difícil difícil di·*fi*·sil
dinero dinheiro di·*ñei*·ru
Dios (en general) Deus (m) *de*·ush
dirección direcção (f) di·re·*sau*^{n}
dirección (postal) endereço (m) e^{n}·de·*re*·su
directo/a directo/directa (m)/(f) di·*re*·tu/di·*re*·ta
director director/directora (m)/(f) di·re·*tor*/di·re·*to*·ra
director (negocios) gerente jhe·*re*^{n}·te
discapacitado deficiente de·fi·si·*e*^{n}·te
disco disco (m) *dish*·ku
discriminación discriminação (f) dish·kri·mi·na·*sau*^{n}
discutir discutir dish·ku·*tir*
diseño design (m) di·*zain*
disparar atirar a·ti·*rar*
disponible a disponível dish·po·*ni*·vel
DIU DIU (m) de·i·*u*
divertido/a divertido/divertida (m)/(f) di·ver·*ti*·du/di·ver·*ti*·da
divertirse divertir-se di·ver·*tir*·se
divorciado/a divorciado/divorciada (m)/(f) di·vor·si·*a*·du/di·vor·si·*a*·da
doble duplo/dupla (m)/(f) *du*·plu/*du*·pla
doctor médico/médica (m)/(f) *me*·di·ku/*me*·di·ka
documental documentário (m) du·ku·me^{n}·*ta*·riu
dolor dor (f) dor
dolor de estómago dor de estômago (f) dor de *shto*·ma·gu
dolor de muelas dor de dentes (f) dor de *de*^{n}·tesh
dolor menstrual dor menstrual (f) dor me^{n}·shtru·*al*
dolorido/a a dorido/dorida (m)/(f) du·*ri*·du/du·*ri*·da
dónde onde *o*^{n}·de
dormir dormir dur·*mir*
camas individuales camas gémeas (f) pl *ka*·mash *jhe*·me·ash
dos veces duas vezes *du*·ash *ve*·zesh

droga droga ⓕ *dro*·ga
drogadicción vício da droga ⓜ *vi*·siu da *dro*·ga
drogado drogado/drogada ⓜ/ⓕ dru·*ga*·du/dru·*ga*·da
drogodependiente toxicodependente ⓜ y ⓕ *tok*·si·ko·de·pe^n·*de*^{n}·te
ducha chuveiro ⓜ shu·*vei*·ru
dueña senhoria se·ñu·*ri*·a
dueño senhorio se·ñu·*ri*·u
dulce a doce *do*·se
duro/a duro/dura ⓜ/ⓕ *du*·ru/*du*·ra

E

edad idade ⓕ i·*da*·de
edificio prédio ⓜ *pre*·diu
educación educação ⓕ e·du·ka·*sau*^{n}
EE UU EUA ⓜ pl e·u·*a*
egoísta egoísta e·gu·*ish*·ta
ejemplo exemplo ⓜ e·*ze*^{n}·plu
él ele *e*·le
elección eleição ⓕ e·lei·*sau*^{n}
electricidad electricidade ⓕ i·le·tri·si·*da*·de
ella ela *e*·la
ellos/as eles/elas ⓜ/ⓕ *e*·lesh/*e*·lash
embajada embaixada ⓕ e^n·bai·*sha*·da
embajador embaixador/embaixatriz ⓜ/ⓕ e^n·bai·sha·*dor*/e^n·bai·sha·*trish*
embarazada grávida *gra*·vi·da
embarcar subir a bordo su·*bir* a *bor*·du
embrague embraiagem ⓕ e^n·brai·a·jhe^n
emocionante fixe ⓜ y ⓕ *fi*·she
empleado/a empregado/empregada ⓜ/ⓕ e^n·pre·*ga*·du/e^n·pre·*ga*·da
empleo emprego ⓜ e^n·*pre*·gu
empresa empresa ⓕ e^n·*pre*·za
empresario/a homem/mulher de negócios ⓜ/ⓕ o·me^n/mu·*ller* de ne·*go*·siush
empujar empurrar e^n·pu·*jar*

en à a
en em e^n
— frente em frente e^n *fre*^{n}·te
encaje renda ⓕ *re*^{n}·da
encantador/a charmoso/charmosa ⓜ/ⓕ shar·*mo*·zu/shar·*mo*·za
encargo encomenda ⓕ e^n·ku·*me*^{n}·da
encendedor isqueiro ⓜ ish·*kei*·ru
encendido/a ligado/ligada ⓜ/ⓕ li·*ga*·du/li·*ga*·da
enchufe (electricidad) tomada ⓕ tu·*ma*·da
encima por cima de pur *si*·ma de
encontrar encontrar e^n·ko^n·*trar*
energía nuclear energia nuclear ⓕ i·ner·*jhi*·a nu·kli·*ar*
enfadado zangado/zangada ⓜ/ⓕ za^n·*ga*·du/za^n·*ga*·da
enfermedad doença ⓕ du·*e*^{n}·sa
— venérea doença venérea ⓕ do·*e*^{n}·sa ve·*ne*·ri·a
enfermera enfermeiro/enfermeira ⓜ/ⓕ e^n·fer·*mei*·ru/e^n·fer·*mei*·ra
enfermo/a doente du·*e*^{n}·te
engañar enganar e^n·ga·*nar*
enorme enorme ⓜ y ⓕ i·*nor*·me
ensayo nuclear teste nuclear ⓜ *tesh*·te nu·kli·*ar*
entrada entrada ⓕ e^n·*tra*·da
entrar entrar e^n·*trar*
entre entre *e*^{n}·tre
entregar entregar e^n·tre·*gar*
entrenador treinador/treinadora ⓜ/ⓕ trei·na·*dor*/trei·na·*do*·ra
entrenamiento treinamento ⓜ tre·na·*me*^{n}·tu
entrevista entrevista ⓕ e^n·tre·*vish*·ta
envase pacote ⓜ pa·*ko*·te
enviar enviar e^n·vi·*ar*
epilepsia epilepsia ⓕ e·pi·le·pe·*si*·a
equipaje bagagem ⓕ ba·*ga*·jhe^n
equipamiento equipamento ⓜ e·ki·pa·*me*^{n}·tu
— de submarinismo equipamento de mergulho ⓜ e·ki·pa·*me*^{n}·tu de mer·*gu*·llu

equipo equipa ⓕ e·*ki*·pa
equivocado/a errado/errada ⓜ/ⓕ e·*ja*·du/e·*ja*·da
error erro ⓜ *e*·ju
escalada alpinismo ⓜ al·pi·*nijh*·mu
escalera escadaria ⓕ shka·da·*ri*·a
— mecánica escada rolante ⓕ *shka*·da ju·*la*^{n}·te
escoba escova ⓕ *shko*·va
escoger escolher shku·*ller*
escribir escrever shkre·*ver*
escritor/a escritor/escritora ⓜ/ⓕ shkri·*tor*/shkri·*to*·ra
escuchar escutar shku·*tar*
escuela escola ⓕ *shko*·la
escultura escultura ⓕ shkul·*tu*·ra
esguince entorse ⓕ e^n·*tor*·se
espacio espaço ⓜ *shpa*·su
espalda costas ⓕ pl *kosh*·tash
España Espanha ⓕ *shpa*·ña
especial especial shpe·si·*al*
especialista especialista ⓜ y ⓕ shpe·si·a·*lish*·ta
espectáculo espectáculo ⓜ shpe·*ta*·ku·lu
espejo espelho ⓜ *shpe*·llu
esperar esperar shpe·*rar*
espiral antimosquitos repelente em espiral ⓜ je·pe·*le*^{n}·te e^n shpi·*ral*
esposa esposa ⓕ *shpo*·za
espuma de afeitar creme de barbear ⓜ *kre*·me de bar·bi·*ar*
esquí esqui ⓜ shki
— acuático esqui aquático ⓜ shki a·*kua*·ti·ku
esquiar esquiar shki·*ar*
esquina esquina ⓕ *shki*·na
estaca estaca ⓕ *shta*·ka
estación estação ⓕ shta·*sau*^{n}
— de metro estacão de metropolitano ⓕ shta·*sau*^{n} de me·tru·pu·li·*ta*·nu
— de trenes estação de caminhos de ferro ⓕ shta·*sau*^{n} de ka·*mi*·ñush de *fe*·ju
estación/parada de autobuses paragem de autocarros ⓕ pa·*ra*·jhe^n de au·to·*ka*·jush
estadio estádio ⓜ *shta*·diu
estado civil estado civil ⓜ *shta*·du si·*vil*
estanco tabacaria ⓕ ta·ba·ka·*ri*·a
estar estar shtar
— de acuerdo concordar ko^n·kur·*dar*
estatua estátua ⓕ *shta*·tu·a
este/a este/esta ⓜ/ⓕ *esh*·te/*esh*·ta
estéreo estéreo ⓜ *shte*·ri·u
esterilla capacho ⓜ ka·*pa*·shu
estilo estilo ⓜ *shti*·lu
estómago estômago ⓜ *shto*·ma·gu
estrella estrela ⓕ *shtre*·la
estreñimiento prisão de ventre ⓕ pri·*zau*^{n} de *ven*·tre
estudiante estudante ⓜ y ⓕ shtu·*da*^{n}·te
estudio estúdio ⓜ *shtu*·diu
estufa aquecedor ⓜ a·ke·se·*dor*
estúpido/a burro/burra ⓜ/ⓕ *bu*·ju/*bu*·ja
euro euro ⓜ *e*·u·ru
exactamente exactamente e·za·ta·*me*^{n}·te
excelente excelente ei·she·*le*^{n}·te
excluido/a excluído/excluída ⓜ/ⓕ eish·klu·*i*·du/eish·klu·*i*·da
excursión caminhada ⓕ ka·mi·*ña*·da
experiencia experiência ⓕ shpe·ri·*e*^{n}·sia
— laboral experiência de trabalho ⓕ shpe·ri·*e*^{n}·sia de tra·*ba*·llu
explotación (agrícola) exploração ⓕ shplo·ra·*sau*^{n}
exposición exposição ⓕ shpu·zi·*sau*^{n}
exprés expresso/expressa ⓜ/ⓕ *shpre*·su/*shpre*·sa
extender (un cheque) levantar (um cheque) le·va^n·*tar* (u^n *she*·ke)
extensión (del visado) extensão ⓕ shte^n·*sau*^{n}

extranjero/a estrangeiro/ estrangeira ⓜ/ⓕ shtra^n·*jhei*·ru/ shtra^n·*jhei*·ra
extraño/a estranho/estranha ⓜ/ⓕ *shtra*·ñu/*shtra*·ña

F

fábrica fábrica ⓕ *fa*·bri·ka
fácil fácil *fa*·sil
facturación check-in ⓜ shek·*i*^{n}
falda saia ⓕ *sai*·a
familia família ⓕ fa·*mi*·lia
famoso/a famoso/famosa ⓜ/ⓕ fa·*mo*·zu/fa·*mo*·za
farmacéutico/a farmacêutico/ farmacêutica ⓜ/ⓕ far·ma·se·*u*·ti·ku/ far·ma·se·*u*·ti·ka
farmacia farmácia ⓕ far·*ma*·sia
faros (del coche) faróis ⓜ pl fa·*roish*
fax fax ⓜ faks
fecha data ⓕ *da*·ta
— de nacimiento data de nascimento ⓕ *da*·ta de nash·si·*me*^{n}·tu
feliz feliz fe·*lish*
femenino/a a feminino/feminina ⓜ/ⓕ fe·mi·*ni*·nu/fe·mi·*ni*·na
ferretería loja de ferramentas ⓕ *lo*·jha de fe·ja·*me*^{n}·tash
ferry ferryboat ⓜ *fe*·ji·bout
festival festival ⓜ fesh·ti·*val*
festivo (día) feriado ⓜ fe·ri·*a*·du
ficción ficção ⓕ fik·*sau*^{n}
fiebre febre ⓕ *fe*·bre
— del heno febre dos fenos ⓕ *fe*·bre dush *fe*·nush
fiesta festa ⓕ *fesh*·ta
— en la calle festa na rua ⓕ *fesh*·ta na *ju*·a
fila, cola fila ⓕ *fi*·la
filtrado/a filtrado/filtrada ⓜ/ⓕ fil·*tra*·du/fil·*tra*·da
fin fim ⓜ fi^n
fin de semana fim-de-semana ⓜ fi^n·de·se·*ma*·na
firma assinatura ⓕ a·si·na·*tu*·ra
flash flash ⓜ flash
flor flor ⓕ flor
floristería florista ⓕ flu·*rish*·ta
fogón fogão ⓜ fu·*gau*^{n}
folleto brochura ⓕ bru·*shu*·ra
fondo fundo ⓕ *fu*^{n}·du
forma forma ⓕ *for*·ma
fotografía fotografia ⓕ fu·tu·gra·*fi*·a
fotografiar fotografar fu·tu·gra·*far*
fotógrafo fotógrafo/fotógrafa ⓜ/ⓕ fu·*to*·gra·fu/fu·*to*·gra·fa
fotómetro fotómetro ⓜ fu·*to*·me·tru
frágil frágil *fra*·jhil
freno travão ⓜ tra·*vau*^{n}
fresco/a fresco/fresca ⓜ/ⓕ *fresh*·ku/*fresh*·ka
frigorífico frigorífico ⓜ fri·gu·*ri*·fi·ku
frío/a frio/fria ⓜ/ⓕ *fri*·u/*fri*·a
frontera fronteira ⓕ fro^n·*tei*·ra
frutero vendedor de hortaliças ⓜ ve^n·de·*dor* de or·ta·*li*·sash
fuego fogo ⓜ *fo*·gu
fuera fora *fo*·ra
— de servicio estragado/estragada ⓜ/ⓕ shtra·*ga*·du/shtra·*ga*·da
fuerte forte *for*·te
fuerzas armadas forças armadas ⓕ pl *for*·sash ar·*ma*·dash
fumar fumar fu·*mar*
funda de la almohada fronha ⓕ *fro*·ña
funeral funeral ⓜ fu·ne·*ral*
furgoneta carrinha ⓕ ka·*ji*·ña
fútbol futebol ⓜ fu·te·*bol*
futuro futuro ⓜ fu·*tu*·ru

G

gafas óculos ⓜ pl o·ku·lush
— de esquiar óculos de esqui ⓜ pl o·ku·lush de shki
— de nadar óculos de natação ⓜ pl o·ku·lush de na·ta·*sau*^{n}
— de sol óculos de sol ⓜ pl o·ku·lush de sol
galería de arte galeria de arte ⓕ ga·le·*ri*·a de *ar*·te

ganador/a vencedor/vencedora ⓜ/ⓕ ve^n·se·dor/ve^n·se·do·ra
ganar ganhar ga·ñar
garaje garagem ⓕ ga·ra·jhe^n
garantizado/a garantido/garantida ⓜ/ⓕ ga·ra^n·ti·du/ga·ra^n·ti·da
garganta garganta ⓕ gar·ga^n·ta
gas gás ⓜ gash
gasolina gasolina ⓕ ga·zu·li·na
gasolinera posto de gasolina ⓜ posh·tu de ga·zu·li·na
gastroenteritis gastrenterite ⓕ gash·tre^n·te·ri·te
gato/a gato/gata ⓜ/ⓕ ga·tu/ga·ta
gemelos/as gémeos/gémeas ⓜ/ⓕ jhe·mi·ush/jhe·mi·ash
genial óptimo/óptima ⓜ/ⓕ o·ti·mu/o·ti·ma
gente gente ⓕ jhe^n·te
gimnasio ginásio ⓜ jhi·na·ziu
ginecólogo ginecologista ⓜ y ⓕ jhi·ne·ku·lu·jhish·ta
girar virar vi·rar
gobierno governo ⓜ gu·ver·nu
gol golo ⓜ go·lu
gordo/a gordo/gorda ⓜ/ⓕ gor·du/gor·da
grabación gravação ⓕ gra·va·sau^n
grabador de video gravador de vídeo ⓜ gra·va·dor de vi·di·u
grabar gravar gra·var
gracioso/a engraçado/engraçada ⓜ/ⓕ e^n·gra·sa·du/e^n·gra·sa·da
grados (temperatura) graus ⓜ pl graush
gramo grama ⓜ gra·ma
grande grande gra^n·de
granja quinta ⓕ ki^n·ta
granjero agricultor ⓜ y ⓕ a·gri·kul·tor
gratis a grátis gra·tish
gratuito grátis gra·tish
grifo torneira ⓕ tur·nei·ra
gripe gripe ⓕ gri·pe
gris a cinzento/cinzenta ⓜ/ⓕ si^n·ze^n·tu/si^n·ze^n·ta
gritar gritar gri·tar
grueso/a grosso/grossa ⓜ/ⓕ gro·su/gro·sa
grupo grupo ⓜ gru·pu
— sanguíneo grupo sanguíneo ⓜ gru·pu sa^n·gui·ni·u
guantes (de látex) luvas de borracha ⓕ pl lu·vash de bu·ja·sha
guantes luvas ⓕ pl lu·vash
guardarropía bengaleiro ⓜ be^n·ga·lei·ru
guerra guerra ⓕ ge·ja
guía (persona) guia ⓜ gi·a
guía de conversación livro de frases ⓜ li·vru de fra·zesh
guía de viajes (libro) guia de viagem ⓜ gi·a de vi·a·jhe^n
guitarra guitarra ⓕ gi·ta·ja
gustar gostar gush·tar

H

habitación quarto ⓜ kuar·tu
— doble quarto de casal ⓜ kuar·tu de ka·zal
— individual quarto de solteiro ⓜ kuar·tu de sol·tei·ru
habitar morar mu·rar
hablar falar fa·lar
hacer fazer fa·zer
— surf fazer surf fa·zer sarf
hacia abajo para baixo pa·ra bai·shu
hamaca cama de rede ⓕ ka·ma de je·de
hambriento/a faminto/faminta ⓜ/ⓕ fa·mi^n·tu/fa·mi^n·ta
hasta até a·te
hecho a mano feito/feita à mão ⓜ/ⓕ fei·tu/fei·ta a mau^n
helada geada ⓕ jhi·a·da
hepatitis hepatite ⓕ e·pa·ti·te
herida ferimento ⓜ fe·ri·me^n·tu
herido/a ferido/ferida ⓜ/ⓕ fe·ri·du/fe·ri·da
herir aleijar a·lei·jhar
hermana irmã ⓕ ir·ma^n
hermano irmão ⓜ ir·mau^n

herpes zona ⓕ zo·na
hidratante hidratante ⓜ i·dra·ta^n·te
hielo gelo ⓜ jhe·lu
hierba erva ⓕ er·va
hígado fígado ⓜ fi·ga·du
hija filha ⓕ fi·lla
hijo filho ⓜ fi·llu
hilo de coser linha de coser ⓕ li·ña de ku·zer
hilo dental fio dental ⓜ fi·u de^n·tal
hincha (de un equipo) adepto/adepta ⓜ/ⓕ a·de·pe·tu/a·de·pe·ta
hinchazón inchaço ⓜ i^n·sha·su
hindú n y a hindu ⓜ y ⓕ i^n·du
historia história ⓕ shto·ria
histórico/a histórico/histórica ⓜ/ⓕ shto·ri·ku/shto·ri·ka
hockey hóquei ⓜ o·kei
— sobre hielo hóquei sobre o gelo ⓜ o·kei so·bre u jhe·lu
hogar casa ⓕ ka·za
hoja folha ⓕ fo·lla
— de afeitar lâmina de barbear ⓕ la·mi·na de bar·bi·ar
hombre homem ⓜ o·me^n
hombro ombro ⓜ o^n·bru
homosexual n y a homosexual ⓜ y ⓕ o·mo·sek·su·al
hora hora ⓕ o·ra
horario horário ⓜ o·ra·riu
horario de abertura horário de expediente ⓜ o·ra·riu de shpe·di·e^n·te
horno forno ⓜ for·nu
horóscopo horóscopo ⓜ o·rosh·ku·pu
horrible horrível o·ji·vel
hospital hospital ⓜ osh·pi·tal
hospitalidad hospitalidade ⓕ osh·pi·ta·li·da·de
hotel hotel ⓜ o·tel
hoy hoje o·jhe
huelga greve ⓕ gre·ve
hueso osso ⓜ o·su

I

ida (billete de) só de ida so de i·da
ida y vuelta (billete de) ida e volta i·da i vol·ta
identificación identificação ⓕ i·de^n·ti·fi·ka·sau^n
idiota idiota ⓜ y ⓕ i·di·o·ta
iglesia igreja ⓕ i·gre·jha
igualdad igualdade ⓕ i·gual·da·de
— de oportunidades igualdade de oportunidades ⓕ i·gual·da·de de o·pur·tu·ni·da·desh
impermeable à prova d'água a pro·va da·gua
importante importante i^n·por·ta^n·te
imposible impossível i^n·po·si·vel
impresora impressora ⓕ i^n·pre·so·ra
impuesto imposto ⓜ i^n·posh·tu
— sobre la renta imposto de rendimentos ⓜ i^n·posh·tu de je^n·di·me^n·tush
incluido/a incluído/incluída ⓜ/ⓕ i^n·klu·i·du/i^n·klu·i·da
incómodo/a desconfortável desh·ko^n·fur·ta·vel
indigestión indigestão ⓕ i^n·di·jhesh·tau^n
industria indústria ⓕ i^n·dush·tria
infarto ataque de coração ⓜ a·ta·ke de ku·ra·sau^n
infección infecção ⓕ i^n·fe·sau^n
— de orina infecção urinária ⓕ i^n·fek·sau^n u·ri·na·ria
inflamación inflamação ⓕ i^n·fla·ma·sau^n
información informação ⓕ i^n·for·ma·sau^n
informática informática ⓕ i^n·for·ma·ti·ka
ingeniería engenharia ⓕ e^n·jhe·ña·ri·a
inglés inglês ⓜ i^n·glesh
ingrediente ingrediente ⓜ i^n·gre·di·e^n·te
inhalador inalador ⓜ i·na·la·dor
inicio começo ⓜ ku·me·su
injusto/a injusto/injusta ⓜ/ⓕ i^n·jhush·tu/i^n·jhush·ta

inmigración imigração ⓕ i·mi·gra·sau^n
inocente inocente i·nu·se^n·te
inseguro inseguro/insegura ⓜ/ⓕ i^n·se·gu·ru/i^n·se·gu·ra
insolación insolação ⓕ i^n·su·la·sau^n
instituto (educación secundaria) escola secundária ⓕ shko·la se·ku^n·da·ri·a
instructor/a instrutor/instrutora ⓜ/ⓕ i^n·shtru·tor/i^n·shtru·to·ra
intentar tentar te^n·tar
intercambio trocar tru·kar
interesante interessante i^n·te·re·sa^n·te
interior no interior nu i^n·te·ri·or
internacional internacional i^n·ter·na·siu·nal
intérprete intérprete ⓜ y ⓕ i^n·ter·pre·te
intervalo intervalo ⓜ i^n·ter·va·lu
inundación inundação ⓕ i·nu^n·da·sau^n
inusual invulgar i^n·vul·gar
invitar convidar ko^n·vi·dar
inyección injecção ⓕ i^n·jhe·sau^n
inyectar injectar i^n·jhe·tar
ir ir ir
— de compras fazer compras fa·zer ko^n·prash
— de excursión caminhar ka·mi·ñar
irritación irritação da pele ⓕ i·ji·ta·sau^n da pe·le
isla ilha ⓕ i·lla
itinerario itinerário ⓜ i·ti·ne·ra·riu
IVA IVA ⓜ i·va
izquierda (dirección) esquerda ⓕ shker·da

J

jabón sabonete ⓜ sa·bu·ne·te
jaqueca dor de cabeça ⓕ dor de ka·be·sa
jarabe para la tos xarope ⓜ sha·ro·pe
jardín jardim ⓜ jhar·di^n
jardín botánico jardim botânico ⓜ jhar·di^n bu·ta·ni·ku
jardín de infancia jardim de infância ⓜ jhar·di^n de i^n·fa^n·sia
jardinería jardinagem ⓕ jhar·di·na·jhe^n
jardines públicos jardins públicos ⓜ pl jhar·di^{n}jh pu·bli·kush
jeringa seringa ⓕ se·ri^n·ga
joven jovem jho·ve^n
joyería ourivesaria ⓕ ou·ri·ve·za·ri·a
jubilado aposentado/aposentada ⓜ/ⓕ a·pu·ze^n·ta·du/a·pu·ze^n·ta·da
judío/a Judeu/Judia ⓜ/ⓕ jhu·de·u/jhu·di·a
juez/a juiz/juiza ⓜ/ⓕ jhu·ish/jhu·i·za
juguetería loja de brinquedos ⓕ lo·jha de bri^n·ke·dush
juntos/as junto/junta ⓜ/ⓕ jhu^n·tu/jhu^n·ta

K

kilogramo quilograma ⓜ ki·lu·gra·ma
kilómetro quilómetro ⓜ ki·lo·me·tru

L

labios lábios ⓜ pl la·biush
lado lado ⓜ la·du
ladrón/a ladrão/ladra ⓜ/ⓕ la·drau^n/la·dra
lagarto lagarto ⓜ la·gar·tu
lago lago ⓜ la·gu
lana lã ⓕ la^n
lancha motora barco a motor ⓜ bar·ku a mu·tor
lápiz lápis ⓜ la·pish
largo/a longo/longa ⓜ/ⓕ lo^n·gu/lo^n·ga
lata lata ⓕ la·ta
lavabo casa de banho ⓕ ka·za de ba·ñu
— público casa de banho pública ⓕ ka·za de ba·ñu pu·bli·ka

lavadora máquina de lavar roupa ⓕ ma·ki·na de la·var jou·pa
lavandería lavandaria ⓕ la·va^n·da·ri·a
lavar lavar la·var
laxante laxante ⓜ la·sha^n·te
leche leite ⓜ lei·te
— de soja leite de soja ⓜ lei·te de so·jha
— desnatada leite magro ⓜ lei·te ma·gru
lectura leitura ⓕ lei·tu·ra
leer ler ler
legal legal le·gal
lejos longe lo^n·jhe
lengua língua ⓕ li^n·gua
lentamente vagarosamente va·ga·ro·za·me^n·te
lente (cámara) lente ⓕ le^n·te
lentillas lentes de contacto ⓜ pl le^n·tesh de ko^n·tak·tu
leña lenha ⓕ le·ña
lesbiana n y a lésbica ⓕ lejh·bi·ka
ley lei ⓕ lei
libra (peso) libra ⓕ li·bra
libre a livre li·vre
librería livraria ⓕ li·vra·ri·a
libro livro ⓜ li·vru
licencia licença ⓕ li·se^n·sa
líder líder ⓜ y ⓕ li·der
ligero leve le·ve
límite de peso limite de peso ⓜ li·mi·te de pe·zu
límite de velocidad limite de velocidade ⓜ li·mi·te de ve·lu·si·da·de
limpiar limpar li^n·par
limpieza limpeza ⓕ li^n·pe·za
limpio/a limpo/limpa ⓜ/ⓕ li^n·pu/li^n·pa
lino linho ⓜ li·ñu
linterna luz do flash ⓕ lush du flash
linterna lanterna eléctrica ⓕ la^n·ter·na i·le·tri·ka
líquido para lentillas líquido para lentes de contacto ⓜ li·ki·du pa·ra le^n·tesh de ko^n·tak·tu
liso/a a plano/plana ⓜ/ⓕ pla·nu/pla·na
listín de teléfonos lista telefónica ⓕ lish·ta te·le·fo·ni·ka
llamada (telefónica) telefonar te·le·fu·nar
llamada a cobro revertido ligação a cobrar ⓕ li·ga·sau^n a ku·brar
llamada directa ligação directa ⓕ li·ga·sau^n di·re·ta
llave chave ⓕ sha·ve
llegada chegada ⓕ she·ga·da
llegar chegar she·gar
llenar encher e^n·sher
lleno/a cheio/cheia ⓜ/ⓕ shei·u/shei·a
llevar levar le·var
— en coche dar boleia dar bu·lei·a
— puesto usar u·zar
lluvia chuva ⓕ shu·va
local local lu·kal
— nocturno discoteca ⓕ dish·ku·te·ka
loco/a louco/louca ⓜ/ⓕ lou·ku/lou·ka
lombrices (intestinales) lombrigas ⓕ pl lo^n·bri·gash
loncha, rebanada fatia ⓕ fa·ti·a
lubrificante lubrificante ⓜ lu·bri·fi·ka^n·te
lugar lugar ⓜ lu·gar
— de nacimiento local de nascimento ⓜ lu·kal de nash·si·me^n·tu
lujo luxo ⓜ lu·shu
luna lua ⓕ lu·a
— de miel lua de mel ⓕ lu·a de mel
luz luz ⓕ lush

M

madera madeira ⓕ ma·dei·ra
madre mãe ⓕ mai^n
madrugada madrugada ⓕ ma·dru·ga·da
maleta mala de viagem ⓕ ma·la de vi·a·jhe^n

maletín pasta ⓕ pash·ta
malla gaze ⓕ ga·ze
malo mau/má ⓜ/ⓕ ma·u/ma
mamografía mamograma ⓜ ma·mu·gra·ma
mancha bomba ⓕ bo^n·ba
mandíbula maxilar ⓜ mak·si·lar
manifestación manifestação ⓕ ma·ni·fesh·ta·sau^n
mano mão ⓕ mau^n
manta cobertor ⓜ ku·ber·tor
mantel (de mesa) toalha de mesa ⓕ tua·lla de me·za
mañana (después de hoy) amanhã a·ma·ña^n
mañana (momento del día) manhã ⓕ ma·ña^n
mapa mapa ⓜ ma·pa
— de carreteras mapa de estradas ⓜ ma·pa de shtra·dash
maquillaje maquilhagem ⓕ ma·ki·lla·jhe^n
máquina expendedora de billetes máquina de vender bilhetes ⓕ ma·ki·na de ve^n·der bi·lle·tesh
máquina máquina ⓕ ma·ki·na
maquinilla de afeitar gilete ⓕ jhi·le·te
mar mar ⓜ mar
maravilloso/a maravilhoso/maravilhosa ⓜ/ⓕ ma·ra·vi·llo·zu/ma·ra·vi·llo·za
marcador placar ⓜ pla·kar
marcar (un gol) marcar mar·kar
marea maré ⓕ ma·re
mareado enjoado/enjoada ⓜ/ⓕ e^n·jhu·a·du/e^n·jhu·a·da
mareado/a tonto/tonta ⓜ/ⓕ to^n·tu/to^n·ta
mareo enjoo de viagem ⓜ e^n·jho·u de vi·a·jhe^n
marido marido ⓜ ma·ri·du
martillo martelo ⓜ mar·te·lu
más cercano/a o/a mais perto ⓜ/ⓕ u/a maish per·tu
más mais maish
— tarde mais tarde maish tar·de
masaje massagem ⓕ ma·sa·jhe^n
masajista massagista ⓜ y ⓕ ma·sa·jhish·ta
matar matar ma·tar
matrimonio casamento ⓜ ka·za·me^n·tu
mecánico/a mecânico/mecânica ⓜ/ⓕ me·ka·ni·ku/me·ka·ni·ka
mechero isqueiro ⓜ ish·kei·ru
medianoche meia-noite ⓕ mei·a·noi·te
medias (prenda) meias de vidro ⓕ pl mei·ash de vi·dru
Medicina (carrera) medicina ⓕ me·di·si·na
medicinas medicamentos ⓜ pl me·di·ka·me^n·tush
mediodía meio-dia ⓜ mei·u·di·a
medios de comunicación os meios de comunicação ⓜ pl ush mei·ush de ku·mu·ni·ka·sau^n
meditación meditação ⓕ me·di·ta·sau^n
mejor melhor me·llor
melodía melodia ⓕ me·lu·di·a
mendigo pedinte ⓜ y ⓕ pe·di^n·te
menos menos me·nush
mensaje mensagem ⓕ me^n·sa·jhe^n
menstruación menstruação ⓕ me^n·shtru·a·sau^n
mentir mentir me^n·tir
mentiroso/a mentiroso/mentirosa ⓜ/ⓕ me^n·ti·ro·zu/me^n·ti·ro·za
mercado mercado ⓜ mer·ka·du
— callejero feira ⓕ fei·ra
mermelada compota ⓕ ko^n·po·ta
mes mês ⓜ mesh
mesa mesa ⓕ me·za
meseta planalto ⓜ pla·nal·tu
metal metal ⓜ me·tal
metro metro ⓜ me·tru
mezclar misturar mish·tu·rar
mezquita mesquita ⓕ mesh·ki·ta
mi meu/minha ⓜ/ⓕ me·u/mi·ña
mí mim ⓜ y ⓕ mi^n

microondas microondas ⓜ pl mi·kro·o^{n}·dash
miembro membro ⓜ y ⓕ *me*^{n}·bru
migraña enxaqueca ⓕ e^{n}·sha·*ke*·ka
milímetro milímetro ⓜ mi·*li*·me·tru
mimado/a mimado/mimada ⓜ/ⓕ mi·*ma*·du/mi·*ma*·da
minúsculo/a minúsculo/minúscula ⓜ/ⓕ mi·*nush*·ku·lu/mi·*nush*·ku·la
minuto minuto ⓜ mi·*nu*·tu
mirador miradouro ⓜ mi·ra·*dou*·ru
mirar olhar u·*llar*
misa missa ⓕ *mi*·sa
mismo/a mesmo/mesma ⓜ/ⓕ *mejh*·mu/*mejh*·ma
mitad a metade ⓕ a me·*ta*·de
mobiliario móveis ⓜ pl *mo*·veish
mochila mochila ⓕ mu·*shi*·la
moda moda ⓕ *mo*·da
módem modem ⓜ *mo*·de^{n}
moderno/a moderno/moderna ⓜ/ⓕ mu·*der*·nu/mu·*der*·na
mojado molhado/molhada ⓜ/ⓕ mu·*lla*·du/mu·*lla*·da
monasterio mosteiro ⓜ mush·*tei*·ru
mondadientes palito ⓜ pa·*li*·tu
monedas moedas ⓕ pl mu·*e*·dash
monedero bolsa ⓕ *bol*·sa
mononucleosis febre glandular ⓕ fe·bre gla^{n}·du·*lar*
monopatín skate ⓜ *skei*·te
montaña montanha ⓕ mo^{n}·*ta*·ña
montar a caballo andar a cavalo a^{n}·*dar* a ka·*va*·lu
montar en bicicleta andar de bicicleta a^{n}·*dar* de bi·si·*kle*·ta
monumento monumento ⓜ mu·nu·*me*^{n}·tu
moqueo nasal nariz a pingar ⓜ na·*rish* a pi^{n}·*gar*
moratón nódoa negra ⓕ *no*·du·a *ne*·gra
mordedura mordedura ⓕ mur·de·*du*·ra
morir morrer mu·*jer*
mosquitera mosquiteiro ⓜ mush·ki·*tei*·ru
mostrar mostrar mush·*trar*
mote alcunha ⓕ al·*ku*·ña
motel motel ⓜ mo·*tel*
motocicleta mota ⓕ *mo*·ta
motor motor ⓜ mu·*tor*
mucho/a muito/muita ⓜ/ⓕ *mui*^{n}·tu/*mui*^{n}·ta
mudo/a mudo/muda ⓜ/ⓕ *mu*·du/*mu*·da
muerto/a morto/morta ⓜ/ⓕ *mor*·tu/*mor*·ta
mujer mulher ⓕ mu·*ller*
multa multa ⓕ *mul*·ta
mundo mundo ⓕ *mu*^{n}·du
muñeca (cuerpo) pulso ⓜ *pul*·su
muñeca boneco/boneca ⓜ/ⓕ bu·*ne*·ku/bu·*ne*·ka
muro parede ⓕ pa·*re*·de
músculo músculo ⓜ *mush*·ku·lu
museo museu ⓜ mu·*ze*·u
música música ⓕ *mu*·zi·ka
— tradicional música popular ⓕ *mu*·zi·ka pu·pu·*lar*
músico músico/música ⓜ/ⓕ *mu*·zi·ku/*mu*·zi·ka
musulmán/a n y a muçulmano/muçulmana ⓜ/ⓕ mu·sul·*ma*·nu/mu·sul·*ma*·na

N

nacionalidad nacionalidade ⓕ na·siu·na·li·*da*·de
nada nada ⓜ *na*·da
nadar nadar na·*dar*
naipes cartas ⓕ pl *kar*·tash
nalgas nádegas ⓕ pl *na*·de·gash
naranja (color) cor de laranja kor de la·*ra*^{n}·jha
nariz nariz ⓜ na·*rish*
natación natação ⓕ na·ta·*sau*^{n}
naturaleza natureza ⓕ na·tu·*re*·za
náusea náusea ⓕ *nau*·zi·a
náuseas del embarazo enjoo matinal ⓜ e^{n}·*jho*·u ma·ti·*nal*

navaja canivete (m) ka·ni·ve·te
Navidad Natal (m) na·tal
navío navio (m) na·vi·u
necesario necessário/necessária (m)/(f) ne·se·sa·riu/ne·se·sa·ria
neceser necessaire (m) ne·se·ser
necesitar precisar pre·si·zar
negativos (película fotográfica) negativos (m) pl ne·ga·ti·vush
negocios negócios (m) pl ne·go·siush
negro/a preto/preta (m)/(f) pre·tu/pre·ta
neumático pneu (m) pe·ne·u
nevera frigorífico (m) fri·gu·ri·fi·ku
nieto/a neto/neta (m)/(f) ne·tu/ne·ta
nieve neve (f) ne·ve
ninguno/a nenhum/nenhuma (m)/(f) ne^n·iu^n/ne^n·iu·ma
niñera ama (f) a·ma
niño criança (m) y (f) kri·a^n·sa
niño menino (m) me·ni·nu
no fumador não-fumador nau^n·fu·ma·dor
no não nau^n
noche noite (f) noi·te
nódulo nódulo (m) no·du·lu
nombre nome (m) no·me
nosotros nós nosh
noticias notícias (f) pl nu·ti·siash
novia namorada (f) na·mu·ra·da
novio namorado (m) na·mu·ra·du
novio/novia noivo/noiva (m)/(f) noi·vu/noi·va
nube nuvem (f) nu·ve^n
nublado/a enevoado/enevoada (m)/(f) e·ne·vu·a·du/e·ne·vu·a·da
nuestro/a (una cosa) nosso/nossa (m)/(f) no·su/no·sa
nuestros/as (más de una cosa) nossos/nossas (m)/(f) no·sush/no·sash
nuevo/a novo/nova (m)/(f) no·vu/no·va
número número (m) nu·me·ru
— de habitación número do quarto (m) nu·me·ru du kuar·tu
— de matrícula número da matrícula (m) nu·me·ru da ma·tri·ku·la
nunca nunca nu^n·ka

O

O

o ou ou
objetos perdidos perdidos e achados (m) pl per·di·dush i a·sha·dush
obra (de teatro) peça (f) pe·sa
océano oceano (m) o·si·a·nu
ocupado ocupado/ocupada (m)/(f) o·ku·pa·du/o·ku·pa·da
oficial de policía polícia pu·li·sia
oficina escritório (m) shkri·to·riu
— de correos correio (m) ku·jei·u
— de objetos perdidos gabinete de perdidos e achados (m) ga·bi·ne·te de per·di·dush i a·sha·dush
— de turismo escritório de turismo (m) shkri·to·riu de tu·rijh·mu
ojo olho (m) o·llu
ola onda (f) o^n·da
olla panela (f) pa·ne·la
olor cheiro (m) shei·ru
olvidar esquecer shke·ser
operación (médica) cirurgia (f) si·rur·jhi·a
operador (telefónico) telefonista (m) y (f) te·le·fu·nish·ta
opinión opinião (f) o·pi·ni·au^n
oportunidad oportunidade (f) o·pur·tu·ni·da·de
optometrista optometrista (m) y (f) o·to·me·trish·ta
opuesto/a oposto/oposta (m)/(f) o·posh·tu/o·posh·ta
oración oração (f) o·ra·sau^n
ordenador computador (m) ko^n·pu·ta·dor
— portátil computador portátil (m) ko^n·pu·ta·dor por·ta·til
oreja orelha (f) o·re·lla
orfanato infantário (m) i^n·fa^n·ta·ri·u
orgasmo orgasmo (m) or·gajh·mu
original a original o·ri·jhi·nal

oro ouro ⓜ ou·ru
orquesta orquestra ⓕ or·kesh·tra
oscuro (color/noche) escuro/escura ⓜ/ⓕ shku·ru/shku·ra
otro um outro/uma outra ⓜ/ⓕ u^n ou·tru/u·ma ou·tra
otro/a n y a outro/outra ⓜ/ⓕ ou·tru/ou·tra
ovario ovário ⓜ o·va·riu
oveja ovelha ⓕ u·ve·lla
oxígeno oxigénio ⓜ ok·si·jhe·niu

P

padre pai ⓜ pai
padres pais ⓜ pl paish
pagar pagar pa·gar
página página ⓕ pa·jhi·na
pago pagamento ⓜ pa·ga·me^n·tu
país país ⓜ pa·ish
pájaro pássaro ⓜ pa·sa·ru
palabra palavra ⓕ pa·la·vra
palacio palácio ⓜ pa·la·siu
pan pão ⓜ pau^n
panadería padaria ⓕ pa·da·ri·a
pantalón calças ⓕ pl kal·sash
— corto calções ⓜ pl kal·soi^{n}sh
pantis collants ⓜ pl ko·la^{n}sh
pañal fralda ⓕ fral·da
pañuelo lenço de mão ⓜ le^n·su de mau^n
pañuelo de papel lenço de papel ⓜ le^n·su de pa·pel
papel papel ⓜ pa·pel
— higiénico papel higiénico ⓜ pa·pel i·jhi·e·ni·ku
papeleo papelada ⓕ pa·pe·la·da
papelería papelaria ⓕ pa·pe·la·ri·a
paperas papeira ⓕ pa·pei·ra
paquete embrulho ⓜ e^n·bru·llu
para siempre para sempre pa·ra se^n·pre
parabrisas pára-brisas ⓜ pl pa·ra·bri·zash
parada de taxis praça de táxis ⓕ pra·sa de tak·sish
paraguas guarda-chuva ⓜ guar·da·shu·va
parar parar pa·rar
parecido/a parecido/parecida ⓜ/ⓕ pa·re·si·du/pa·re·si·da
pareja casal ⓜ ka·zal
parlamento parlamento ⓜ par·la·me^n·tu
parque nacional parque nacional ⓜ par·ke na·siu·nal
parque parque ⓜ par·ke
parte (componente) parte ⓕ par·te
partida (de cartas, etc.) jogar jhu·gar
partida (marcha) partida ⓕ par·ti·da
partidario/a (política) partidário/partidária ⓜ/ⓕ par·ti·da·riu/par·ti·da·ria
partido (deporte) jogo ⓜ jho·gu
partido (deporte) partida ⓕ par·ti·da
partido (político) partido ⓜ par·ti·du
partir partir par·tir
pasado passado ⓜ pa·sa·du
pasajero passageiro/passageira pa·sa·jhei·ru/pa·sa·jhei·ra
pasaporte passaporte ⓜ pa·sa·por·te
pasárselo bien divertir-se di·ver·tir·se
Pascua Páscoa ⓕ pash·kua
pasillo coxia ⓜ ku·shi·a
paso passo ⓜ pa·su
pastelería pastelaria ⓕ pash·te·la·ri·a
pastilla comprimido ⓜ ko^n·pri·mi·du
pastillas para dormir pílula para dormir ⓕ pi·lu·la pa·ra dur·mir
patinar patinar pa·ti·nar
patines en línea patins em linha ⓜ pl pa·ti^{n}jh e^n li·ña
patrón/a patrão/patroa ⓜ/ⓕ pa·trau^n/pa·tro·a

paz paz ⓕ pash
peatón peão ⓜ pi·au^n
pecho (cuerpo) peito ⓜ pei·tu
pedal pedal ⓜ pe·dal
pedazo pedaço ⓜ pe·da·su
pedido pedido ⓜ pe·di·du
pedir pedir pe·dir
— prestado pedir emprestado pe·dir e^n·presh·ta·du
peine pente ⓜ pe^n·te
pelea luta ⓕ lu·ta
película de diapositivas (carrete) filme de diapositivos ⓜ fil·me de di·a·po·zi·ti·vush
película filme ⓜ fil·me
peligroso/a perigoso/perigosa ⓜ/ⓕ pe·ri·go·zu/pe·ri·go·za
pelo cabelo ⓜ ka·be·lu
pelota bola ⓕ bo·la
— de golf bola de golfe ⓕ bo·la de gol·fe
peluquero cabeleireiro/cabeleireira ⓜ/ⓕ ka·be·lei·rei·ru/ka·be·lei·rei·ra
pendiente (inclinado) íngreme i^n·gre·me
pendientes brincos ⓜ pl bri^n·kush
pene pénis ⓜ pe·nish
pensar pensar pe^n·sar
pensión pensão ⓕ pe^n·sau^n
pensionista pensionista ⓜ y ⓕ pe^n·siu·nish·ta
pequeño pequeno/pequena ⓜ/ⓕ pe·ke·nu/pe·ke·na
perder perder per·der
perdido/a perdido/perdida ⓜ/ⓕ per·di·du/per·di·da
perdonar perdoar per·du·ar
perezoso preguiçoso/preguiçosa ⓜ/ⓕ pre·gi·so·zu/pre·gi·so·za
perfecto perfeito/perfeita ⓜ/ⓕ per·fei·tu/per·fei·ta
perfume perfume ⓜ per·fu·me
periódico jornal ⓜ jhor·nal
periodista jornalista ⓜ y ⓕ jhor·na·lish·ta
permiso licença ⓕ li·se^n·sa
— de conducir carta de condução ⓕ kar·ta de ko^n·du·sau^n
— de trabajo licença de trabalho ⓕ li·se^n·sa de tra·ba·llu
pero mas mash
perro cão ⓜ kau^n
— lazarillo cão-guia ⓜ kau^n·gi·a
persona pessoa ⓕ pe·so·a
pesado/a pesado/pesada ⓜ/ⓕ pe·za·du/pe·za·da
pesar pesar pe·zar
pesca pesca ⓕ pesh·ka
pescadería peixaria ⓕ pei·sha·ri·a
pescadero peixeiro/peixeira ⓜ/ⓕ pei·shei·ru/pei·shei·ra
peso peso ⓜ pe·zu
petición petição ⓕ pe·ti·sau^n
petróleo petróleo ⓜ pe·tro·llu
pez/pescado peixe ⓜ pei·she
picadura mordida (por um insecto) ⓕ mor·di·da (pur u^n i^n·se·tu)
picahielos machado de gelo ⓜ ma·sha·du de jhe·lu
picnic piquenique ⓜ pi·ke·ni·ke
picor comichão ⓕ ku·mi·shau^n
pie pé ⓜ pe
piedra pedra ⓕ pe·dra
piel pele ⓕ pe·le
pierna (cuerpo) perna ⓕ per·na
pilar pilar ⓜ pi·lar
píldora pílula ⓕ pi·lu·la
pinchazo furo ⓜ fu·ru
ping-pong ténis de mesa ⓜ te·nish de me·za
pintor/a pintor/pintora ⓜ/ⓕ pi^n·tor/pi^n·to·ra
pintura pintura ⓕ pi^n·tu·ra
pinza pinça ⓕ pi^n·sa
piojos piolhos ⓜ pl pi·o·llush
piqueta picareta ⓕ pi·ka·re·ta
piscina piscina ⓕ pish·si·na
piso (planta) andar ⓜ a^n·dar
pista (camino) caminho ⓜ ka·mi·ñu
pista (deportes) pista ⓕ pish·ta
pista de atletismo pista de corridas ⓕ pish·ta de ku·ji·dash

pista de tenis campo de ténis ⓜ ka^n·pu de te·nish
pistola pistola ⓕ pish·to·la
plancha (de ropa) ferro de engomar ⓜ fe·ju de e^n·gu·mar
plancha de surf prancha de surf ⓕ pra^n·sha de sarf
planta planta ⓕ pla^n·ta
plata prata ⓕ pra·ta
plataforma plataforma ⓕ pla·ta·for·ma
plato prato ⓜ pra·tu
playa praia ⓕ prai·a
plaza praça ⓕ pra·sa
— de *camping* parque de campismo ⓜ par·ke de ka^n·pijh·mu
— de toros praça de touros ⓕ pra·sa de tou·rush
pobre pobre po·bre
pobreza pobreza ⓕ pu·bre·za
poco (cantidad) pouco/pouca ⓜ/ⓕ pou·ku/pou·ka
poder poder ⓜ pu·der
poder, ser capaz de poder pu·der
poesía poesia ⓕ po·i·zi·a
polen pólen ⓜ po·le^n
policía polícia ⓕ pu·li·sia
política política ⓕ pu·li·ti·ka
político/a político/política ⓜ/ⓕ pu·li·ti·ku/pu·li·ti·ka
pollo galinha ⓕ ga·li·ña
polvo pó ⓜ po
popular popular pu·pu·lar
por por pur
por ciento por cento pur se^n·tu
por qué porquê pur·ke
portero guarda-redes guar·da·je·desh
Portugal Portugal ⓜ pur·tu·gal
portugués português ⓜ pur·tu·gesh
posible possível pu·si·vel
positivo positivo/positiva ⓜ/ⓕ pu·zi·ti·vu/pu·zi·ti·va
póster cartaz ⓜ kar·tash
postre sobremesa ⓕ su·bre·me·za
precio preço ⓜ pre·su
preferir preferir pre·fe·rir
pregunta pergunta ⓕ per·gu^n·ta
preguntar perguntar per·gu^n·tar
preocupado/a preocupado/preocupada ⓜ/ⓕ pri·o·ku·pa·du/pri·o·ku·pa·da
preparar preparar pre·pa·rar
prescripción receita médica ⓕ je·sei·ta me·di·ka
presente (regalo/tiempo) presente ⓜ pre·ze^n·te
preservativo preservativo ⓜ pre·zer·va·ti·vu
presidente presidente ⓜ y ⓕ pre·zi·de^n·te
presión (neumático) pressão ⓕ pre·sau^n
presupuesto orçamento ⓜ or·sa·me^n·tu
prieto/a apertado/apertada ⓜ/ⓕ a·per·ta·du/a·per·ta·da
primer ministro primeiro ministro/primeira ministra ⓜ/ⓕ pri·mei·ru mi·ni·shtru/pri·mei·ra mi·ni·shtra
primera clase primeira classe ⓕ pri·mei·ra kla·se
primero/a primeiro/primeira ⓜ/ⓕ pri·mei·ru/pri·mei·ra
principal principal pri^n·si·pal
prisa pressa ⓕ pre·sa
prisión prisão ⓕ pri·zaun
privado/a privado/privada pri·va·du/pri·va·da
probador sala de provas ⓕ sa·la de pro·vash
producir produzir pru·du·zir
profesor/a professor/professora ⓜ/ⓕ pru·fe·sor/pru·fe·so·ra
profundo/a profundo/profunda ⓜ/ⓕ pru·fu^n·du/pru·fu^n·da
programa programa ⓜ pru·gra·ma
prometer prometer pru·me·ter
prometido/a (pareja) noivado ⓜ noi·va·du
pronto cedo se·du

propietario/a dono/dona ⓜ/ⓕ do·nu/do·na
propina gorjeta ⓕ gor·jhe·ta
prostituta prostituto/prostituta ⓜ/ⓕ prush·ti·tu·tu/prush·ti·tu·ta
protección solar protecção anti-solar ⓕ pru·te·sau^n a^n·ti·su·lar
protector dental protector de borracha ⓜ pru·te·tor de bu·ja·sha
proteger proteger pru·te·jher
protegido/a (especie) protegido/protegida ⓜ/ⓕ pru·te·jhi·du/pru·te·jhi·da
protestar protestar pru·tesh·tar
provisiones provisões ⓕ pl pru·vi·zoi^{n}sh
próximamente em breve e^n bre·ve
próximo/a próximo/próxima ⓜ/ⓕ pro·si·mu/pro·si·ma
proyector projector ⓜ pru·jhe·tor
prueba de embarazo teste de gravidez ⓜ tesh·te de gra·vi·desh
puente ponte ⓕ po^n·te
puerta (aeropuerto) portão/porta ⓜ/ⓕ por·tau^n/por·ta
puerta de salida porta de partida ⓕ por·ta de par·ti·da
puerto porto ⓜ por·tu
puesta de sol pôr do sol ⓜ por du sol
pulga pulga ⓕ pul·ga
pulmón pulmão ⓜ pul·mau^n
punto ponto ⓜ po^n·tu
— de control ponto de controle ⓜ po^n·tu de ko^n·tro·le
puntual a horas a o·rash
puro (cigarro) charuto ⓜ sha·ru·tu
puro/a puro/pura ⓜ/ⓕ pu·ru/pu·ra
púrpura roxo/roxa ⓜ/ⓕ jo·shu/jo·sha

Q

qué que ke
quedarse ficar fi·kar
quemadura queimadura ⓕ kei·ma·du·ra
quemadura solar queimado/queimada do sol ⓜ/ⓕ kei·ma·du/kei·ma·da du sol
querer querer ke·rer
quien quem ke^n
quincena quinzena ⓕ ki^n·ze·na
quiosco quiosque ⓜ ki·osh·ke
quiste ovárico cisto no ovário ⓜ sish·tu nu o·va·riu
quizá talvez tal·vesh

R

racismo racismo ⓜ ja·sijh·mu
radiador radiador ⓜ ja·di·a·dor
radio rádio ja·diu
radio (de rueda) raio de roda ⓜ ja·iu de jo·da
rápido/a a rápido/rápida ⓜ/ⓕ ja·pi·du/ja·pi·da
raqueta raquete ⓕ ja·ke·te
raro (poco común) raro/rara ⓜ/ⓕ ja·ru/ja·ra
rastrillo (mercado) feira da ladra ⓕ fei·ra da la·dra
rata ratazana ⓜ y ⓕ ja·ta·za·na
ratón rato ⓜ ja·tu
razón razão ⓕ ja·zau^n
razonable razoável ja·zu·a·vel
realista realista ji·a·lish·ta
rebajas liquidação ⓕ li·ki·da·sau^n
rechazar recusar je·ku·zar
recibo recibo ⓜ je·si·bu
reciclable reciclável je·si·kla·vel
reciclar reciclar je·si·klar
recientemente recentemente je·se^n·te·me^n·te
reclamación reclamação ⓕ je·kla·ma·sau^n
reclamar reclamar je·kla·mar
recogida de equipajes balcão de bagagens ⓜ bal·kau^n de ba·ga·jhe^{n}sh
recogida de la fruta colheita de frutas ⓕ ku·llei·ta de fru·tash
recomendar recomendar je·ku·me^n·dar

recto (dirección) (à) direita (a) di·rei·ta
recto/a directo/directa ⓜ/ⓕ di·re·tu/di·re·ta
recuerdo lembrança ⓕ le^n·bra^n·sa
recursos humanos recursos humanos ⓜ pl je·kur·sush u·ma·nush
red rede ⓕ je·de
redondo/a redondo/redonda ⓜ/ⓕ je·do^n·du/je·do^n·da
reembolso reembolso ⓜ je·e^n·bol·su
referencia referência ⓕ je·fe·re^n·sia
refresco refrigerante ⓜ je·fri·jhe·ra^n·te
refugiado/a refugiado/refugiada ⓜ/ⓕ je·fu·jhi·a·du/je·fu·jhi·a·da
regalo presente ⓜ pre·ze^n·te
regional regional je·jhiu·nal
registro del automóvil registo automóvel ⓜ je·jhish·tu au·tu·mo·vel
regla regra ⓕ je·gra
regresar voltar vol·tar
reina rainha ⓕ ja·i·ña
reír rir jir
relación relacionamento ⓜ je·la·siu·na·me^n·tu
relaciones públicas relações públicas ⓕ pl je·la·soi^{n}sh pu·bli·kash
relax relaxar je·la·shar
religión religião ⓕ je·li·jhi·au^n
religioso religioso/religiosa ⓜ/ⓕ je·li·jhi·o·zu/je·li·jhi·o·za
reliquia relíquia ⓕ je·li·kia
reloj relógio ⓜ je·lo·jhiu
— de pulsera relógio ⓜ je·lo·jhiu
remoto remoto/remota ⓜ/ⓕ je·mo·tu/je·mo·ta
reparar consertar ko^n·ser·tar
repelente de insectos repelente ⓜ je·pe·le^n·te
reserva reserva ⓕ je·zer·va
reservar reservar je·zer·var
resfriado constipação ⓕ ko^n·shti·pa·sau^n
resguardo de equipaje etiqueta de bagagem ⓕ e·ti·ke·ta de ba·ga·jhe^n
residuos nucleares resíduos nucleares ⓜ pl je·zi·du·ush nu·kli·ar·esh
resorte molas ⓕ pl mo·lash
respirar respirar jesh·pi·rar
respuesta resposta ⓕ jesh·posh·ta
restaurante restaurante ⓜ jesh·tau·ra^n·te
retrasado/a atrasado/atrasada ⓜ/ⓕ a·tra·za·du/a·tra·za·da
retraso atraso ⓜ a·tra·zu
revisión revisão ⓕ je·vi·zau^n
revisor (tren, autobús, etc.) cobrador ⓜ ku·bra·dor
revista revista ⓕ je·vish·ta
rey rei ⓜ jei
rico/a (dinero) rico/rica ⓜ/ⓕ ji·ku/ji·ka
riesgo risco ⓜ jish·ku
riñón rim ⓜ ji^n
río rio ⓜ ji·u
ritmo ritmo ⓜ jit·mu
robado/a roubado/roubada ⓜ/ⓕ jou·ba·du/jou·ba·da
robar roubar jou·bar
robo roubo ⓜ jou·bu
roca pedra ⓕ pe·dra
rodilla joelho ⓜ jhu·e·llu
rojo vermelho/vermelha ⓜ/ⓕ ver·me·llu/ver·me·lla
romántico/a romântico/romântica ⓜ/ⓕ ju·ma^n·ti·ku/ju·ma^n·ti·ka
romper quebrar ke·brar
ropa roupa ⓕ jou·pa
— de cama lençóis e mantas ⓕ pl le^n·soish i ma^n·tash
— interior roupa interior ⓕ jou·pa i^n·te·ri·or
ropero guarda-roupa ⓜ guar·da·jou·pa
rosa cor-de-rosa kor·de·jo·za
rostro rosto ⓜ josh·tu
roto/a quebrado/quebrada ⓜ/ⓕ ke·bra·du/ke·bra·da
rotonda rotunda ⓕ ju·tu^n·da
rubeola rubéola ⓕ ju·be·o·la

rueda roda ⓕ *jo*·da
ruidoso/a barulhento/barulhenta ⓜ/ⓕ ba·ru·*lle*^{n}·tu/ba·ru·*lle*^{n}·ta
ruinas ruínas ⓕ pl ju·*i*·nash
ruta rota ⓕ *jo*·ta
— excursionista rota de caminhada ⓕ *jo*·ta de ka·mi·*ña*·da

S

sábana lençol ⓜ le^n·*sol*
saber saber sa·*ber*
sabroso/a gostoso/gostosa ⓜ/ⓕ gush·*to*·zu/gush·*to*·za
sacacorchos saca-rolhas ⓜ sa·ka·*jo*·llash
saco de dormir saco de dormir ⓜ *sa*·ku de dor·*mir*
sala sala ⓕ *sa*·la
— de espera sala de espera ⓕ *sa*·la de *shpe*·ra
— de tránsito sala de trânsito ⓕ *sa*·la de *tra*^{n}·zi·tu
salario salário ⓜ sa·*la*·riu
saldo saldo ⓜ *sal*·du
salida saída ⓕ sa·*i*·da
— nocturna saída à noite ⓕ sa·*i*·da a *noi*·te
salir sair sa·*ir* (ko^n)
salir (con alguien) namorar na·mu·*rar*
salón de belleza salão de beleza ⓜ sa·*lau*^{n} de be·*le*·za
salón de té casa de chá ⓕ *ka*·za de sha
saltar saltar sal·*tar*
salud saúde ⓕ sa·*u*·de
salvaslip penso higiénico ⓜ *pe*^{n}·su i·jhi·e·ni·ku
sandalia sandália ⓕ sa^n·*da*·lia
sangre sangue ⓜ *sa*^{n}·ge
santo/a n santo/santa ⓜ/ⓕ *sa*^{n}·tu/*sa*^{n}·ta
santuario santuário ⓜ sa^n·tu·*a*·riu
sarampión sarampo ⓜ sa·*ra*^{n}·pu
sartén panela ⓕ pa·*ne*·la
sastre alfaiate ⓜ al·fai·*a*·te
sauna sauna ⓕ *sau*·na
secar secar se·*kar*
seco/a seco/seca ⓜ/ⓕ *se*·ku/*se*·ka
secretario/a secretário/secretária ⓜ/ⓕ se·kre·*ta*·riu/se·kre·*ta*·ria
seda seda ⓕ *se*·da
sediento/a sedento/sedenta ⓜ/ⓕ se·*de*^{n}·tu/se·*de*^{n}·ta
seguir seguir se·*gir*
segunda clase segunda classe ⓕ se·*gu*^{n}·da *kla*·se
segunda mano em segunda mão e^n se·*gu*^{n}·da mau^n
segundo/a segundo/segunda ⓜ/ⓕ se·*gu*^{n}·du/se·*gu*^{n}·da
segundo (tiempo) segundo ⓜ se·*gu*^{n}·du
seguro/a seguro/segura ⓜ/ⓕ se·*gu*·ru/se·*gu*·ra
sello (postal) selo ⓜ *se*·lu
semáforo semáforo ⓜ se·*ma*·fu·ru
semana semana ⓕ se·*ma*·na
sencillo simples *si*^{n}·plesh
sendero atalho ⓜ a·*ta*·llu
seno seio ⓜ *sei*·u
sensación sensação ⓕ se^n·sa·*sau*^{n}
sensible sensível se^n·*si*·vel
sensual sensual se^n·su·*al*
sentarse sentar se^n·*tar*
sentimiento sentimento ⓜ sen·ti·*men*·tu
señal sinal ⓜ si·*nal*
señalar apontar a·po^n·*tar*
separado/a separado/separada ⓜ/ⓕ se·pa·*ra*·du/se·pa·*ra*·da
ser ser ser
serio/a sério/séria ⓜ/ⓕ *se*·riu/*se*·ria
serpiente cobra ⓕ *ko*·bra
servicioserviço ⓜ ser·*vi*·su
servilleta guardanapo ⓜ guar·da·*na*·pu
sexismo machismo ⓜ ma·*shijh*·mu
sexo sexo ⓜ *sek*·su
— seguro sexo protegido ⓜ *sek*·su pru·te·*jhi*·du

sexy sexy sek·si
si se se
sí sim si^n
SIDA SIDA ⓕ si·da
siempre sempre se^n·pre
siguiente próximo/próxima ⓜ/ⓕ pro·si·mu/pro·si·ma
silla cadeira ⓕ ka·dei·ra
— de ruedas cadeira de rodas ⓕ ka·dei·ra de jo·dash
simpático/a simpático/simpática ⓜ/ⓕ si^n·pa·ti·ku/si^n·pa·ti·ka
sin sem se^n
sin-techo sem abrigo se^n a·bri·gu
sinagoga sinagoga ⓕ si·na·go·ga
síndrome premenstrual tensão pré-menstrual ⓕ te^n·sau^n pre·me^n·shtru·al
sintético/a sintético/sintética ⓜ/ⓕ si^n·te·ti·ku/si^n·te·ti·ka
sistema de clases sistema de classes ⓜ sish·te·ma de kla·sesh
soborno suborno ⓜ su·bor·nu
sobre (carta) envelope ⓜ e^n·ve·lo·pe
sobre sobre so·bre
sobredosis dose excessiva ⓕ do·ze she·si·va
socialista n y a socialista ⓜ y ⓕ su·si·a·lish·ta
sol sol ⓜ sol
solamente somente so·me^n·te
soldado soldado ⓜ y ⓕ sol·da·du
soleado/a ensolarado/ensolarada ⓜ/ⓕ e^n·su·la·ra·du/e^n·su·la·ra·da
solo sozinho/sozinha ⓜ/ⓕ so·zi·ñu/so·zi·ña
soltero/a a solteiro/solteira ⓜ/ⓕ sol·tei·ru/sol·tei·ra
sombra sombra ⓕ so^n·bra
sombrero chapéu ⓜ sha·pe·u
sonreír sorrir so·jir
soñoliento/a sonolento/sonolenta ⓜ/ⓕ su·nu·le^n·tu/su·nu·le^n·ta
sordo/a surdo/surda ⓜ/ⓕ sur·du/sur·da
sorpresa surpresa ⓕ sur·pre·za
su (de él) dele de·le
su (de ella) dela de·la
su (de ellos) deles de·lesh
subir subir su·bir
submarinismo mergulho ⓜ mer·gu·llu
subsidio (social) assistência social ⓕ a·sish·te^n·sia su·si·al
subtítulos legendas ⓕ pl le·jhe^n·dash
sucio/a sujo/suja ⓜ/ⓕ su·jhu/su·jha
sudadera camisola ⓕ ka·mi·zo·la
suegro/a sogra/ sogra so·gru/so·gra
sueldo salário ⓜ sa·la·riu
suelo chão ⓜ shau^n
suelto/a solto/solta ⓜ/ⓕ sol·tu/sol·ta
sueño sonho ⓜ so·ñu
suero fisiológico sais de hidratação ⓜ pl saish de i·dra·ta·sau^n
suerte sorte ⓕ sor·te
suéter camisola ⓕ ka·mi·zo·la
suficiente suficiente su·fi·si·e^n·te
sujetador soutien ⓜ su·ti·e^n
supermercado supermercado ⓜ su·per·mer·ka·du
superstición superstição ⓕ su·persh·ti·sau^n
surf surf ⓜ sarf

T

tabaco tabaco ⓜ ta·ba·ku
tablero de ajedrez tabuleiro de xadrez ⓜ ta·bu·lei·ru de sha·dresh
talco pó de talco ⓜ po de tal·ku
talla tamanho ⓜ ta·ma·ñu
taller oficina ⓕ o·fe·si·na
también também ta^n·be^n
tampón tampão ⓜ ta^n·pau^n
tapón (de la bañera) tampão ⓜ ta^n·pau^n

tapones para los oídos tampões para os ouvidos (m) pl ta^n·poi^{n}sh pa·ra ush ou·vi·dush
taquilla bilheteira (f) bi·lle·tei·ra
tarde tarde (f) tar·de
tarifa preço da passagem (m) pre·su da pa·sa·jhe^n
— postal tarifa postal (f) ta·ri·fa push·tal
tarjeta cartão (m) kar·tau^n
— de crédito cartão de crédito (m) kar·tau^n de kre·di·tu
— de embarque cartão de embarque (m) kar·tau^n de e^n·bar·ke
— de memoria memória (f) me·mo·ri·a
— SIM cartão SIM (m) kar·tau^n si^n
tarjeta telefónica cartão telefónico (m) kar·tau^n te·le·fo·ni·ku
tarro frasco (m) frash·ku
tasa taxa (f) ta·sha
— de aeropuerto taxa de aeroporto (f) ta·sha de a·e·ro·por·tu
— de cambio taxa de câmbio (f) ta·sha de ka^n·biu
— de servicio taxa de serviço (f) ta·sha de ser·vi·su
taza chávena (f) sha·ve·na
té chá (m) sha
teatro teatro (m) te·a·tru
teclado teclado (m) te·kla·du
técnica técnica (f) tek·ni·ka
tejido tecido (m) te·si·du
telefonear telefonar te·le·fu·nar
teléfono telefone (m) te·le·fo·ne
— móvil telemóvel (m) te·le·mo·vel
— público telefone público (m) te·le·fo·ne pu·bli·ku
telenovela telenovela (f) te·le·nu·ve·la
telescopio telescópio (m) te·lesh·ko·piu
telesilla teleférico (m) te·le·fe·ri·ku
televisión televisão (f) te·le·vi·zau^n
temperatura (clima) temperatura (f) te^n·pe·ra·tu·ra
tempestad tempestade (f) te^n·pesh·ta·de
tendedero (de ropa) estendal da roupa (f) shte^n·dal da jou·pa
tenedor garfo (m) gar·fu
tener ter ter
tenis ténis (m) te·nish
tensión arterial tensão arterial (f) te^n·sau^n ar·te·ri·al
tentempié refeição ligeira (f) je·fei·sau^n li·jhei·ra
terminar terminar ter·mi·nar
termómetro termómetro (m) ter·mo·me·tru
terremoto terramoto (m) te·ja·mo·tu
terrible terrível te·ji·vel
terrorismo terrorismo (m) te·ju·rijh·mu
test teste (m) tesh·te
testarudo/a teimoso/teimosa (m)/(f) tei·mo·zu/tei·mo·za
tía tia (f) ti·a
tibio/a morno/morna (m)/(f) mor·nu/mor·na
tiempo tempo (m) te^n·pu
tiempo (clima) tempo (m) te^n·pu
tiempo parcial meio tempo mei·u te^n·pu
tienda (de campaña) tenda (f) te^n·da
tienda loja (f) lo·jha
— de artículos de *camping* loja de campismo (f) lo·jha de ka^n·pijh·mu
— de bebidas loja de bebidas (f) lo·jha de be·bi·dash
— de bicicletas loja de ciclismo (f) lo·jha de si·klish·mu
— de conveniencia loja de conveniência (f) lo·jha de ko^n·ve·ñe^n·sia
— de electrodomésticos loja de aparelhos eléctricos (f) lo·jha de a·pa·re·llush i·le·tri·kush
— de fotografía loja de equipamentos fotográficos (f) lo·jha de e·ki·pa·me^n·tush fu·tu·gra·fi·kush

— de licores loja de bebidas ⓕ lo·jha de be·bi·dash
— de música loja de música ⓕ lo·jha de mu·zi·ka
— de recuerdos loja de lembranças ⓕ lo·jha de le^n·bra^n·sash
— de ropa loja de roupas ⓕ lo·jha de jou·pash
— de segunda mano loja de segunda mão ⓕ lo·jha de se·gun·da mau^n
— de ultramarinos mercearia ⓕ mer·si·a·ri·a
— deportiva loja de desporto ⓕ lo·jha de desh·por·tu
tierra terra ⓕ te·ja
tijeras tesoura ⓕ sg te·zou·ra
tímido/a tímido/tímida ⓜ/ⓕ ti·mi·du/ti·mi·da
típico/a típico/típica ⓜ/ⓕ ti·pi·ku/ti·pi·ka
tipo tipo ⓜ ti·pu
tirar puxar pu·shar
tirita penso ⓜ pe^n·su
título título ⓜ ti·tu·lu
— de propiedad del automóvil título de registo do automóvel ⓜ ti·tu·lu de je·jhish·tu du au·tu·mo·vel
toalla toalha ⓕ tua·lla
— de cara toalha de rosto ⓕ tua·lla de josh·tu
tobillo tornozelo ⓜ tur·nu·ze·lu
tocar tocar tu·kar
todo/a todo/toda ⓜ/ⓕ to·du/to·da
todo tudo ⓜ tu·du
todos/as todos/todas ⓜ/ⓕ to·dush/to·dash
todoterreno jipe ⓜ jhi·pe
tono de línea telefónica sinal da linha telefónica ⓜ si·nal da li·ña te·le·fo·ni·ka
torero cavaleiro ⓜ ka·va·lei·ru
tormenta trovoada ⓕ tru·vu·a·da
toro touro ⓜ tou·ru
torre torre ⓕ to·je
toser tossir tu·sir
tostadora torradeira ⓕ tu·ja·dei·ra
trabajador/a trabalhador/trabalhadora ⓜ/ⓕ tra·ba·lla·dor/tra·ba·lla·do·ra
trabajar trabalhar tra·ba·llar
trabajo trabalho ⓜ tra·ba·llu
— doméstico trabalho doméstico ⓜ tra·ba·llu du·mesh·ti·ku
— temporal trabalho temporário ⓜ tra·ba·llu te^n·pu·ra·riu
traducir traduzir tra·du·zir
traer trazer tra·zer
traficante de drogas traficante de drogas ⓜ y ⓕ tra·fi·ka^n·te de dro·gash
tráfico tráfico ⓜ tra·fi·ku
— de drogas tráfico de drogas ⓜ tra·fi·ku de dro·gash
traje fato ⓜ fa·tu
— de baño fato de banho ⓜ fa·tu de ba·ñu
transporte transporte ⓜ tra^{n}sh·por·te
tranvía eléctrico ⓜ i·le·tri·ku
tren comboio ⓜ ko^n·boi·u
tribunal tribunal ⓜ tri·bu·nal
trineo tobogã ⓜ to·bo·ga^n
triste triste trish·te
trombosis trombose ⓕ tro^n·bo·ze
trona cadeira de criança ⓕ ka·dei·ra de kri·a^n·sa
tú inf sg/pl tu/você tu/vo·sesh
tubo de escape (automóvil) exaustor ⓜ i·zaush·tor
tumba túmulo ⓜ tu·mu·lu
tumbarse deitar-se dei·tar·se
tumor tumor ⓜ tu·mor
tuna tuna ⓜ tu·na
turista turista ⓜ y ⓕ tu·rish·ta
TV televisão ⓕ te·le·vi·zau^n

U

último/a (final) último/última ⓜ/ⓕ ul·ti·mu/ul·ti·ma
último/a (pasado/a) passado/passada ⓜ/ⓕ pa·sa·du/pa·sa·da

ultrasonido ultrasom (m) ul·tra·so^n
uniforme farda (f) far·da
universidad universidade (f) u·ni·ver·si·da·de
universo universo (m) u·ni·ver·su
unos/as uns/umas (m)/(f) pl u^{n}sh/u·mash
urgencia emergência (f) i·mer·jhe^n·sia
urgente urgente ur·jhe^n·te
usted for você/o senhor/a senhora vo·se/u se·ñor/a se·ño·ra
útil útil u·til

V

vaca vaca (f) va·ka
vacaciones férias (f) pl fe·ri·ash
vacante vaga (f) va·ga
vacío/a vazio/vazia (m)/(f) va·zi·u/va·zi·a
vacuna vacina (f) va·si·na
vagón vagão (m) va·gau^n
— restaurante vagão restaurante (m) va·gau^n jesh·tau·ra^n·te
validar validar va·li·dar
valiente corajoso/corajosa (m)/(f) ku·ra·jho·zu/ku·ra·jho·za
valioso/a valioso/valiosa (m)/(f) va·li·o·zu/va·li·o·za
valle vale (m) va·le
valor valor (m) va·lor
varicela bechigas (f) pl be·shi·gash
varios/as vários/várias (m)/(f) va·riush/va·riash
vegetariano/a n y a vegetariano/vegetariana (m)/(f) ve·jhe·ta·ri·a·nu/ve·jhe·ta·ri·a·na
vejiga bexiga (f) be·shi·ga
vela vela (f) ve·la
velocidad velocidade (f) ve·lu·si·da·de
velocímetro mostrador de velocidade (m) mush·tra·dor de ve·lu·si·da·de
vena veia (f) vei·a
venda ligadura (f) li·ga·du·ra
vender vender ve^n·der
venenoso/a venenoso/venenosa (m)/(f) ve·ne·no·zu/ve·ne·no·za
venir vir vir
ventana janela (f) jha·ne·la
ventilador ventoínha (f) ve^n·tu·i·ña
ver ver ver
verde verde ver·de
vestíbulo sala de estar (f) sa·la de shtar
vestido vestido (m) vesh·ti·du
vía via (f) vi·a
— aérea via aérea (f) vi·a a·e·ri·a
viajar viajar vi·a·jhar
viaje viagem (f) vi·a·jhe^n
— de negocios viagem de negócios (f) vi·a·jhe^n de ne·go·siush
vida vida (f) vi·da
vidente vidente (m) y (f) vi·de^n·te
videocámara câmara de vídeo (f) ka·ma·ra de vi·di·u
videocasete cassete de vídeo (f) ka·se·te de vi·di·u
viejo velho/velha (m)/(f) ve·llu/ve·lla
viento vento (m) ve^n·tu
vigilar vigiar vi·jhi·ar
VIH VIH (m) ve i a·ga
vino vinho (m) vi·ñu
viña vinha (f) vi·ña
violación violação (f) vi·u·la·sau^n
virus vírus (m) vi·rush
visado visto (m) vish·tu
visitar visitar vi·zi·tar
vista vista (f) vish·ta
vitamina vitamina (f) vi·ta·mi·na
volar voar vu·ar
voleibol (deporte) vóleibol (m) vo·lei·bol
vóley-playa vóleibol de praia (m) vo·lei·bol de prai·a
volumen volume (m) vu·lu·me
votar votar vu·tar
voz voz (f) vosh
vuelo voo (m) vo·u

W

windsurf windsurf ⓕ *uind*·sarf

Y

y e e
ya já jha
yate iate ⓜ i·*at*
yo eu e·u

Z

zapatería sapataria ⓕ sa·pa·ta·*ri*·a
zapato sapato ⓜ sa·*pa*·tu
zoológico jardim zoológico ⓜ jhar·*di*ⁿ zu·u·*lo*·jhi·ku

Diccionario

PORTUGUÉS-ESPAÑOL

português – espanhol

Los sustantivos portugueses llevan indicado el género con ⓜ (masculino) y ⓕ (femenino). Cuando los adjetivos pueden tener forma masculina y femenina, se separan con una barra oblicua y se indica con ⓜ/ⓕ. Cuando es necesario, algunas palabras van marcadas como v (verbo), n (nombre), a (adjetivo), pl (plural), sg (singular), inf (informal) y for (formal). Los verbos aparecen en infinitivo; para ver cómo se utilizan en una oración, véase el apartado **Gramática** (p. 25). Las palabras relacionadas con la comida y la bebida aparecen en el **Glosario gastronómico** (p. 194).

A

a a a
à a en
abaixo a·*bai*·shu abajo
abalo cerebral ⓜ a·*ba*·lu se·re·*bral* conmoción cerebral
abelha ⓕ a·*be*·lla abeja
aberto/aberta ⓜ/ⓕ a·*ber*·tu/a·*ber*·ta abierto/a
a bordo a *bor*·du a bordo
aborrecido/aborrecida ⓜ/ⓕ a·bu·je·*si*·du/a·bu·je·*si*·da aburrido/a
aborto ⓜ a·*bor*·tu aborto
— espontâneo a·*bor*·tu shpo^{n}·*ta*·ni·u aborto natural
abraçar a·bra·*sar* abrazo
abrir a·*brir* abierto
acampamento ⓜ a·ka^{n}·pa·*me*^{n}·tu campamento
acampar a·ka^{n}·*par* acampar
acidente ⓜ a·si·*de*^{n}·te accidente
acordar a·kur·*dar* despertarse
actor/actriz ⓜ/ⓕ a·*tor*/a·*trish* actor/actriz
actuação ⓕ a·tu·a·*sau*^{n} actuación
adepto/adepta ⓜ/ⓕ a·*de*·pe·tu/a·*de*·pe·ta seguidor (hincha)
adivinhar a·di·vi·*ñar* adivinar
admitir a·de·mi·*tir* admitir • reconocer
adulto/adulta ⓜ/ⓕ a·*dul*·tu/a·*dul*·ta adulto/a
advogado/advogada a·de·vu·*ga*·du/a·de·vu·*ga*·da abogado
aeroporto ⓜ a·e·ro·*por*·tu aeropuerto
afortunado/afortunada ⓜ/ⓕ a·fur·tu·*na*·du/a·fur·tu·*na*·da afortunado
agarrar a·ga·*jar* coger
agência ⓕ a·*jhe*^{n}·sia agencia
— de imobiliário de i·mo·bi·*lia*·riu agencia inmobiliaria

— **de viagens** de vi·a·jhe^{n}sh agencia de viajes

— **noticiosa** nu·ti·si·o·za agencia de noticias

agora a·go·ra ahora

agradecer a·gra·de·ser gracias

agricultor ⓜ y ⓕ a·gri·kul·tor granjero

agricultura ⓕ a·gri·kul·tu·ra agricultura

água ⓕ a·gua agua

agulha ⓕ a·gu·lla aguja (coser)

a horas a o·rash puntual

aí a·i ahí

ajuda ⓕ a·jhu·da ayuda

ajudar a·jhu·dar ayudar

alcunha ⓕ al·ku·ña mote

aldeia ⓕ al·dei·a aldea

aleijar a·lei·jhar herir

alfândega ⓕ al·fa^{n}·de·ga aduanas

algodão ⓜ al·gu·dau^{n} algodón

alguém ⓜ y ⓕ al·ge^{n} alguien

alguma coisa ⓕ al·gu·ma koi·za algo

alguns/algumas ⓜ/ⓕ pl al·gu^{n}sh/al·gu·mash algunos/algunas

alimentar a·li·me^{n}·tar alimentar

almoço ⓜ al·mo·su almuerzo

almofada ⓕ al·mu·fa·da almohada

alto/alta ⓜ/ⓕ al·tu/al·ta alto

alugar a·lu·gar alquilar

aluguer de automóvel ⓜ a·lu·ger de au·tu·mo·vel alquiler de automóvil

ama ⓕ a·ma niñera

amaciador ⓜ a·ma·si·a·dor acondicionador de pelo

amanhã a·ma·ña^{n} mañana

amante ⓜ y ⓕ a·ma^{n}·te amante

amar a·mar amar

amarelo/amarela ⓜ/ⓕ a·ma·re·lu/a·ma·re·la amarillo

amável ⓜ y ⓕ a·ma·vel amable

ambiente ⓜ a^{n}·bi·e^{n}·te medio ambiente

ambos/ambas ⓜ/ⓕ a^{n}·bush/a^{n}·bash ambos/ambas

ambulância ⓕ a^{n}·bu·la^{n}·sia ambulancia

amigo/amiga ⓜ/ⓕ a·mi·gu/a·mi·ga amigo

amor ⓜ a·mor amor

analgésico ⓜ a·nal·jhe·zi·ku analgésico

análise de sangue ⓕ a·na·li·ze de sa^{n}·ge análisis sanguíneo

andar ⓜ a^{n}·dar piso (planta)

andar a^{n}·dar montar

— **a cavalo** a ka·va·lu montar a caballo

— **de bicicleta** de bi·si·kle·ta montar en bicicleta

anel ⓜ a·nel anillo

anemia ⓕ a·ne·mi·a anemia

aniversário ⓜ a·ni·ver·sa·riu cumpleaños

ano ⓜ a·nu año

anteontem a^{n}·ti·o^{n}·te^{n} anteayer

antes a^{n}·tesh antes

antibióticos ⓜ pl a^{n}·ti·bi·o·ti·kush antibióticos

antigo/antiga ⓜ/ⓕ a^{n}·ti·gu/a^{n}·ti·ga antiguo • viejo

antiguidade ⓕ a^{n}·ti·gui·da·de antigüedad

antiséptico ⓜ a^{n}·ti·se·ti·ku antiséptico

anúncio ⓜ a·nu^{n}·siu anuncio

ao au en • al

ao lado de au la·du de al lado de

apanhar boleia a·pa·ñar bu·lei·a autoestop

aparelho auditivo ⓜ a·pa·re·llu au·di·ti·vu audífono

apelido ⓜ a·pe·li·du apellido

apertado/apertada ⓜ/ⓕ a·per·ta·du/a·per·ta·da ajustado

apontar a·po^{n}·tar señalar

aposentado/aposentada ⓜ/ⓕ a·pu·ze^{n}·ta·du/a·pu·ze^{n}·ta·da jubilado

aposta ⓕ a·posh·ta apuesta

aprender a·pre^{n}·der aprender

à prova d'água a pro·va da·gua impermeable

aquecedor ⓜ a·ke·se·dor estufa

aquecido/aquecida ⓜ/ⓕ a·ke·si·du/a·ke·si·da climatizado/a
aquecimento ⓜ a·ke·si·me^n·tu calefacción
aquele/aquela ⓜ/ⓕ a·ke·le/a·ke·la aquel/aquella
aqui a·ki aquí
ar ⓜ ar aire
— condicionado ko^n·di·siu·na·du aire acondicionado
aranha ⓕ a·ra·ña araña
areia ⓕ a·rei·a arena
arquitectura ⓕ ar·ki·te·tu·ra arquitectura
arte ⓕ ar·te arte
artesanato ⓜ ar·te·za·na·tu artesanía
artes marciais ⓕ pl ar·tesh mar·si·aish artes marciales
árvore ⓕ ar·vo·re árbol
asma ⓕ ash·ma asma
aspirina ⓕ ash·pi·ri·na aspirina
assassinato ⓜ a·sa·si·na·tu asesinato
assédio ⓜ a·se·diu acoso
assento ⓜ a·se^n·tu asiento
assinar a·si·nar firmar
assinatura ⓕ a·si·na·tu·ra firma
assistência social ⓕ a·sish·te^n·sia su·si·al asistencia social
às vezes ash ve·zesh a veces
atalho ⓜ a·ta·llu atajo
ataque de coração ⓜ a·ta·ke de ku·ra·sau^n infarto
até a·te hasta
atirar a·ti·rar disparar
atmosfera ⓕ at·mush·fe·ra atmósfera
atrás a·trash detrás
atrasado/atrasada ⓜ/ⓕ a·tra·za·du/a·tra·za·da tarde
atraso ⓜ a·tra·zu retraso
através a·tra·vesh a través
autocarro ⓜ au·to·ka·ru autobús
autoestrada ⓕ au·to·shtra·da autopista
avariado/avariada ⓜ/ⓕ a·va·ri·a·du/a·va·ri·a·da averiado (automóvil)
avariar a·va·ri·ar averiarse (el automóvil)
avenida ⓕ a·ve·ni·da avenida
avião ⓜ a·vi·au^n avión
avisar a·vi·zar advertir
avó ⓕ a·vo abuela
avô ⓜ a·vou abuelo
azul a·zul azul
azulejo ⓜ a·zu·le·jhu azulejo

B

bagagem ⓕ ba·ga·jhe^n equipaje
baixo bai·shu abajo
baixo/baixa ⓜ/ⓕ bai·shu/bai·sha bajo/a
balcão ⓜ bal·kau^n barra (de bar)
— de bagagens de ba·ga·jhe^{n}sh recogida de equipajes
balde ⓜ bal·de cubo
banco ⓜ ba^n·ku banco
bandeira ⓕ ba^n·dei·ra bandera
banho ⓜ ba·ñu baño
baptismo ⓜ ba·tijh·mu bautismo
barata ⓕ ba·ra·ta cucaracha
barato/barata ⓜ/ⓕ ba·ra·tu/ba·ra·ta barato/a
barbeiro ⓜ bar·bei·ru barbero
barco ⓜ bar·ku barco
— a motor a mu·tor lancha motora
barulhento/barulhenta ⓜ/ⓕ ba·ru·lle^n·tu/ba·ru·lle^n·ta ruidoso/a
basquetebol ⓜ bash·ke·te·bol baloncesto
batom ⓜ ba·to^n barra de labios
bêbado/bêbada ⓜ/ⓕ be·ba·du/be·ba·da ebrio/a
bebé ⓜ y ⓕ be·be bebé
beber be·ber beber
bechigas ⓕ pl be·shi·gash varicela
beijo ⓜ bei·jhu beso
beira mar ⓕ bei·ra mar costa
bem be^n bien

bengaleiro ⓜ be^n·ga·lei·ru guardarropía
bexiga ⓕ be·shi·ga vejiga
biblioteca ⓕ bi·bli·u·te·ka biblioteca
bicho ⓜ bi·shu bicho
bicicleta ⓕ bi·si·kle·ta bicicleta
— de corrida de ku·ji·da bicicleta de carreras
— de montanha de mo^n·ta·ña bicicleta de montaña
bilhar ⓜ bi·llar billar
bilhete ⓜ bi·lle·te entrada
— de identidade de i·de^n·ti·da·de carné de identidad
— sem garantia se^n ga·ra^n·ti·a billete en lista de espera
bilheteira ⓕ bi·lle·tei·ra taquilla
binóculos ⓜ pl bi·no·ku·lush binoculares
bloco-notas ⓜ blo·ku·no·tash libro de notas
bloqueado/bloqueada ⓜ/ⓕ blo·ki·a·du/blo·ki·a·da bloqueado/a
boca ⓕ bo·ka boca
bola ⓕ bo·la pelota
bolas de algodão ⓕ pl bo·lash de al·gu·dau^n bolas de algodón
boleia ⓕ bu·lei·a paseo (en coche, etc.)
bolha ⓕ bo·lla ampolla
bolo ⓜ bo·lu pastel
bolsa ⓕ bol·sa monedero
bolso ⓜ bol·su bolsillo
bom/boa ⓜ/ⓕ bo^n/bo·a bien • bueno
bomba ⓕ bo^n·ba mancha (para hinchar) • bomba
boneco/boneca ⓜ/ⓕ bu·ne·ku/bu·ne·ka muñeco/a
bonito/bonita ⓜ/ⓕ bu·ni·tu/bu·ni·ta bonito • apuesto
botão ⓜ bu·tau^n botón
botas ⓕ bo·tash botas
— para caminhadas pa·ra ka·mi·ña·dash botas de montaña
botija de gás ⓜ bu·ti·jha de gash bombona de gas
boxe ⓜ bok·se boxeo
braço ⓜ bra·su brazo (cuerpo)
branco/branca ⓜ/ⓕ bra^n·ku/bra^n·ka blanco/a
brincos ⓜ pl bri^n·kush pendientes
brochura ⓕ bru·shu·ra folleto
bronquite ⓕ bro^n·ki·te bronquitis
budista ⓜ y ⓕ bu·dish·ta budista
bufete ⓜ bu·fe·te bufete
burro/burra ⓜ/ⓕ bu·ju/bu·ja estúpido/a
bússola ⓕ bu·su·la brújula

C

cabeça ⓕ ka·be·sa cabeza
cabeleireiro/cabeleireira ⓜ/ⓕ ka·be·lei·rei·ru/ka·be·lei·rei·ra peluquero
cabelo ⓜ ka·be·lu pelo
cabra ⓕ ka·bra cabra
caça ⓕ ka·sa caza
cada ka·da cada
cadeado ⓜ ka·di·a·du candado
cadeira ⓕ ka·dei·ra silla
— de criança de kri·a^n·sa trona
— de rodas de jo·dash silla de ruedas
cair ka·ir caer
caixa ⓕ kai·sha caja
— automático au·tu·ma·ti·ku cajero automático
— de papelão de pa·pe·lau^n caja de cartón
— de velocidades de ve·lu·si·da·desh caja de cambios
— do correio du ku·jei·u buzón de correo
— registadora je·jhish·ta·do·ra caja registradora
caixote do lixo ⓜ kai·sho·te du li·shu cubo de la basura
calado/calada ⓜ/ⓕ ka·la·du/ka·la·da callado/a
calças ⓕ pl kal·sash pantalón
calções ⓜ pl kal·soi^{n}sh pantalón corto
calculadora ⓕ kal·ku·la·do·ra calculadora

calendário (m) ka·le^n·da·riu calendario
calor (m) ka·lor calor
cama (f) ka·ma cama
— de casal de ka·zal cama de matrimonio
— de rede de je·de hamaca
câmara (f) ka·ma·ra cámara (neumático)
câmara de vídeo (f) ka·ma·ra de vi·di·u videocámara
camas gémeas (f) pl ka·mash jhe·me·ash dos camas individuales
câmbio (m) ka^n·biu cambio de moneda
camião (m) ka·mi·iau^n camión
caminhada (f) ka·mi·ña·da excursión
caminhar ka·mi·ñar ir de excursión • caminar
caminho (m) ka·mi·ñu sendero • camino
camisa (f) ka·mi·za camisa
camisola (f) ka·mi·zo·la suéter
campeonatos (m) pl ka^n·pe·u·na·tush campeonatos
campo de golfe (m) ka^n·pu de gol·fe campo de golf
campo de ténis (m) ka^n·pu de te·nish pista de tenis
canção (f) ka^n·sau^n canción
cancelar ka^n·se·lar cancelar
cancro (m) ka^n·kru cáncer
caneta (f) ka·ne·ta bolígrafo
canivete (m) ka·ni·ve·te navaja
cansado/cansada (m)/(f) ka^n·sa·du/ka^n·sa·da cansado/a
cantor/cantora (m)/(f) ka^n·tor/ka^n·to·ra cantante
cão (m) kau^n perro
cão-guia (m) kau^n·gi·a perro guía
capacete (m) ka·pa·se·te casco
capacho (m) ka·pa·shu esterilla
caro/cara (m)/(f) ka·ru/ka·ra caro/a
carregar ka·je·gar llevar
carrinha (f) ka·ji·ña furgoneta
carrinho (m) ka·ji·ñu carrito
— de bebé de be·be cochecito (de bebé)
carro (m) ka·ju automóvil
carta (f) kar·ta carta (postal)
carta de condução (f) kar·ta de ko^n·du·sau^n permiso de conducir
cartão (m) kar·tau^n tarjeta
— de crédito de kre·di·tu tarjeta de crédito
— de embarque de e^n·bar·ke tarjeta de embarque
— telefónico te·le·fo·ni·ku tarjeta de teléfono
cartas (f) pl kar·tash naipes
cartaz (m) kar·tash póster
casa (f) ka·za hogar • casa
— de banho de ba·ñu baño • lavabo
— de chá de sha salón de té
— de fados de fa·dush casa de fados
— de hóspedes de osh·pe·desh casa de huéspedes
casaco (m) ka·za·ku abrigo • chaqueta
casado/casada (m)/(f) ka·za·du/ka·za·da casado/a
casal (m) ka·zal pareja
casamento (m) ka·za·me^n·tu matrimonio • boda
casar ka·zar casarse
cascata (f) kash·ka·ta cascada
cassete (f) ka·se·te casete
— de vídeo de vi·di·u videocasete
castanho/castanha (m)/(f) kash·ta·ñu/kash·ta·ña marrón
castelo (m) kash·te·lu castillo
catedral (f) ka·te·dral catedral
católico/católica (m)/(f) ka·to·li·ku/ka·to·li·ka católico
cauda (f) kau·da cola
cavaleiro (m) ka·va·lei·ru torero
cavalo (m) ka·va·lu caballo
caverna (f) ka·ver·na cueva
cedo se·du temprano
cego/cega (m)/(f) se·gu/se·ga ciego
cemitério (m) se·mi·te·riu cementerio
centímetro (m) se^n·ti·me·tru centímetro
cêntimo (m) se^n·ti·mu céntimo
centro (m) se^n·tru centro
— comercial ku·mer·si·al centro comercial

— da cidade da si·da·de centro de la ciudad
cerâmica ⓕ se·ra·mi·ka cerámica
cerca ⓕ ser·ka verja
cerca de ser·ka de acerca de
certidão de nascimento ⓕ ser·ti·dau^n de nash·si·me^n·tu certificado de nacimiento
cesto ⓕ sesh·tu cesto
céu ⓜ se·u cielo
champô ⓜ sha^n·pu champú
chão ⓜ shau^n suelo
chapéu ⓜ sha·pe·u sombrero
charcutaria ⓕ shar·ku·ta·ri·a delicatesen
charmoso/charmosa ⓜ/ⓕ shar·mo·zu/shar·mo·za encantador/a
charuto ⓜ sha·ru·tu puro
chato/chata ⓜ/ⓕ sha·tu/sha·ta aburrido/a (alguien)
chave ⓕ sha·ve llave
chávena ⓕ sha·ve·na taza
chegada ⓕ she·ga·da llegada
chegar she·gar llegar
cheio/cheia ⓜ/ⓕ shei·u/shei·a lleno/a
cheiro ⓜ shei·ru olor
chupeta ⓕ shu·pe·ta chupete
chutar shu·tar chutar
chuva ⓕ shu·va lluvia
chuveiro ⓜ shu·vei·ru ducha
ciclismo ⓜ si·klish·mu ciclismo
cidadania ⓕ si·da·da·ni·a ciudadanía
cidade ⓕ si·da·de ciudad
ciências ⓕ pl si·e^n·siash ciencia
cigarro ⓜ si·ga·ju cigarrillo
cinema ⓜ si·ne·ma cine
cinto de segurança ⓜ si^n·tu de se·gu·ra^n·sa cinturón de seguridad
cinzeiro ⓜ si^n·zei·ru cenicero
cinzento/cinzenta ⓜ/ⓕ si^n·ze^n·tu/si^n·ze^n·ta gris
circo ⓜ sir·ku circo
cirurgia ⓕ si·rur·jhi·a operación (médica)
ciumento/ciumenta ⓜ/ⓕ si·u·me^n·tu/si·u·me^n·ta celoso/a
claro/clara ⓜ/ⓕ kla·ru/kla·ra claro (color)
classe ⓕ kla·se clase (categoría)
— económica i·ku·no·mi·ka clase económica
— executiva i·jhe·ku·ti·va clase *business*
— primeira pri·mei·ra primera clase
— segunda se·gu^n·da segunda clase
cliente ⓜ y ⓕ kli·e^n·te cliente
cobertor ⓜ ku·ber·tor manta
cobra ⓕ ko·bra serpiente
cobrador ⓜ ku·bra·dor revisor
código postal ⓜ ko·di·gu push·tal código postal
coelho ⓜ ku·e·llu conejo
cofre ⓜ ko·fre caja fuerte
cola ⓕ ko·la cola (pegamento)
colar ⓜ ku·lar collar
colchão ⓜ kol·shau^n colchón
colega ⓜ y ⓕ ku·le·ga colega
colete salva-vidas ⓜ ku·le·te sal·va·vi·dash chaleco salvavidas
colher ⓕ ku·ller cuchara
— de chá de sha cucharilla
colina ⓕ ku·li·na colina
colírio ⓜ ku·li·ri·u colirio
collants ⓜ pl ko·la^{n}sh pantis
colocar ku·lu·kar colocar
colóquio ⓜ ku·lo·kiu coloquio
com ko^n con
— pressa pre·sa con prisas
— saudades sau·da·desh con añoranza
comboio ⓜ ko^n·boi·u tren
começar ku·me·sar empezar
começo ⓜ ku·me·su comienzo
comédia ⓕ ku·me·dia comedia
comemoração ⓕ ku·me·mu·ra·sau^n celebración
comer ku·mer comer
comerciante ⓜ y ⓕ ku·mer·si·a^n·te comerciante
comércio ⓜ ku·mer·siu comercio
comichão ⓕ ku·mi·shau^n picazón
comida ⓕ ku·mi·da comida

— de bebé de be·*be* comida de bebés
comissão ⓕ ku·mi·*sau*^{n} comisión
como *ko*·mu como
companheiro/companheira ⓜ/ⓕ ko^n·pa·*ñei*·ru/ko^n·pa·*ñei*·ra compañero/a
companhia aérea ⓕ ko^n·pa·*ñi*·a a·e·ri·a aerolínea
compota ⓕ ko^n·*po*·ta mermelada
comprar ko^n·*prar* comprar
compras ⓕ pl *ko*^{n}·prash de compras
compreender ko^n·pri·e^n·*der* comprender
comprimido ⓜ ko^n·pri·*mi*·du pastilla
computador ⓜ ko^n·pu·ta·*dor* ordenador
— portátil por·*ta*·til ordenador portátil
comum ku·*mu*^{n} común
comunhão ⓕ ku·mu·*ñau*^{n} comunión
concerto ⓜ ko^n·*ser*·tu concierto
concordar ko^n·kur·*dar* estar de acuerdo
conduzir ko^n·du·*zir* conducir
conferência ⓕ ko^n·fe·*re*^{n}·sia conferencia
confiar ko^n·fi·*ar* confiar
confirmar ko^n·fir·*mar* confirmar
confissão ⓕ ko^n·fi·*sau*^{n} confesión
confortável ko^n·for·*ta*·vel confortable
congelar ko^n·jhe·*lar* congelar
conhecer ku·ñe·*ser* conocer (por primera vez)
conjuntivite ⓕ ko^n·jhu^n·ti·*vi*·te conjuntivitis
conselho ⓜ ko^n·*se*·llu consejo
consertar ko^n·ser·*tar* reparar
conservador/conservadora ⓜ/ⓕ ko^n·ser·va·*dor*/ko^n·ser·va·*do*·ra conservador/a
constipação ⓕ ko^n·shti·pa·*sau*^{n} resfriado
construir ko^n·shtru·*ir* construir
construtor ⓜ ko^n·shtru·*tor* constructor
consulado ⓜ ko^n·su·*la*·du consulado
consulta ⓕ ko^n·*sul*·ta cita
consumo obrigatório ⓜ kon·*su*·mu o·bri·ga·*to*·ri·u cubierto
conta ⓕ *ko*^{n}·ta cuenta
— bancária ba^n·*ka*·ria cuenta bancaria
contar ko^n·*tar* contar
contraceptivo ⓜ ko^n·tra·se·*ti*·vu anticonceptivos
contrato ⓜ ko^n·*tra*·tu contrato
convidar ko^n·vi·*dar* invitar
copo ⓜ *ko*·pu copa (para beber)
cor ⓕ kor color
— de laranja de la·*ra*^{n}·jha color naranja
coração ⓜ ku·ra·*sau*^{n} corazón
corajoso/corajosa ⓜ/ⓕ ku·ra·*jho*·zu/ku·ra·*jho*·za valiente
corda ⓕ *kor*·da cuerda
cordeiro ⓜ kur·*dei*·ru cordero
cordel ⓜ kur·*del* cordel
cor-de-rosa kor·de·*jo*·za rosa
cordilheira ⓕ kur·di·*llei*·ra cordillera
corpo ⓜ *kor*·pu cuerpo
correcto/correcta ⓜ/ⓕ ku·*je*·tu/ku·*je*·ta correcto
correia da ventoinha ⓕ ku·*jei*·a da ve^n·tu·*i*·ña correa del ventilador
correio ⓜ ku·*jei*·u correo • oficina de correos
— azul a·*zul* correo exprés
— registado je·jhi·*shta*·du correo certificado
corrente ⓕ ku·*je*^{n}·te corriente (electricidad)
corrente de bicicleta ⓕ ku·*je*^{n}·te de bi·si·*kle*·ta cadena de la bicicleta
correr ku·*jer* correr
correspondência ⓕ ku·jesh·po^n·*de*^{n}·sia correspondencia
— por via marítima pur *vi*·a ma·*ri*·ti·ma correo marítimo
— por via terrestre pur *vi*·a te·*jesh*·tre correo terrestre
corrida ⓕ ku·*ji*·da *footing* • carrera (deporte)
corrimento ⓜ ku·ji·*me*^{n}·tu aftas
corrupto/corrupta ⓜ/ⓕ ku·*jup*·tu/ku·*jup*·ta corrupto/a

cortar kur·tar cortar
corta-unhas ⓜ kor·ta·u^n·ñash cortaúñas
corte de cabelo ⓜ kor·te de ka·be·lu corte de pelo
coser ku·zer coser
costas ⓕ pl kosh·tash espalda (cuerpo)
costela ⓕ kush·te·la costilla (cuerpo)
costume ⓜ kush·tu·me traje
cotonete ⓜ ko·to·ne·te bastoncitos de algodón
couro ⓜ kou·ru cuero
— cabeludo ⓜ kou·ru ka·be·lu·du cuero cabelludo
coxia ⓜ ku·shi·a pasillo
cozinha ⓕ ku·zi·ña cocina
cozinhar ku·zi·ñar cocinar
cozinheiro/cozinheira ⓜ/ⓕ ku·zi·ñei·ru/ku·zi·ñei·ra cocinero/a
crânio ⓜ kra·niu cráneo
crédito ⓜ kre·di·tu crédito
creme ⓜ kre·me crema
— de barbear de bar·bi·ar espuma de afeitar
crescer kresh·ser crecer
criado/criada de mesa ⓜ/ⓕ kri·a·du/kri·a·da de me·za camarero/a
criança ⓜ y ⓕ kri·a^n·sa niño
Cristão/Cristã ⓜ/ⓕ krish·tau^n/krish·ta^n cristiano
cru/crua ⓜ/ⓕ kru/kru·a crudo
cruz ⓕ krush cruz (religiosa)
cuidar kui·dar cuidar
culpa ⓕ kul·pa culpa
culpado/culpada ⓜ/ⓕ kul·pa·du/kul·pa·da culpable
cupão ⓜ ku·pau^n cupón
currículo ⓜ ku·ji·ku·lu currículum
curto/curta ⓜ/ⓕ kur·tu/kur·ta corto
custar kush·tar costar

D

dança ⓕ da^n·sa danza • baile
dançar da^n·sar bailar
da noite ⓜ da noi·te de noche
dar dar dar • repartir (naipes)
dar conversa dar ko^n·ver·sa dar conversación (flirtear)
data ⓕ da·ta fecha
— de nascimento da·ta de nash·si·me^n·tu fecha de nacimiento
de de de
decidir de·si·dir decidir
dedo ⓜ de·du dedo
— do pé du pe dedo gordo del pie
defeituoso/defeituosa ⓜ/ⓕ de·fei·tu·o·zu/de·fei·tu·o·za defectuoso/a
deficiente de·fi·si·e^n·te discapacitados
deitar-se dei·tar·se echarse
demais de·maish demasiado
democracia ⓕ de·mu·kra·si·a democracia
de noite de noi·te de noche
dente ⓜ de^n·te diente
dentes ⓜ pl de^n·tesh dientes
dentista ⓜ y ⓕ de^n·tish·ta dentista
dentro de^n·tru dentro
dentro de de^n·tru de dentro de (tiempo)
depois de·poish después
— de amanhã de a·ma·ña^n pasado mañana
depósito ⓜ de·po·zi·tu depósito (banco)
— de bagagens de·po·zi·tu de ba·ga·jhe^{n}sh consigna de equipaje
depressa de·pre·sa deprisa adv
descansar desh·ka^n·sar descansar
descer desh·ser apearse (autobús, tren)
desconfortável desh·ko^n·fur·ta·vel incómodo
desconto ⓜ desh·ko^n·tu descuento
desde dejh·de desde
desejar de·ze·jhar desear
desempregado/desempregada ⓜ/ⓕ de·ze^n·pre·ga·du/de·ze^n·pre·ga·da desempleado

deserto ⓜ de·zer·tu desierto
desistir de·zish·tir desistir
desligado/desligada ⓜ/ⓕ desh·li·ga·du/desh·li·ga·da apagado/a
desodorizante ⓜ de·zo·du·ri·za^n·te desodorante
despertador ⓜ desh·per·ta·dor despertador
desportista ⓜ y ⓕ desh·pur·tish·ta deportista
desporto ⓜ desh·por·tu deporte
destino ⓜ desh·ti·nu destino
detalhes ⓜ pl de·ta·llesh detalles
Deus ⓜ de·ush Dios (en general)
devagar de·va·gar desacelerar
dever de·ver deber
dia ⓜ di·a día
diafragma ⓜ di·a·fra·ge·ma diafragma
diapositivo ⓜ di·a·po·zi·ti·vu diapositiva
diário ⓜ di·a·riu diario
diário/diária ⓜ/ⓕ di·a·riu/di·a·ria diario/diaria
dicionário ⓜ di·siu·na·riu diccionario
dieta ⓕ di·e·ta dieta
diferença horária ⓕ di·fe·re^n·sa o·ra·ria diferencia horaria
diferente di·fe·re^n·te diferente
difícil di·fi·sil difícil
dinheiro ⓜ di·ñei·ru dinero
direcção ⓕ di·re·sau^n dirección
directo/directa ⓜ/ⓕ di·re·tu/di·re·ta directo • recto
director/directora ⓜ/ⓕ di·re·tor/di·re·to·ra director
direita di·rei·ta Derecho (dirección)
Direito ⓜ di·rei·tu derecho (profesión)
direitos ⓜ pl di·rei·tush derechos
— civis si·vish derechos civiles
— humanos u·ma·nush derechos humanos
discoteca ⓕ dish·ku·te·ka local nocturno
discutir dish·ku·tir discutir
disponível dish·po·ni·vel disponible
DIU ⓜ de·i·u DIU
divertido/divertida ⓜ/ⓕ di·ver·ti·du/di·ver·ti·da divertido
divertir-se di·ver·tir·se divertirse
divorciado/divorciada ⓜ/ⓕ di·vor·si·a·du/di·vor·si·a·da divorciado/a
dizer di·zer decir • contar
doce do·se dulce
documentário ⓜ du·ku·me^n·ta·riu documental
doença ⓕ du·e^n·sa enfermedad
— venérea ve·ne·ri·a enfermedad venérea
doente du·e^n·te enfermo
doloroso/dolorosa ⓜ/ⓕ du·lu·ro·zu/du·lu·ro·za doloroso
dona de casa ⓕ do·na de ka·za ama de casa
dono/dona ⓜ/ⓕ do·nu/do·na propietario
dor ⓕ dor dolor
— de cabeça de ka·be·sa jaqueca
— de dentes de de^n·tesh dolor de muelas
— de estômago de shto·ma·gu dolor de estómago
— menstrual me^n·shtru·al dolor menstrual
dorido/dorida ⓜ/ⓕ du·ri·du/du·ri·da dolorido/a
dormir dur·mir dormir
dose excessiva ⓕ do·ze she·si·va sobredosis
droga ⓕ dro·ga droga
drogado/drogada ⓜ/ⓕ dru·ga·du/dru·ga·da drogado/a
duplo/dupla ⓜ/ⓕ du·plu/du·pla doble
duro/dura ⓜ/ⓕ du·ru/du·ra duro (no suave)

E

e e y
educação ⓕ e·du·ka·sau^n educación
egoísta e·gu·ish·ta egoísta

ela e·la ella
ele e·le él
electricidade ⓕ i·le·tri·si·da·de electricidad
eléctrico ⓜ i·le·tri·ku tranvía
eleição ⓕ e·lei·sau^n elección
eles/elas e·lesh/e·lash ellos
elevador ⓜ i·le·va·dor ascensor
em e^n en
— breve bre·ve breve
— frente fre^n·te adelante
— segunda mão se·gu^n·da mau^n de segunda mano
embaixada ⓕ e^n·bai·sha·da embajada
embaixador/embaixatriz ⓜ/ⓕ e^n·bai·sha·dor/e^n·bai·sha·trish embajador/a
embraiagem ⓕ e^n·brai·a·jhe^n embrague
embrulho ⓜ e^n·bru·llu paquete
ementa ⓕ i·me^n·ta carta
emergência ⓕ i·mer·jhe^n·sia urgencia
empregado/empregada ⓜ/ⓕ e^n·pre·ga·du/e^n·pre·ga·da empleado/a
— de escritório de shkri·to·riu oficinista
— por conta própria pur ko^n·ta pro·pri·a autónomo/a
emprego ⓜ e^n·pre·gu empleo
empresa ⓕ e^n·pre·za empresa
empurrar e^n·pu·jar empujar
encher e^n·sher llenar
encomenda ⓕ e^n·ku·me^n·da paquete
encontrar e^n·ko^n·trar encontrar • conocer
encontro ⓜ e^n·ko^n·tru cita
endereço ⓜ e^n·de·re·su dirección
enevoado/enevoada ⓜ/ⓕ e·ne·vu·a·du/e·ne·vu·a·da niebla
enfermeiro/enfermeira ⓜ/ⓕ e^n·fer·mei·ru/e^n·fer·mei·ra enfermero/a
engenharia ⓕ e^n·jhe·ña·ri·a ingeniería
engraçado/engraçada ⓜ/ⓕ e^n·gra·sa·du/e^n·gra·sa·da divertido/a
enjoado/enjoada ⓜ/ⓕ e^n·jhu·a·du/e^n·jhu·a·da mareado/a
enjoo ⓜ e^n·jho·u náusea
— de viagem de vi·a·jhe^n mareo
— matinal ma·ti·nal náuseas del embarazo
enorme i·nor·me enorme
ensolarado/ensolarada ⓜ/ⓕ e^n·su·la·ra·du/e^n·su·la·ra·da soleado
entorse ⓕ e^n·tor·se esguince
entrada ⓕ e^n·tra·da entrada
entrar e^n·trar entrar
entre e^n·tre entre
entregar e^n·tre·gar entregar
entrevista ⓕ e^n·tre·vish·ta entrevista
envergonhado/envergonhada ⓜ/ⓕ en·ver·gu·ña·du/en·ver·gu·ña·da avergonzado/a
enviar e^n·vi·ar enviar
enxaqueca ⓕ e^n·sha·ke·ka migraña
equipa ⓕ e·ki·pa equipo
equipamento ⓜ e·ki·pa·me^n·tu equipamiento
— de mergulho de mer·gu·llu equipamiento de submarinismo
errado/errada ⓜ/ⓕ e·ja·du/e·ja·da erróneo/a
erro ⓜ e·ju error
escadaria ⓕ shka·da·ri·a escalera
escada rolante ⓕ shka·da ju·la^n·te escaleras mecánicas
escola ⓕ shko·la escuela
— secundária se·ku^n·da·ri·a instituto (de secundaria)
escolher shku·ller elegir
escova ⓕ shko·va cepillo del pelo
— de dentes de de^n·tesh cepillo de dientes
escrever shkre·ver escribir
escritor/escritora ⓜ/ⓕ shkri·tor/shkri·to·ra escritor/a
escritório ⓜ shkri·to·riu oficina
— de turismo de tu·rijh·mu oficina de turismo

escultura (f) shkul·tu·ra escultura
escuro/escura (m)/(f) shku·ru/shku·ra oscuro (color/noche)
escutar shku·tar escuchar • oír
esgotado/esgotada (m)/(f) shgu·ta·du/shgu·ta·da agotado/a
espaço (m) shpa·su espacio (habitación)
Espanha (f) shpa·ña España
espanhol (m) shpa·ñol español
especial shpe·si·al especial
especialista (m) y (f) shpe·si·a·lish·ta especialista
espectáculo (m) shpe·ta·ku·lu espectáculo
espelho (m) shpe·llu espejo
esperar shpe·rar esperar
esposa (f) shpo·za esposa
esquadra da polícia (f) shkua·dra da pu·li·sia comisaría
esquecer shke·ser olvidar
esquerda (f) shker·da izquierda (dirección)
esqui (m) shki esquí
— aquático a·kua·ti·ku esquí acuático
esquiar shki·ar esquiar
esquina (f) shki·na esquina
estaca (f) shta·ka estaca de tienda
estação (f) shta·sau^n estación
— de caminhos de ferro de ka·mi·ñush de fe·ju estación de trenes
— de metropolitano de me·tru·pu·li·ta·nu estación de metro
estacionar shta·siu·nar aparcar (un automóvil)
estádio (m) shta·diu estadio
estado civil (m) shta·du si·vil estado civil
estar shtar ser
— constipado/constipada (m)/(f) ko^n·shti·pa·du/ko^n·shti·pa·da tener un resfriado
estátua (f) shta·tu·a estatua
este/esta (m)/(f) esh·te/esh·ta este/esta
estendal da roupa (f) shte^n·dal da jou·pa tendedero
estéreo (m) shte·ri·u estéreo

estilo (m) shti·lu estilo
estojo de primeiros socorros (m) shto·jhu de pri·mei·rush so·ko·jush botiquín de primeros auxilios
estômago (m) shto·ma·gu estómago
estrada (f) shtra·da carretera
estrangeiro/estrangeira (m)/(f) shtra^n·jhei·ru/shtra^n·jhei·ra extranjero/a
estranho/estranha (m)/(f) shtra·ñu/shtra·ña extraño/a
estrela (f) shtre·la estrella
estudante (m) y (f) shtu·da^n·te estudiante
estúdio (m) shtu·diu estudio
etiqueta de bagagem (f) e·ti·ke·ta de ba·ga·jhe^n etiqueta de equipaje
eu e·u yo
EUA (m) pl e·u·a EE UU
euro (m) e·u·ru euro
exactamente e·za·ta·me^n·te exactamente
exame papa nicolau (m) e·za·me pa·pa ni·ku·lau citología
exaustor (m) i·zaush·tor tubo de escape (automóvil)
excelente ei·she·le^n·te excelente
excluído/excluída (m)/(f) eish·klu·i·du/eish·klu·i·da excluido/a
excursão (f) shkur·sau^n circuito
— guiada gi·a·da circuito guiado
exemplo (m) e·ze^n·plu ejemplo
experiência (f) shpe·ri·e^n·sia experiencia
— de trabalho (f) de tra·ba·llu experiencia laboral
exploração (f) shplo·ra·sau^n explotación (agrícola)
exposição (f) shpu·zi·sau^n exposición
expresso/expressa (m)/(f) shpre·su/esh·pre·sa exprés
extensão (f) shte^n·sau^n extensión (del visado)

F

fábrica (f) fa·bri·ka fábrica
faca (f) fa·ka cuchillo

fácil fa·sil fácil
fado ⓜ fa·du fado (música)
falar fa·lar hablar
falta ⓕ fal·ta falta
família ⓕ fa·mi·lia familia
faminto/faminta ⓜ/ⓕ fa·miⁿ·tu/fa·miⁿ·ta hambriento/a
famoso/famosa ⓜ/ⓕ fa·mo·zu/fa·mo·za famoso/a
farda ⓕ far·da uniforme
farinha ⓕ fa·ri·ña harina
farmacêutico/farmacêutica ⓜ/ⓕ far·ma·se·u·ti·ku/far·ma·se·u·ti·ka farmacéutico/a
farmácia ⓕ far·ma·sia farmacia
faróis ⓜ pl fa·roish faros
fatia ⓕ fa·ti·a loncha/rebanada
fato ⓜ fa·tu traje
fato de banho ⓜ fa·tu de ba·ñu traje de baño
fazer fa·zer hacer
— a barba a bar·ba afeitarse
— a contagem a koⁿ·ta·jheⁿ cuentas
— compras koⁿ·prash ir de compras
— surf sarf surf
febre ⓕ fe·bre fiebre
— dos fenos dush fe·nush fiebre del heno
— glandular glaⁿ·du·lar mononucleosis
fechado/fechada ⓜ/ⓕ fe·sha·du/fe·sha·da cerrado/a
fechar fe·shar cerrar
fecho écler ⓜ fe·shu e·kler mechero
feira ⓕ fei·ra feria • mercado callejero
— da ladra da la·dra rastro (mercado)
feito/feita à mão ⓜ/ⓕ fei·tu/fei·ta a mauⁿ hecho/a a mano
feliz fe·lish feliz
feminino/feminina ⓜ/ⓕ fe·mi·ni·nu/fe·mi·ni·na femenino/a
feriado ⓜ fe·ri·a·du festivo
férias ⓕ pl fe·riash vacaciones
ferido/ferida ⓜ/ⓕ fe·ri·du/fe·ri·da herido/a
ferimento ⓜ fe·ri·meⁿ·tu herida
ferro de engomar ⓜ fe·ju de eⁿ·gu·mar plancha (de ropa)
festa ⓕ fesh·ta fiesta (salir de)
— na rua na ju·a fiesta callejera
festival ⓜ fesh·ti·val festival
ficar fi·kar quedarse
ficção ⓕ fik·sauⁿ ficción
fígado ⓜ fi·ga·du hígado
fila ⓕ fi·la cola, fila
filha ⓕ fi·lla hija
filho ⓜ fi·llu hijo
filme ⓜ fil·me película
— de diapositivos de di·a·po·zi·ti·vush de diapositivas
filtrado/filtrada ⓜ/ⓕ fil·tra·du/fil·tra·da filtrado/a
fim ⓜ fiⁿ final
fim-de-semana ⓜ fiⁿ·de·se·ma·na fin de semana
fino/fina ⓜ/ⓕ fi·nu/fi·na delgado/a
fio dental ⓜ fi·u deⁿ·tal hilo dental
fixe fi·she guay
flor ⓕ flor flor
floresta ⓕ flu·resh·ta bosque
florista ⓕ flu·rish·ta floristería
fogão ⓜ fu·gauⁿ estufa
fogo ⓜ fo·gu fuego
folha ⓕ fo·lla hoja
fora fo·ra fuera
forças armadas ⓕ pl for·sash ar·ma·dash fuerzas armadas
forma ⓕ for·ma forma
forno ⓜ for·nu horno
forte for·te fuerte
fósforos ⓜ pl fosh·fu·rush cerillas
fotografar fu·tu·gra·far fotografiar
fotografia ⓕ fu·tu·gra·fi·a fotografía
fotógrafo/fotógrafa ⓜ/ⓕ fu·to·gra·fu/fu·to·gra·fa fotógrafo/a
fotómetro ⓜ fu·to·me·tru fotómetro
fraco/fraca ⓜ/ⓕ fra·ku/fra·ka débil
frágil fra·jhil frágil
fralda ⓕ fral·da pañal
frequentemente fre·kueⁿ·te·meⁿ·te a menudo

fresco/fresca ⓜ/ⓕ fresh·ku/fresh·ka frío • fresco
frigorífico ⓜ fri·gu·ri·fi·ku frigorífico
frio/fria ⓜ/ⓕ fri·u/fri·a frío/fría
fronha ⓕ fro·ña funda de almohada
fronteira ⓕ fro^n·tei·ra frontera
fumar fu·mar fumar
fundo ⓕ fu^n·du fondo (posición)
funeral ⓜ fu·ne·ral funeral
furo ⓜ fu·ru pinchazo
futuro ⓜ fu·tu·ru futuro

G

gabardina ⓕ ga·bar·di·na chubasquero
gabinete de perdidos e achados ⓜ ga·bi·ne·te de per·di·dush i a·sha·dush oficina de objetos perdidos
galeria de arte ⓕ ga·le·ri·a de ar·te galería de arte
galinha ⓕ ga·li·ña pollo
ganhar ga·ñar ganar
garagem ⓕ ga·ra·jhe^n garaje
garantido/garantida ⓜ/ⓕ ga·ra^n·ti·du/ga·ra^n·ti·da garantizado/a
garfo ⓜ gar·fu tenedor
garganta ⓕ gar·ga^n·ta garganta
garrafa ⓕ ga·ja·fa botella
gás ⓜ gash gas (cocina)
gasolina ⓕ ga·zu·li·na gasolina
gastrenterite ⓕ gash·tre^n·te·ri·te gastroenteritis
gato/gata ⓜ/ⓕ ga·tu/ga·ta gato/a
gaze ⓕ ga·ze gasa
geada ⓕ jhi·a·da helada
gelado/gelada ⓜ/ⓕ jhe·la·du/jhe·la·da helado/a
gelo ⓜ jhe·lu hielo
gémeos/gémeas ⓜ/ⓕ jhe·mi·ush/jhe·mi·ash gemelos/as
gerente jhe·re^n·te director
gilete ⓕ jhi·le·te maquinilla de afeitar
ginásio ⓜ jhi·na·ziu gimnasio
golo ⓜ go·lu gol (deporte)
gordo/gorda ⓜ/ⓕ gor·du/gor·da gordo/a
gorjeta ⓕ gor·jhe·ta propina
gostar gush·tar gustar
gostoso/gostosa ⓜ/ⓕ gush·to·zu/gush·to·za sabroso/a
governo ⓜ gu·ver·nu gobierno
grama ⓜ gra·ma gramo
grande gra^n·de grande
grátis gra·tish gratis
grato/grata ⓜ/ⓕ gra·tu/gra·ta grato/a
graus ⓜ pl graush grados (temperatura)
gravação ⓕ gra·va·sau^n grabación
gravador de vídeo ⓜ gra·va·dor de vi·di·u videograbadora
gravar gra·var grabar
grávida gra·vi·da embarazada
greve ⓕ gre·ve huelga
gripe ⓕ gri·pe gripe
gritar gri·tar gritar
grosso/grossa ⓜ/ⓕ gro·su/gro·sa grueso/a
grupo ⓜ gru·pu banda • grupo
— sanguíneo sa^n·gui·ni·u grupo sanguíneo
guarda-chuva ⓜ guar·da·shu·va paraguas
guardanapo ⓜ guar·da·na·pu servilleta
guarda-redes guar·da·je·desh portero (fútbol)
guarda-roupa ⓜ guar·da·jou·pa ropero
guerra ⓕ ge·ja guerra
guia ⓜ gi·a guía (turístico)
— auditivo au·di·ti·vu audioguía
— de espectáculos de shpe·ta·ku·lush cartelera
— de viagem de vi·a·jhe^n guía de viajes (libro)

H

hepatite ⓕ e·pa·ti·te hepatitis
hidratante ⓜ i·dra·ta^n·te hidratante
hindu ⓜ y ⓕ i^n·du hindú
hipismo ⓜ i·pijh·mu montar a caballo

história ⓕ *shto*·ria historia
hoje *o*·jhe hoy
— à noite a *noi*·te esta noche
homem ⓜ *o*·me^{n} hombre
— de negócios de ne·*go*·siush empresario
homosexual ⓜ y ⓕ o·mo·sek·su·*al* homosexual
hóquei ⓜ *o*·kei *hockey*
— sobre o gelo *so*·bre u *jhe*·lu *hockey* sobre hielo
hora ⓕ *o*·ra hora
horário ⓜ o·*ra*·riu horario
— de expediente de shpe·di·*e*^{n}·te horario de abertura
horóscopo ⓜ o·*rosh*·ku·pu horóscopo
horrível o·*ji*·vel horrible
hospedagem ⓕ osh·pe·*da*·jhe^{n} alojamiento
hospital ⓜ osh·pi·*tal* hospital
hospitalidade ⓕ osh·pi·ta·li·*da*·de hospitalidad
hotel ⓜ o·*tel* hotel

I

idade ⓕ i·*da*·de edad
ida e volta *i*·da i *vol*·ta ida y vuelta (billete)
identificação ⓕ i·de^{n}·ti·fi·ka·*sau*^{n} identificación
igreja ⓕ i·*gre*·jha iglesia
igualdade ⓕ i·gual·*da*·de igualdad
— de oportunidades de o·pur·tu·ni·*da*·desh igualdad de oportunidades
ilha ⓕ *i*·lla isla
imigração ⓕ i·mi·gra·*sau*^{n} inmigración
importante i^{n}·por·*ta*^{n}·te importante
impossível i^{n}·po·*si*·vel imposible
imposto ⓜ i^{n}·*posh*·tu impuesto
— de rendimentos de je^{n}·di·*me*^{n}·tush impuesto sobre la renta
impressora ⓕ i^{n}·pre·*so*·ra impresora
inchaço ⓜ i^{n}·*sha*·su hinchazón
incluído/incluída ⓜ/ⓕ i^{n}·klu·*i*·du/i^{n}·klu·*i*·da incluido/a
indigestão ⓕ i^{n}·di·jhesh·*tau*^{n} indigestión
indústria ⓕ i^{n}·*dush*·tria industria
infantário ⓜ i^{n}·fa^{n}·*ta*·ri·u orfanato
infecção ⓕ i^{n}·fe·*sau*^{n} infección
— urinária u·ri·*na*·ria infección de orina
inflamação ⓕ i^{n}·fla·ma·*sau*^{n} inflamación
informação ⓕ i^{n}·for·ma·*sau*^{n} información
informática ⓕ i^{n}·for·*ma*·ti·ka informática
inglês ⓜ i^{n}·*glesh* inglés
ingrediente ⓜ i^{n}·gre·di·*e*^{n}·te ingrediente
íngreme *i*^{n}·gre·me pendiente
injecção ⓕ i^{n}·jhe·*sau*^{n} inyección
injectar i^{n}·jhe·*tar* inyectar
injusto/injusta ⓜ/ⓕ i^{n}·*jhush*·tu/i^{n}·*jhush*·ta injusto
inocente i·nu·*se*^{n}·te inocente
inseguro/insegura ⓜ/ⓕ i^{n}·se·*gu*·ru/i^{n}·se·*gu*·ra inseguro
insolação ⓕ i^{n}·su·la·*sau*^{n} insolación
instrutor/instrutora ⓜ/ⓕ i^{n}·shtru·*tor*/i^{n}·shtru·*to*·ra instructor/a
interessante i^{n}·te·re·*sa*^{n}·te interesante
interior ⓜ i^{n}·te·ri·*or* interior
internacional i^{n}·ter·na·siu·*nal* internacional
intervalo ⓜ i^{n}·ter·*va*·lu intervalo
inundação ⓕ i·nu^{n}·da·*sau*^{n} inundación
inverno ⓜ i^{n}·*ver*·nu invierno
invulgar i^{n}·vul·*gar* inusual
ir ir ir
irmã ⓕ ir·*ma*^{n} hermana
irmão ⓜ ir·*mau*^{n} hermano
irritação da pele ⓕ i·ji·ta·*sau*^{n} da *pe*·le sarpullido
irritação por causa da fralda ⓕ i·ji·ta·*sau*^{n} pur *kau*·sa da *fral*·da dermatitis del pañal

isqueiro ⓜ ish·*kei*·ru mechero
itinerário ⓜ i·ti·ne·*ra*·riu itinerario
IVA ⓜ *i*·va IVA

J

já jha ya
janela ⓕ jha·*ne*·la ventana
jantar ⓜ jha^n·*tar* cena
jardim ⓜ jhar·*di*^{n} jardín
— botânico bu·*ta*·ni·ku jardín botánico
— de infância de i^n·*fa*^{n}·sia jardín de infancia
— zoológico zu·u·*lo*·jhi·ku zoológico
jardinagem ⓕ jhar·di·*na*·jhe^n jardinería
jardins públicos ⓜ pl jhar·*di*^{n}*jh* *pu*·bli·kush jardines públicos
jipe ⓜ *jhi*·pe todoterreno
joelho ⓜ jhu·*e*·llu rodilla
jogar jhu·*gar* jugar (a las cartas, etc.)
jogo ⓜ *jho*·gu juego (deporte)
— de computador de ko^n·pu·ta·*dor* juego de ordenador
jornal ⓜ jhor·*nal* periódico
jornalista ⓜ y ⓕ jhor·na·*lish*·ta periodista
jovem *jho*·ve^n joven
Judeu/Judia ⓜ/ⓕ jhu·*de*·u/jhu·*di*·a judío
juiz/juiza ⓜ/ⓕ jhu·*ish*/jhu·*i*·za juez • árbitro
junto/junta ⓜ/ⓕ *jhu*^{n}·tu/*jhu*^{n}·ta juntos

L

lá la allí
lã ⓕ la^n lana
lábios ⓜ pl *la*·biush labios
lado ⓜ *la*·du lado
ladrão/ladra ⓜ/ⓕ la·*drau*^{n}/*la*·dra ladrón/a
lagarto ⓜ la·*gar*·tu lagarto
lago ⓜ *la*·gu lago
lama ⓕ *la*·ma barro
lâmina de barbear ⓕ *la*·mi·na de bar·bi·*ar* hoja de afeitar
lâmpada ⓕ *la*^{n}·pa·da bombilla
lanterna eléctrica ⓕ la^n·*ter*·na i·*le*·tri·ka linterna
lápis ⓜ *la*·pish lápiz
largo/larga ⓜ/ⓕ *lar*·gu/*lar*·ga ancho/a
lata ⓕ *la*·ta lata
lavandaria ⓕ la·va^n·da·*ri*·a lavandería • colada
lavar la·*var* lavar
lavar-se la·*var*·se lavarse
laxante ⓜ la·*sha*^{n}·te laxante
legal le·*gal* legal
legendas ⓕ pl le·*jhe*^{n}·dash subtítulos
legislação ⓕ le·jhijh·la·*sau*^{n} legislación
lei ⓕ lei ley (legislación)
leitura ⓕ lei·*tu*·ra lectura
lembrança ⓕ le^n·*bra*^{n}·sa recuerdo
lenço ⓜ *le*^{n}·su bufanda
— de mão de mau^n pañuelo
— de papel de pa·*pel* pañuelo de papel
lençóis e mantas ⓕ pl le^n·*soish* i *ma*^{n}·tash ropa de cama
lençol ⓜ le^n·*sol* sábana
lenha ⓕ *le*·ña leña
lente ⓕ *le*^{n}·te lente (cámara)
lentes de contacto ⓜ pl *le*^{n}·tesh de ko^n·*tak*·tu lentillas
ler ler leer
lésbica ⓕ *lejh*·bi·ka lesbiana
levantar (um cheque) le·va^n·*tar* (u^n *she*·ke) cobrar (un cheque)
levar le·*var* llevar
leve *le*·ve ligero (peso)
libra ⓕ *li*·bra libra (peso)
licença ⓕ li·*se*^{n}·sa licencia • permiso
— de trabalho de tra·*ba*·llu permiso de trabajo
ligação ⓕ li·ga·*sau*^{n} conexión
— a cobrar a ku·*brar* llamada a cobro revertido

— directa di·*re*·ta llamada directa
ligado/ligada ⓜ/ⓕ li·*ga*·du/li·*ga*·da encendido/a
ligadura ⓕ li·ga·*du*·ra venda
limite de peso ⓜ li·*mi*·te de *pe*·zu límite de equipaje
limite de velocidade ⓜ li·*mi*·te de ve·lu·si·*da*·de límite de velocidad
limpar li^{n}·*par* limpiar
limpeza ⓕ li^{n}·*pe*·za limpieza
limpo/limpa ⓜ/ⓕ *li*^{n}·pu/*li*^{n}·pa limpio/a
língua ⓕ *li*^{n}·gua lenguaje
liquidação ⓕ li·ki·da·*sau*^{n} rebajas
lista telefónica ⓕ *lish*·ta te·le·*fo*·ni·ka listín telefónico
livraria ⓕ li·vra·*ri*·a librería
livre *li*·vre libre (no ocupado)
livro ⓜ *li*·vru libro
— de frases de *fra*·zesh guía de conversación
lixo ⓜ *li*·shu basura
local ⓜ lu·*kal* local
— de nascimento de nash·si·*me*^{n}·tu lugar de nacimiento
local ⓜ y ⓕ lu·*kal* local
loja ⓕ *lo*·jha tienda
— de aparelhos eléctricos de a·pa·*re*·llush i·*le*·tri·kush tienda de electrodomésticos
— de bebidas de be·*bi*·dash tienda de licor
— de brinquedos de bri^{n}·*ke*·dush juguetería
— de campismo de ka^{n}·*pijh*·mu tienda de artículos de acampada
— de ciclismo de si·*klish*·mu tienda de bicicletas
— de conveniência de ko^{n}·ve·*ñe*^{n}·sia ultramarinos
— de desporto de desh·*por*·tu tienda de deportes
— de equipamentos fotográficos de e·ki·pa·*me*^{n}·tush fu·tu·*gra*·fi·kush tienda de fotografía
— de ferramentas de fe·ja·*me*^{n}·tash ferretería
— de lembranças de le^{n}·*bra*^{n}·sash tienda de recuerdos
— de música de *mu*·zi·ka tienda de música
— de roupas de *jou*·pash tienda de ropa
— de segunda mão de se·*gun*·da mau^{n} tienda de segunda mano
lombrigas ⓕ pl lo^{n}·*bri*·gash lombrices (intestinales)
longe *lo*^{n}·jhe lejos
longo/longa ⓜ/ⓕ *lo*^{n}·gu/*lo*^{n}·ga largo/a
louco/louca ⓜ/ⓕ *lou*·ku/*lou*·ka loco/a
lua ⓕ *lu*·a luna
— de mel de mel luna de miel
lubrificante ⓜ lu·bri·fi·*ka*^{n}·te lubricante
lucro ⓜ *lu*·kru beneficio
lugar ⓜ lu·*gar* lugar
luta ⓕ *lu*·ta pelea
luvas ⓕ pl *lu*·vash guantes
— de borracha de bu·*ja*·sha guantes (de látex)
luxo ⓜ *lu*·shu lujo
luz ⓕ lush luz
— do flash du flash linterna

M

machado de gelo ⓜ ma·*sha*·du de *jhe*·lu picador de hielo
machismo ⓜ ma·*shijh*·mu machismo
madeira ⓕ ma·*dei*·ra madera
madrugada ⓕ ma·dru·*ga*·da alba
mãe ⓕ mai^{n} madre
maior mei·*or* mayor
mais maish más
— tarde *tar*·de tarde
mala de mão ⓕ *ma*·la de mau^{n} bolso
mala de viagem ⓕ *ma*·la de vi·*a*·jhe^{n} maleta
manhã ⓕ ma·*ña*^{n} mañana

manifestação (f) ma·ni·fesh·ta·*sau*^{n} manifestación
Manuelino/Manuelina (m)/(f) man·uel·*i*·nu/man·uel·*i*·na manuelino/a (arte)
mão (f) mau^n mano
mapa (m) *ma*·pa mapa
— de estradas de *shtra*·dash mapa de carreteras
maquilhagem (f) ma·ki·*lla*·jhe^n maquillaje
máquina (f) *ma*·ki·na máquina
— de lavar roupa de la·*var jou*·pa lavadora
— de vender bilhetes de ve^n·*der* bi·*lle*·tesh máquina expendedora de billetes
— fotográfica fu·tu·*gra*·fi·ka cámara
mar (m) mar mar
maravilhoso/maravilhosa (m)/(f) ma·ra·vi·*llo*·zu/ma·ra·vi·*llo*·za maravilloso/a
marcar mar·*kar* marcar (un gol)
maré (f) ma·*re* marea
marido (m) ma·*ri*·du marido
martelo (m) mar·*te*·lu martillo
mas mash pero
massagem (f) ma·*sa*·jhe^n masaje
matar ma·*tar* matar
mau/má (m)/(f) *ma*·u/ma malo
maxilar (m) mak·si·*lar* mandíbula (humana)
mecânico/mecânica (m)/(f) me·*ka*·ni·ku/me·*ka*·ni·ka mecánico/a
medicamentos (m) pl me·di·ka·*me*^{n}·tush medicación
medicina (f) me·di·*si*·na medicina (profesión)
médico/médica (m)/(f) *me*·di·ku/ *me*·di·ka doctor
meditação (f) me·di·ta·*sau*^{n} meditación
meia (f) *mei*·a calcetín
meia-noite (f) *mei*·a·*noi*·te medianoche
meias de vidro (f) pl *mei*·ash de *vi*·dru medias
meio-dia (m) *mei*·u·*di*·a mediodía
meio tempo *mei*·u *te*^{n}·pu a tiempo parcial
melhor me·*llor* mejor
melodia (f) me·lu·*di*·a melodía
membro (m) y (f) *me*^{n}·bru miembro
memória (f) me·*mo*·ri·a memoria
menina (f) me·*ni*·na chica
Menina me·*ni*·na señorita
menino (m) me·*ni*·nu niño
menor me·*nor* menor
menos *me*·nush menos
mensagem (f) me^n·*sa*·jhe^n mensaje
menstruação (f) me^n·shtru·a·*sau*^{n} menstruación
mentir me^n·*tir* mentir
mentiroso/mentirosa (m)/(f) me^n·ti·*ro*·zu/me^n·ti·*ro*·za mentiroso/a
mercado (m) mer·*ka*·du mercado
mercearia (f) mer·si·a·*ri*·a tienda de comestibles
mergulho (m) mer·*gu*·llu submarinismo
mês (m) mesh mes
mesa (f) *me*·za mesa
mesmo/mesma (m)/(f) *mejh*·mu/ *mejh*·ma mismo/a
mesquita (f) mesh·*ki*·ta mezquita
metro (m) *me*·tru metro
metropolitano (m) me·tru·pu·li·*ta*·no metro (tren)
meu/minha (m)/(f) *me*·u/*mi*·ña mío/ mía
microondas (m) pl mi·kro·o^n·dash microondas
milímetro (m) mi·*li*·me·tru milímetro
mim (m) y (f) mi^n mí
mimado/mimada (m)/(f) mi·*ma*·du/ mi·*ma*·da mimado/a
minúsculo/minúscula (m)/(f) mi·*nush*·ku·lu/mi·*nush*·ku·la minúsculo
minuto (m) mi·*nu*·tu minuto
miradouro (m) mi·ra·*dou*·ru mirador
missa (f) *mi*·sa misa (católica)
misturar mish·tu·*rar* mezclar
mochila (f) mu·*shi*·la mochila

moda ⓕ mo·da moda
moderno/moderna ⓜ/ⓕ mu·der·nu/mu·der·na moderno/a
moedas ⓕ pl mu·e·dash monedas
molas ⓕ pl mo·lash resorte
molhado/molhada ⓜ/ⓕ mu·lla·du/mu·lla·da húmedo/a
montanha ⓕ mo^{n}·ta·ña montaña
montanhismo ⓜ mo^{n}·ta·ñijh·mu alpinismo
monumento ⓜ mu·nu·me^{n}·tu monumento
morar mu·rar habitar
mordedura ⓕ mur·de·du·ra mordedura
mordida ⓕ mor·di·da picadura
morno/morna ⓜ/ⓕ mor·nu/mor·na tibio/a
morrer mu·jer morir
morto/morta ⓜ/ⓕ mor·tu/mor·ta muerto/a
mosquiteiro ⓜ mush·ki·tei·ru mosquitera
mosquito ⓜ mush·ki·tu mosquito
mosteiro ⓜ mush·tei·ru monasterio
mostrador de velocidade ⓜ mush·tra·dor de ve·lu·si·da·de velocímetro
mostrar mush·trar espectáculo
mota ⓕ mo·ta motocicleta
motor ⓜ mu·tor motor
mourisco/mourisca ⓜ/ⓕ mou·rish·ku/mou·rish·ka morisco/a
móveis ⓜ pl mo·veish mobiliario
muçulmano/muçulmana ⓜ/ⓕ mu·sul·ma·nu/mu·sul·ma·na musulmán/a
mudança ⓕ mu·da^{n}·sa mudanza
mudo/muda ⓜ/ⓕ mu·du/mu·da mudo/a
muito mui^{n}·tu mucho
muito/muita ⓜ/ⓕ mui^{n}·tu/mui^{n}·ta mucho/mucha
mulher ⓕ mu·ller mujer
— de negócios de ne·go·siush empresaria
multa ⓕ mul·ta multa
mundo ⓕ mu^{n}·du mundo
músculo ⓜ mush·ku·lu músculo
museu ⓜ mu·ze·u museo
música ⓕ mu·zi·ka música
— popular pu·pu·lar música tradicional
músico/música ⓜ/ⓕ mu·zi·ku/mu·zi·ka músico

N

na frente de na fre^{n}·te de delante de
nacionalidade ⓕ na·siu·na·li·da·de nacionalidad
nada ⓜ na·da nada
nadar na·dar nadar
nádegas ⓕ pl na·de·gash nalgas (cuerpo)
namorada ⓕ na·mu·ra·da novia
namorado ⓜ na·mu·ra·du novio
namorar na·mu·rar salir (con alguien)
não nau^{n} no
não-fumador nau^{n}·fu·ma·dor no fumador
nariz ⓜ na·rish nariz
— a pingar a pi^{n}·gar moqueo nasal
nascer do sol ⓜ nash·ser du sol alba
natação ⓕ na·ta·sau^{n} natación
Natal ⓜ na·tal Navidad
natureza ⓕ na·tu·re·za naturaleza
navio ⓜ na·vi·u barco
necessário/necessária ⓜ/ⓕ ne·se·sa·riu/ne·se·sa·ria necesario
negativos ⓜ pl ne·ga·ti·vush negativos (fotografía)
negócios ⓜ pl ne·go·siush negocios
nenhum/nenhuma ⓜ/ⓕ ne^{n}·iu^{n}/ne^{n}·iu·ma ninguno/a
neto/neta ⓜ/ⓕ ne·tu/ne·ta nieto
neve ⓕ ne·ve nieve
nódoa ⓕ no·du·a mancha
nódoa negra ⓕ no·du·a ne·gra moratón
nódulo ⓜ no·du·lu nódulo
noite ⓕ noi·te noche
noivado ⓜ noi·va·du compromiso

noivo/noiva ⓜ/ⓕ noi·vu/noi·va prometido/a
nome ⓜ no·me nombre
nós nosh nosotros
nosso/nossa ⓜ/ⓕ no·su/no·sa nuestro/a (una cosa)
nossos/nossas ⓜ/ⓕ no·sush/no·sash nuestros/as (más de una cosa)
nota bancária ⓕ no·ta ba^n·ka·ria billete (banco)
notícias ⓕ pl nu·ti·siash noticias
novamente no·va·me^n·te de nuevo
novo/nova ⓜ/ⓕ no·vu/no·va nuevo
nublado/nublada ⓜ/ⓕ nu·bla·du/nu·bla·da nublado
número ⓜ nu·me·ru número
— da matrícula da ma·tri·ku·la número de matrícula
— do passaporte du pa·sa·por·te número de pasaporte
— do quarto du kuar·tu número de habitación
nunca nu^n·ka nunca
nuvem ⓕ nu·ve^n nube

O

oceano ⓜ o·si·a·nu océano
óculos ⓜ pl o·ku·lush gafas
— de esqui de shki gafas de esquí
— de natação de na·ta·sau^n gafas de natación
— de sol de sol gafas de sol
ocupado ⓜ o·ku·pa·du comunicando (teléfono)
ocupado/ocupada ⓜ/ⓕ o·ku·pa·du/o·ku·pa·da ocupado/a
oficina ⓕ o·fe·si·na taller
olhar u·llar mirar
olho ⓜ o·llu ojo
ombro ⓜ o^n·bru hombro
onda ⓕ o^n·da ola (océano)
onde o^n·de donde
ontem o^n·te^n ayer
operário/operária ⓜ/ⓕ o·pe·ra·riu/o·pe·ra·ria trabajador/a de fábrica
opinião ⓕ o·pi·ni·au^n opinión
oportunidade ⓕ o·pur·tu·ni·da·de oportunidad
oposto/oposta ⓜ/ⓕ o·posh·tu/o·posh·ta opuesto
óptimo/óptima ⓜ/ⓕ o·ti·mu/o·ti·ma grande (fantástico)
oração ⓕ o·ra·sau^n oración
orçamento ⓜ or·sa·me^n·tu presupuesto
orelha ⓕ o·re·lla oreja
orgasmo ⓜ or·gajh·mu orgasmo
orquestra ⓕ or·kesh·tra orquesta
o senhor/a senhora ⓜ/ⓕ u se·ñor/a se·ño·ra usted for sg
os senhores/as senhoras ⓜ/ⓕ ush se·ño·resh/ash se·ño·rash ustedes for pl
osso ⓜ o·su hueso
ou ou o
ourivesaria ⓕ ou·ri·ve·za·ri·a joyería
ouro ⓜ ou·ru oro
outro/outra ⓜ/ⓕ ou·tru/ou·tra otro/a
ovário ⓜ o·va·riu ovario
ovelha ⓕ u·ve·lla oveja
oxigénio ⓜ ok·si·jhe·niu oxígeno

P

pacote ⓜ pa·ko·te paquete
padre ⓜ pa·dre párroco
pagamento ⓜ pa·ga·me^n·tu pago
pagar pa·gar pagar
página ⓕ pa·jhi·na página
pai ⓜ pai padre
país ⓜ pa·ish país
pais ⓜ pl paish padres
palácio ⓜ pa·la·siu palacio
palavra ⓕ pa·la·vra palabra
palito ⓜ pa·li·tu mondadientes
panela ⓕ pa·ne·la olla • cazuela
papeira ⓕ pa·pei·ra paperas
papel ⓜ pa·pel papel
— higiénico i·jhi·e·ni·ku papel higiénico
papelada ⓕ pa·pe·la·da papeleo
papelaria ⓕ pa·pe·la·ri·a papelería

para baixo pa·ra bai·shu hacia abajo
parabéns ⓜ pl pa·ra·be^{n}jh felicidades
pára-brisas ⓜ pl pa·ra·bri·zash parabrisas
para cima pa·ra si·ma hacia arriba
paragem de autocarros ⓕ pa·ra·jhe^n de au·to·ka·jush estación/parada de autobuses
parapeito ⓜ pa·ra·pei·tu cornisa
parar pa·rar parar
para sempre pa·ra se^n·pre para siempre
parecido/parecida ⓜ/ⓕ pa·re·si·du/pa·re·si·da parecido/a
parede ⓕ pa·re·de muro
parlamento ⓜ par·la·me^n·tu parlamento
parque ⓜ par·ke parque
— de campismo de ka^n·pijh·mu plaza de *camping*
— de estacionamento de shta·siu·na·me^n·tu aparcamiento
— nacional na·siu·nal parque nacional
parte ⓕ par·te parte (componente)
partida ⓕ par·ti·da salida • partido (deportes)
partidário/partidária ⓜ/ⓕ par·ti·da·riu/par·ti·da·ria partidario (política)
partido ⓜ par·ti·du partido (política)
partilhar par·ti·llar compartir (habitación)
partir par·tir partir
Páscoa ⓕ pash·kua Pascua
passado ⓜ pa·sa·du pasado
passado/passada ⓜ/ⓕ pa·sa·du/pa·sa·da último/a
passageiro/passageira ⓜ/ⓕ pa·sa·jhei·ru/pa·sa·jhei·ra pasajero/a
passar pa·sar pasar (chutar/lanzar)
— por pur pasar (por delante)
pássaro ⓜ pa·sa·ru pájaro
passo ⓜ pa·su paso
pasta ⓕ pash·ta maletín
pasta de dentes ⓕ pash·ta de de^n·tesh dentífrico
patinar pa·ti·nar patinar
patins em linha ⓜ pl pa·ti^{n}jh e^n li·ña patines en línea
pato/pata ⓜ/ⓕ pa·tu/pa·ta pato
patrão/patroa ⓜ/ⓕ pa·trau^n/pa·tro·a patrón/patrona
paz ⓕ pash paz
pé ⓜ pe pie (cuerpo)
peão ⓜ pi·au^n peatonal
peça ⓕ pe·sa obra (teatro)
pedaço ⓜ pe·da·su pedazo
pedido ⓜ pe·di·du pedido
pedinte ⓜ y ⓕ pe·di^n·te mendigo
pedir pe·dir pedir
— emprestado e^n·presh·ta·du pedir prestado
pedra ⓕ pe·dra piedra
peito ⓜ pei·tu pecho (cuerpo)
peixe ⓜ pei·she pescado
pele ⓕ pe·le piel
penhasco ⓜ pe·ñash·ku acantilado
Península Ibérica ⓕ pe·ni^n·su·la i·be·ri·ka península Ibérica
pénis ⓜ pe·nish pene
pensar pe^n·sar pensar
penso ⓜ pe^n·su tirita
— higiénico i·jhi·e·ni·ku salvaslip
pente ⓜ pe^n·te peine
pequeno/pequena ⓜ/ⓕ pe·ke·nu/pe·ke·na pequeño
pequeno almoço ⓜ pe·ke·nu al·mo·su desayuno
perder per·der perder
perdido/perdida ⓜ/ⓕ per·di·du/per·di·da perdido/a
perdidos e achados ⓜ pl per·di·dush i a·sha·dush equipaje perdido
perdoar per·du·ar perdonar
perfeito/perfeita ⓜ/ⓕ per·fei·tu/per·fei·ta perfecto/a
perfume ⓜ per·fu·me perfume
pergunta ⓕ per·gu^n·ta pregunta
perguntar per·gu^n·tar preguntar

perigoso/perigosa ⓜ/ⓕ pe·ri·*go*·zu/pe·ri·*go*·za peligroso
perna ⓕ *per*·na pierna (cuerpo)
perto *per*·tu cerca
pesado/pesada ⓜ/ⓕ pe·*za*·du/pe·*za*·da pesado (peso)
pesca ⓕ *pesh*·ka pescar
pescoço ⓜ pesh·*ko*·su cuello
peso ⓜ pe·*zu* peso
pessoa ⓕ pe·*so*·a persona
pessoas ⓕ pl pe·*so*·ash gente
petróleo ⓜ pe·*tro*·llu gasolina
piada ⓕ pi·*a*·da chiste
picareta ⓕ pi·ka·*re*·ta piqueta
pico ⓜ *pi*·ku pico de una montaña
pilar ⓜ pi·*lar* pilar
pilha ⓕ *pi*·lla batería, pila
pílula ⓕ *pi*·lu·la la píldora
— para dormir *pa*·ra dur·*mir* somníferos
pinça ⓕ *piⁿ*·sa pinzas
pintor/pintora ⓜ/ⓕ piⁿ·*tor*/piⁿ·*to*·ra pinto/a
pintura ⓕ piⁿ·*tu*·ra pintar
piolhos ⓜ pl pi·*o*·llush piojos
piscina ⓕ pesh·*si*·na piscina
pista ⓕ *pish*·ta pista (atletismo)
pistola ⓕ pish·*to*·la pistola
placar ⓜ pla·*kar* marcador
planalto ⓜ pla·*nal*·tu meseta
plano/plana ⓜ/ⓕ *pla*·nu/*pla*·na plano/a
planta ⓕ *plaⁿ*·ta planta
plástico/plástica ⓜ/ⓕ *plash*·ti·ku/*plash*·ti·ka plástico
plataforma ⓕ pla·ta·*for*·ma plataforma
pneu ⓜ pe·*ne*·u neumático
pó ⓜ po polvo
— de talco de *tal*·ku polvos de talco
pobre *po*·bre pobre (sin dinero)
pobreza ⓕ pu·*bre*·za pobreza
poder ⓜ pu·*der* poder
poder pu·*der* poder
poesia ⓕ po·i·*zi*·a poesía
pólen ⓜ *po*·leⁿ polen
polícia ⓕ pu·*li*·sia policía
política ⓕ pu·*li*·ti·ka política
político/política ⓜ/ⓕ pu·*li*·ti·ku/pu·*li*·ti·ka político/a
poluição ⓕ pu·lu·i·*sau*ⁿ contaminación
ponte ⓕ *po*ⁿ·te puente (estructura)
ponto ⓜ *po*ⁿ·tu punto
— de controle de koⁿ·*tro*·le punto de control
popular pu·pu·*lar* popular
por pur por (día)
— cento *se*ⁿ·tu por ciento
— cima de *si*·ma de por encima
— perto *per*·tu cerca
pôr do sol ⓜ por du sol puesta de sol
porco/porca ⓜ/ⓕ *por*·ku/*por*·ka cerdo
porquê pur·*ke* por qué
porta de partida ⓕ *por*·ta de par·*ti*·da puerta de salida
portão/porta ⓜ/ⓕ por·*tau*ⁿ/*por*·ta puerta (aeropuerto)
porto ⓜ *por*·tu puerto
Portugal ⓜ pur·tu·*gal* Portugal
português ⓜ pur·tu·*gesh* portugués
positivo/positiva ⓜ/ⓕ pu·zi·*ti*·vu/pu·zi·*ti*·va positivo/a
possível pu·*si*·vel posible
pouco/pouca ⓜ/ⓕ *pou*·ku/*pou*·ka poco/a (cantidad)
pousada de juventude ⓕ pou·*za*·da de jhu·veⁿ·*tu*·de albergue juvenil
praça ⓕ *pra*·sa plaza (ciudad)
— de táxis de *tak*·sish parada de taxis
— de touros de *tou*·rush plaza de toros
praia ⓕ *prai*·a playa
prancha de surf ⓕ *pra*ⁿ·sha de sarf tabla de surf
prata ⓕ *pra*·ta plata
prateleira ⓕ pra·te·*lei*·ra estantería
prato ⓜ *pra*·tu plato
precisar pre·si·*zar* necesitar

P

preço ⓜ pre·su precio
— da passagem da pa·sa·jhe^n tarifa
prédio ⓜ pre·diu edificio
preferir pre·fe·rir preferir
preguiçoso/preguiçosa ⓜ/ⓕ pre·gi·so·zu/pre·gi·so·za perezoso/a
prender pre^n·der arrestar
preocupado/preocupada ⓜ/ⓕ pri·o·ku·pa·du/pri·o·ku·pa·da preocupado/a
preparar pre·pa·rar preparar
presente ⓜ pre·ze^n·te presente (regalo) • presente (tiempo)
preservativo ⓜ pre·zer·va·ti·vu preservativo
presidente ⓜ y ⓕ pre·zi·de^n·te presidente
— da câmara da ka·ma·ra alcalde
pressão ⓕ pre·sau^n presión (neumático)
preto/preta ⓜ/ⓕ pre·tu/pre·ta negro/a
preto e branco pre·tu e bra^n·ku en blanco y negro (película)
primeiro/primeira ⓜ/ⓕ pri·mei·ru/pri·mei·ra primero/a
primeiro ministro/primeira ministra ⓜ/ⓕ pri·mei·ru mi·ni·shtru/pri·mei·ra mi·ni·shtra primer ministro
primeiro nome ⓜ pri·mei·ru no·me nombre de pila
principal pri^n·si·pal principal
prisão ⓕ pri·zau^n prisión
— de ventre pri·zau^n de ven·tre estreñimiento
prisioneiro/prisioneira pri·ziu·nei·ru/pri·ziu·nei·ra prisionero/a
privado/privada ⓜ/ⓕ pri·va·du/pri·va·da privado
problema de coração ⓜ pru·ble·ma de ku·ra·sau^n disfunción cardíaca
procurar pro·ku·rar buscar
produzir pru·du·zir producir
professor/professora ⓜ/ⓕ pru·fe·sor/pru·fe·so·ra maestro/a
profundo/profunda ⓜ/ⓕ pru·fu^n·du/pru·fu^n·da profundo/a
programa ⓜ pru·gra·ma programa
projector ⓜ pru·jhe·tor proyector
prometer pru·me·ter prometer
pronto/pronta ⓜ/ⓕ pro^n·tu/pro^n·ta preparado/a
prostituto/prostituta ⓜ/ⓕ prush·ti·tu·tu/prush·ti·tu·ta prostituta
protecção anti-solar ⓕ pru·te·sau^n a^n·ti·su·lar protector solar
protector de borracha ⓜ pru·te·tor de bu·ja·sha protector dental
proteger pru·te·jher proteger
protegido/protegida ⓜ/ⓕ pru·te·jhi·du/pru·te·jhi·da protegido/a (especies)
protestar pru·tesh·tar protestar
provisões ⓕ pl pru·vi·zoi^{n}sh provisiones
próximo/próxima ⓜ/ⓕ pro·si·mu/pro·si·ma cercano/a • próximo/a
pulga ⓕ pul·ga pulga
pulmão ⓜ pul·mau^n pulmón
pulso ⓜ pul·su muñeca (cuerpo)
puro/pura ⓜ/ⓕ pu·ru/pu·ra puro/a
puxar pu·shar tirar

Q

qual kual cual
qualidade ⓕ kua·li·da·de calidad
qualificações ⓕ pl kua·li·fi·ka·soi^{n}sh calificaciones
qualquer kual·ker cualquier/a
quando kua^n·du cuando
quarentena ⓕ kua·re^n·te·na cuarentena
quarto ⓜ kuar·tu dormitorio • habitación
— de casal de ka·zal habitación doble
— de solteiro de sol·tei·ru habitación individual
quase kua·ze casi
que ke qué
quebrado/quebrada ⓜ/ⓕ ke·bra·du/ke·bra·da roto/a

quebrar ke·*brar* romper
queimadura ⓕ kei·ma·*du*·ra quemadura
quem ke^{n} quien
quente *ke*^{n}·te caliente
querer ke·*rer* querer
quilograma ⓜ ki·lu·*gra*·ma kilogramo
quilómetro ⓜ ki·*lo*·me·tru kilómetro
quinta ⓕ *ki*^{n}·ta granja
quinzena ⓕ ki^{n}·*ze*·na quincena
quiosque ⓜ ki·*osh*·ke quiosco

R

racismo ⓜ ja·*sijh*·mu racismo
radiador ⓜ ja·di·a·*dor* radiador
rádio *ja*·diu radio
rainha ⓕ ja·*i*·ña reina
raio de roda ⓜ *ja*·iu de *jo*·da radio (rueda)
rápido/rápida ⓜ/ⓕ *ja*·pi·du/*ja*·pi·da rápido
raquete ⓕ ja·*ke*·te raqueta
raro/rara ⓜ/ⓕ *ja*·ru/*ja*·ra raro (poco común)
ratazana ⓜ y ⓕ ja·ta·*za*·na rata
rato ⓜ *ja*·tu ratón
rave ⓕ jeiv *rave* (fiesta)
razão ⓕ ja·*zau*^{n} razón
razoável ja·zu·*a*·vel razonable
realista ji·a·*lish*·ta realista
recarregador de bateria ⓜ je·ka·je·ga·*dor* de ba·te·*ri*·a cargador de batería
receber je·se·*ber* dar la bienvenida
receita médica ⓕ je·*sei*·ta *me*·di·ka prescripción
recentemente je·se^{n}·te·*me*^{n}·te recientemente
recibo ⓜ je·*si*·bu recibo
reciclar je·si·*klar* reciclar
reciclável je·si·*kla*·vel reciclable
reclamação ⓕ je·kla·ma·*sau*^{n} reclamación
reclamar je·kla·*mar* reclamar
recomendar je·ku·me^{n}·*dar* recomendar
recursos humanos ⓜ pl je·*kur*·sush u·*ma*·nush recursos humanos
recusar je·ku·*zar* rechazar
rede ⓕ *je*·de red
redondo/redonda ⓜ/ⓕ je·*do*^{n}·du/je·*do*^{n}·da redondo/a
reembolso ⓜ je·e^{n}·*bol*·su reembolsar
refeição ⓕ je·fei·*sau*^{n} comida
— ligeira li·*jhei*·ra tentempié
referência ⓕ je·fe·*re*^{n}·sia referencia
refrigerante ⓜ je·fri·jhe·*ra*^{n}·te refresco
regional je·jhiu·*nal* regional
registo automóvel ⓜ je·*jhish*·tu au·tu·*mo*·vel registro del automóvil
regra ⓕ *je*·gra regla
regressar je·gre·*sar* regresar
rei ⓜ jei rey
relacionamento ⓜ je·la·siu·na·*me*^{n}·tu relación
relações públicas ⓕ pl je·la·*soi*^{n}sh *pu*·bli·kash relaciones públicas
relaxar je·la·*shar* relax
religião ⓕ je·li·jhi·*au*^{n} religión
religioso/religiosa ⓜ/ⓕ je·li·jhi·*o*·zu/je·li·jhi·*o*·za religioso
relíquia ⓕ je·*li*·kia reliquia
relógio ⓜ je·*lo*·jhiu reloj • reloj de pulsera
relva ⓕ *jel*·va césped
remoto/remota ⓜ/ⓕ je·*mo*·tu/je·*mo*·ta remoto/a
renda ⓕ *je*^{n}·da encaje
repelente ⓜ je·pe·*le*^{n}·te repelente de insectos
— em espiral e^{n} shpi·*ral* espiral repelente de insectos
reserva ⓕ je·*zer*·va reserva
reservar je·zer·*var* reservar
respirar jesh·pi·*rar* respirar
resposta ⓕ jesh·*posh*·ta responder
restaurante ⓜ jesh·tau·*ra*^{n}·te restaurante
reverenciar je·ve·re^{n}·si·*ar* adorar
revisão ⓕ je·vi·*zau*^{n} revisar
revista ⓕ je·*vish*·ta revista
ribeiro ⓜ ji·*bei*·ru arroyo

rico/rica ⓜ/ⓕ *ji*·ku/*ji*·ka rico/a
rim ⓜ jiⁿ riñón
rio ⓜ *ji*·u río
rir jir reír
risco ⓜ *jish*·ku riesgo
ritmo ⓜ *jit*·mu ritmo
roda ⓕ *jo*·da rueda
romântico/romântica ⓜ/ⓕ ju·*maⁿ*·ti·ku/ju·*maⁿ*·ti·ka romántico/a
rosto ⓜ *josh*·tu rostro
rota ⓕ *jo*·ta ruta
— de caminhada de ka·mi·*ña*·da ruta excursionista
rotunda ⓕ ju·*tuⁿ*·da rotonda
roubado/roubada ⓜ/ⓕ jou·*ba*·du/jou·*ba*·da robado/a
roubar jou·*bar* robar
roubo ⓜ *jou*·bu robo
roupa interior ⓕ *jou*·pa iⁿ·te·ri·*or* ropa interior
roupas ⓕ pl *jou*·pash ropa
roxo/roxa ⓜ/ⓕ *jo*·shu/*jo*·sha púrpura
rua ⓕ *ju*·a calle
— principal priⁿ·si·*pal* calle principal
rubéola ⓕ ju·*be*·o·la rubeola
ruínas ⓕ pl ju·*i*·nash ruinas

S

saber sa·*ber* saber
sabonete ⓜ sa·bu·*ne*·te jabón
saca-rolhas ⓜ *sa*·ka·*jo*·llash abrebotellas • sacacorchos
saco ⓜ *sa*·ku bolso
— de dormir de dor·*mir* saco de dormir
— saco de fatos de *fa*·tush bolsa de trajes
saia ⓕ *sai*·a falda
saída ⓕ sa·*i*·da salida
— à noite a *noi*·te salir de noche
sair sa·*ir* salir
sais de hidratação ⓜ pl saish de i·dra·ta·*sauⁿ* suero fisiológico
sala ⓕ *sa*·la sala
— de espera de *shpe*·ra sala de espera
— de estar de shtar vestíbulo
— de provas de *pro*·vash probador
— de trânsito de *traⁿ*·zi·tu sala de tránsito
salão de beleza ⓜ sa·*lauⁿ* de be·*le*·za salón de belleza
saldo ⓜ *sal*·du saldo (cuenta)
saltar sal·*tar* saltar
sandália ⓕ saⁿ·*da*·lia sandalia
sangue ⓜ *saⁿ*·ge sangre
santo/santa ⓜ/ⓕ *saⁿ*·tu/*saⁿ*·ta santo/a
santuário ⓜ saⁿ·tu·*a*·riu santuario
sapato ⓜ sa·*pa*·tu zapato
sarampo ⓜ sa·*raⁿ*·pu sarampión
saúde ⓕ sa·*u*·de salud
se se si (condicional)
secar se·*kar* secar
seco/seca ⓜ/ⓕ *se*·ku/*se*·ka seco/a
seda ⓕ *se*·da seda
sedento/sedenta ⓜ/ⓕ se·*deⁿ*·tu/se·*deⁿ*·ta sediento/a
seguir se·*gir* seguir
segundo ⓜ se·*guⁿ*·du segundo (tiempo)
segundo/segunda ⓜ/ⓕ se·*guⁿ*·du/se·*guⁿ*·da segundo/a
seguro ⓜ se·*gu*·ru seguro
— social su·si·*al* bienestar social
seguro/segura se·*gu*·ru/se·*gu*·ra seguro/a
seio ⓜ pl *sei*·u seno
selo ⓜ *se*·lu sello (postal)
sem seⁿ sin
semáforo ⓜ se·*ma*·fu·ru semáforo
semana ⓕ se·*ma*·na semana
sempre *seⁿ*·pre siempre
Senhor se·*ñor* señor
Senhora se·*ño*·ra señora • señorita
senhoria se·ñu·*ri*·a propietaria
senhorio se·ñu·*ri*·u propietario
sensação ⓕ seⁿ·sa·*sauⁿ* sensación (física)
sensível seⁿ·*si*·vel sensible
sensual seⁿ·su·*al* sensual
sentar seⁿ·*tar* sentarse

sentimentos ⓜ pl se^n·ti·me^n·tush sentimientos
separado/separada ⓜ/ⓕ se·pa·ra·du/se·pa·ra·da separado/a
ser ser ser
seringa ⓕ se·ri^n·ga aguja (jeringa)
sério/séria ⓜ/ⓕ se·riu/se·ria serio/a
serviço ⓜ ser·vi·su servicio
sexo ⓜ sek·su sexo
— protegido pru·te·jhi·du sexo seguro
SIDA ⓕ si·da SIDA
sim si^n sí
simpático/simpática ⓜ/ⓕ si^n·pa·ti·ku/si^n·pa·ti·ka simpático/a
simples si^n·plesh sencillo
sinal ⓜ si·nal señal
— da linha telefónica da li·ña te·le·fo·ni·ka tono de línea (telefónica)
sintético/sintética ⓜ/ⓕ si^n·te·ti·ku/si^n·te·ti·ka sintético/a
sobre so·bre encima de • sobre
sobremesa ⓕ su·bre·me·za desierto
sobretudo ⓜ su·bre·tu·du abrigo
só de ida so de i·da de ida (billete)
sogra ⓕ so·gra suegra
sogro ⓜ so·gru suegro
sol ⓜ sol sol
solteiro/solteira ⓜ/ⓕ sol·tei·ru/sol·tei·ra soltero/a
solto/solta ⓜ/ⓕ sol·tu/sol·ta suelto/a
sombra ⓕ so^n·bra sombra
somente so·me^n·te solamente
sonho ⓜ so·ñu sueño
sonolento/sonolenta ⓜ/ⓕ su·nu·le^n·tu/su·nu·le^n·ta soñoliento/a
sorrir so·jir sonrisa
sorte ⓕ sor·te suerte
soutien ⓜ su·ti·e^n sujetador
sozinho/sozinha ⓜ/ⓕ so·zi·ñu/so·zi·ña solo/a
subir su·bir subir
— a bordo a bor·du a bordo
suborno ⓜ su·bor·nu sobornar
suficiente su·fi·si·e^n·te suficiente
sujo/suja ⓜ/ⓕ su·jhu/su·jha sucio
superstição ⓕ su·persh·ti·sau^n superstición
surdo/surda ⓜ/ⓕ sur·du/sur·da sordo/a
surpresa ⓕ sur·pre·za sorpresa

T

tabacaria ⓕ ta·ba·ka·ri·a estanco
tabaco ⓜ ta·ba·ku tabaco
talheres ⓜ pl ta·lle·resh cubiertos
talvez tal·vesh quizá
tamanho ⓜ ta·ma·ñu tamaño
também ta^n·be^n también
tampão ⓜ ta^n·pau^n tapón (de la bañera) • tampón
tampões para os ouvidos ⓜ pl ta^n·poi^{n}sh pa·ra ush ou·vi·dush tapones para los oídos
tapete ⓜ ta·pe·te alfombra
tarde ⓕ tar·de tarde (del día)
tarifa postal ⓕ ta·ri·fa push·tal tarifa postal
taxa ⓕ ta·sha impuesto • tasa
— de aeroporto de a·e·ro·por·tu tasa de aeropuerto
— de câmbio de ka^n·biu tasa de cambio
— de serviço de ser·vi·su tasa de servicio
teatro ⓜ te·a·tru teatro
tecido ⓜ te·si·du tejido
teclado ⓜ te·kla·du teclado
técnica ⓕ tek·ni·ka técnica
teimoso/teimosa ⓜ/ⓕ tei·mo·zu/tei·mo·za tozudo/a
teleférico ⓜ te·le·fe·ri·ku telesilla (esquí)
telefonar te·le·fu·nar telefonear
telefone ⓜ te·le·fo·ne teléfono
— público pu·bli·ku teléfono público
telemóvel ⓜ te·le·mo·vel teléfono móvil
telescópio ⓜ te·lesh·ko·piu telescopio
televisão ⓕ te·le·vi·zau^n televisión

temperatura ⓕ te^n·pe·ra·tu·ra temperatura (clima)
tempestade ⓕ te^n·pesh·ta·de tempestad
tempo ⓜ te^n·pu tiempo • clima
— inteiro i^n·tei·ru a tiempo completo
tenda ⓕ te^n·da tienda
ténis ⓜ te·nish tenis
— de mesa de me·za ping-pong
tensão arterial ⓕ te^n·sau^n ar·te·ri·al tensión arterial
tensão pré-menstrual ⓕ te^n·sau^n pre·me^n·shtru·al síndrome premenstrual
tentar te^n·tar intentar
ter ter tener
— saudades sau·da·desh añorar
terminar ter·mi·nar terminar
terra ⓕ te·ja tierra
terramoto ⓜ te·ja·mo·tu terremoto
terrível te·ji·vel terrible
terrorismo ⓜ te·ju·rijh·mu terrorismo
tesoura ⓕ sg te·zou·ra tijeras
teste ⓜ tesh·te test
— de gravidez de gra·vi·desh prueba de embarazo
— nuclear nu·kli·ar prueba nuclear
teu/tua ⓜ/ⓕ te·u/tu·a tuyo/a (una cosa) inf sg
teus/tuas ⓜ/ⓕ te·ush/tu·ash tuyos/as (más de una cosa) inf pl
tia ⓕ ti·a tía
tigela ⓕ ti·jhe·la cuenco
tímido/tímida ⓜ/ⓕ ti·mi·du/ti·mi·da tímido/a
típico/típica ⓜ/ⓕ ti·pi·ku/ti·pi·ka típico/a
tipo ⓜ ti·pu tipo
título de registo do automóvel ⓜ ti·tu·lu de je·jhish·tu du au·tu·mo·vel papeles del automóvil
toalha ⓕ tua·lla toalla
— de mesa de me·za mantel
— de rosto de josh·tu toallita de cara
tocar tu·kar tocar (tacto) • tocar (la guitarra, etc.)

todo/toda ⓜ/ⓕ to·du/to·da todo/a
todos/todas ⓜ/ⓕ to·dush/to·dash todos/as
tomada ⓕ tu·ma·da enchufe (electricidad)
tonto/tonta ⓜ/ⓕ to^n·tu/to^n·ta mareado/a
torneira ⓕ tur·nei·ra llave del agua • grifo (fregadero)
tornozelo ⓜ tur·nu·ze·lu tobillo
torre ⓕ to·je torre
tossir tu·sir tos
tourada ⓕ tou·ra·da corrida de toros
touro ⓜ tou·ru toro
toxicodependente tok·si·ko·de·pe^n·de^n·te drogodependiente
trabalhador/trabalhadora ⓜ/ⓕ tra·ba·lla·dor/tra·ba·lla·do·ra trabajador/a
trabalhar tra·ba·llar trabajar
trabalho ⓜ tra·ba·llu trabajo
— num bar nu^n bar trabajo en un bar
— doméstico du·mesh·ti·ku trabajo doméstico
— temporário te^n·pu·ra·riu trabajo temporal
traduzir tra·du·zir traducir
tráfico ⓜ tra·fi·ku tráfico
— de drogas de dro·gash tráfico de drogas
traição ⓕ tra·i·sau^n traicionar
tranca ⓕ tra^n·ka cierre
trancado/trancada ⓜ/ⓕ tra^n·ka·du/tra^n·ka·da cerrado/a
traseiro/traseira ⓜ/ⓕ tra·zei·ru/tra·zei·ra trasero/a (posición)
travão ⓜ tra·vau^n freno (automóvil)
trazer tra·zer traer
treinador/treinadora ⓜ/ⓕ trei·na·dor/trei·na·do·ra entrenador/a
treinamento ⓜ tre·na·me^n·tu entrenar
tribunal ⓜ tri·bu·nal tribunal (legal)
trilho de montanha ⓜ tri·llu de mo^n·ta·ña camino de montaña

triste *trish*·te triste
trocar tru·*kar* cambiar (dinero) • intercambiar
trocos ⓜ pl *tro*·kush calderilla
trombose ⓕ tro^n·*bo*·ze trombosis (salud)
trovoada ⓕ tru·vu·a·da tormenta
tu tu tú inf sg
tudo ⓜ *tu*·du todo
tumor ⓜ tu·*mor* tumor
túmulo ⓜ *tu*·mu·lu tumba
tuna ⓜ *tu*·na (universidad) tuna
turista ⓜ y ⓕ tu·*rish*·ta turista

U

último/última ⓜ/ⓕ *ul*·ti·mu/*ul*·ti·ma último/a
ultrasom ⓜ ul·tra·*so*^{n} ultrasonido
uma vez *u*·ma vejh una vez
um outro/uma outra ⓜ/ⓕ u^n *ou*·tru/*u*·ma *ou*·tra otro/a
universidade ⓕ u·ni·ver·si·*da*·de universidad
universo ⓜ u·ni·*ver*·su universo
urgente ur·*jhe*^{n}·te urgente
usar u·*zar* usar • llevar puesto
útil *u*·til útil

V

vaca ⓕ *va*·ka vaca
vacina ⓕ va·*si*·na vacuna
vaga ⓕ *va*·ga vacante
vagão cama ⓜ va·*gau*^{n} *ka*·ma coche cama
vagão restaurante ⓜ va·*gau*^{n} jesh·tau·*ra*^{n}·te vagón restaurante
vagarosamente va·ga·ro·za·*me*^{n}·te lentamente
vagina ⓕ va·*jhi*·na vagina
vago/vaga ⓜ/ⓕ *va*·gu/*va*·ga vacante
validar va·li·*dar* validar
valioso/valiosa ⓜ/ⓕ va·li·*o*·zu/va·li·*o*·za valioso/a
valor ⓜ va·*lor* valor
varanda ⓕ va·*ra*^{n}·da balcón
vários/várias ⓜ/ⓕ *va*·riush/*va*·riash varios/as
vazio/vazia ⓜ/ⓕ va·*zi*·u/va·*zi*·a vacío/a
vegetariano/vegetariana ⓜ/ⓕ ve·jhe·ta·ri·a·nu/ve·jhe·ta·ri·a·na vegetariano/a n y a
veia ⓕ *vei*·a vena
vela ⓕ *ve*·la vela
velho/velha ⓜ/ⓕ *ve*·llu/*ve*·lla viejo/a (edad)
velocidade ⓕ ve·lu·si·*da*·de velocidad
— do filme du *fil*·me velocidad de la película
vencedor/vencedora ⓜ/ⓕ ve^n·se·*dor*/ve^n·se·*do*·ra ganador/a
vender ve^n·*der* vender
venenoso/venenosa ⓜ/ⓕ ve·ne·*no*·zu/ve·ne·*no*·za venenoso/a
vento ⓜ *ve*^{n}·tu viento
ventoínha ⓕ ve^n·tu·*i*·ña ventilador
ver ver mirar • ver (la TV)
verão ⓜ ve·*rau*^{n} verano
verde *ver*·de verde
verificar ve·ri·fi·*kar* comprobar
vermelho/vermelha ⓜ/ⓕ ver·*me*·llu/ver·*me*·lla rojo/a
vestido ⓜ vesh·*ti*·du vestido
via aérea ⓕ *vi*·a a·e·ri·a correo aéreo
viagem ⓕ vi·a·jhe^n viaje
— de negócios de ne·*go*·siush viaje de negocios
viajar vi·a·*jhar* viajar
vício ⓜ *vi*·siu adicción
— da droga da *dro*·ga drogadicción
vida ⓕ *vi*·da vida
vigiar vi·jhi·*ar* vigilar (cuidar de)
VIH ⓜ ve i a·*ga* VIH
vinha ⓕ *vi*·ña viña
vinho ⓜ *vi*·ñu vino
violação ⓕ vi·u·la·*sau*^{n} violación
vir vir venir
virar vi·*rar* girar
vírus ⓜ *vi*·rush virus
visitar vi·zi·*tar* visitar
vista ⓕ *vish*·ta vista

visto ⓜ *vish*·tu visado
vitamina ⓕ vi·ta·*mi*·na vitamina
voar vu·*ar* volar
vocês vo·*sesh* ustedes inf pl
vóleibol ⓜ *vo*·lei·bol voleibol
— de praia de *prai*·a vóley-playa
voltar vol·*tar* regresar
voo ⓜ *vo*·u vuelo
vosso/vossa ⓜ/ⓕ *vo*·su/*vo*·sa vuestro/a (una cosa) inf pl
vossos/vossas ⓜ/ⓕ *vo*·sush/*vo*·sash vuestros/as (más de una cosa) inf pl
votar vu·*tar* votar
voz ⓕ vosh voz

X

xadrez ⓜ sha·*dresh* ajedrez

Z

zangado/zangada ⓜ/ⓕ zaⁿ·*ga*·du/zaⁿ·*ga*·da enfadado/a
zona ⓕ *zo*·na herpes (enfermedad)

Índice

Algunos temas se tratan en varios apartados de la guía. En ese caso, el número de la página más relevante figura en negrita.

A

B

C

10 formas de empezar

¿Cuándo sale (el próximo autobús)?	Quando é que sai (o próximo autocarro)?	*kua*^{n}·du e ke sai (u *pro*·si·mu au·to·*ka*·ju)
¿Dónde está (la estación)?	Onde é (a estação)?	*o*^{n}·de e (a shta·*sau*^{n})
¿Dónde (compro el billete)?	Onde é que eu (compro o bilhete)?	*o*^{n}·de e ke e·u (*ko*^{n}·pru u bi·*lle*·te)
¿Cuánto cuesta (por habitación)?	Quanto custa por (um quarto)?	*kua*^{n}·tu *kush*·ta pur (u^n *kuar*·tu)
¿Tienen (un mapa)?	Tem (um mapa)?	te^n (u^n *ma*·pa)
¿Me puede traer (la cuenta)?	Pode-me trazer (a conta).	*po*·de·me tra·*zer* (a *ko*^{n}·ta)
Querría (un menú).	Queria (um menu).	ke·*ri*·a (u^n me·*nu*)
Tengo (una reserva).	Eu tenho (uma reserva).	e·u *ta*·ñu (*u*·ma je·*zer*·va)
¿Me puede (ayudar), por favor?	Pode (ajudar), por favor?	*po*·de (a·jhu·*dar*) pur fa·*vor*
¿Necesito (un visado)?	Preciso de (um visto)?	pre·*si*·zu de (u^n *vish*·tu)